Rita Breuer

Eine "leidenschaftliche Weihnachtssammlerin".
Dass ihre Begeisterungsfähigkeit dabei ansteckt, wird oft bestätigt.
Die gelernte Industriekauffrau (Jahrgang 1938) ist selbst ein Kind der Kriegs- und Nachkriegszeit mit vielen eigenen Erinnerungen auch an "dunkle" Weihnachtsfeiern.
Mit ihrem Mann und den drei inzwischen erwachsenen Kindern ist sie im Sauerland zu Hause.

Nach Beendigung ihrer langjährigen beruflichen Tätigkeit widmet sie sich nun der Aufgabe, ihre stattliche Sammlung auch der Öffentlichkeit zugänglich zu machen.

Ihre Ausstellungen *"Historische Papierkrippen"* und *"Weihnachten in dunklen Zeiten"* wurden bereits von mehreren Museen gezeigt und haben die *"Sammlung Weihnachten"* inzwischen überregional bekannt gemacht.

Dr. Judith Breuer

"Hätte ich damals geahnt, welche Ausmaße Mamas Sammlung einmal erreichen würde, wäre ich bestimmt nicht Apothekerin geworden!", meint Judith Breuer heute.

Doch so entschied sich die promovierte Pharmazeutin (Jahrgang 1964) zunächst für eine naturwissenschaftliche Laufbahn, u.a. als Stipendiatin des Cusanuswerks und der Alexander von Humbold-Stiftung.

Fast 10 Jahre lang war sie an der Universität Bonn in Forschung und Lehre tätig, bis sich die Liebe zur "Weihnachtologie" schließlich doch durchsetzte.

Im Team mit ihrer Mutter kümmert sie sich heute vor allem um die wissenschaftliche Bearbeitung der Sammlung sowie die Archivierung und Recherchen.

Judith Breuer / Rita Breuer

Von wegen Heilige Nacht!

Das Weihnachtsfest in der politischen Propaganda

Verlag an der Ruhr

Unterrichtsmaterialien zu diesem Buch
finden Sie auf unserer Interseite
http://www.verlagruhr.de
als herunterladbare PDF-Dateien.

Impressum

Titel: Von wegen Heilige Nacht!
Das Weihnachtsfest in der politischen Propaganda.

Autorinnen: Judith Breuer
Rita Breuer

Druck: L.E.G.O., Italien

Verlag: Verlag an der Ruhr
Postfach 10 22 51, D-45422 Mülheim an der Ruhr
Alexanderstr. 54, D-45472 Mülheim an der Ruhr
Tel.: 0208–439 54 54, Fax: 0208–439 54 39
E-Mail: info@verlagruhr.de
http://www.verlagruhr.de

*Unser aktuelles Verlagsprogramm
schicken wir Ihnen gerne zu!*

**Alle Abbildungen, Quellen und Exponate:
Sammlung Weihnachten Rita Breuer**

Trotz intensiver Bemühungen konnten für einige Illustrationen
die Inhaber der Rechte nicht ausfindig gemacht werden.
Eventuell betroffene Rechteinhaber bitten wir,
sich mit uns in Verbindung zu setzen.

ISBN 3-86072-572-6

*Die Schreibweise der Texte folgt
der reformierten Rechtschreibung.*

Gedruckt auf chlorfrei gebleichtes Papier.

Inhalt

Wie dieses Buch entstanden ist

PLAKAT ZUR AUSSTELLUNG "WEIHNACHTEN IN DUNKLEN ZEITEN", 1998

Einen Weihnachtsbaum, geschmückt wie zu Großmutters Zeiten – diesen persönlichen Wunsch in unserer Familie galt es zu erfüllen. Das war vor 25 Jahren!

Sehr bald stellte sich heraus, dass ein solches Vorhaben nicht so einfach zu realisieren war. Die Suche nach altem Christbaumschmuck, von vielen Freunden und Bekannten mitleidig belächelt, gestaltete sich schwieriger als erwartet. Doch damit wuchs auch unser Ehrgeiz am "Projekt". Floh- und Trödelmärkte waren über lange Zeit die Hauptfundorte.

Mit zunehmendem Erfolg kam immer größere Neugier hinzu auf alles, was Weihnachten in früheren Zeiten dokumentierte: Adventskalender, Weihnachtspostkarten, Christbaumständer, Krippen aus Papier, Dekorationen und vieles mehr.

Von Zeit zu Zeit gab es allerdings auch Fundstücke, die nicht so recht in unser Bild von Weihnachten passen wollten. Dazu gehörten zum Beispiel weihnachtliche Feldpostkarten von 1914–18 mit höchst seltsamen Motiven, Texte und Illustrationen zu Kriegsspielzeug auf den Gabentischen oder ein Kalender namens "Vorweihnachten", der von "Bluterbe, Sippe, Ahnen und Sinnzeichen" erzählte.

Mit Erstaunen, Verwunderung und Kopfschütteln wurden zunächst auch diese "Geschmacklosigkeiten" in die wachsende Sammlung mit aufgenommen. Für einen sprunghaften Anstieg unseres Interesses sorgte schließlich ein "explosiver" Fund: Christbaumschmuck in Form von Soldaten, Bomben und Handgranaten!

Wie passten diese makabren Stücke in die "gnadenbringende Weihnachtszeit"? Das wollten wir unbedingt herausfinden. Die damals verfügbare Sekundärliteratur zum Thema "Weihnachten" half uns nur wenig weiter. Es galt also, selbst die entsprechenden "Zeitzeugen" für derartige Auswüchse zu befragen. Alte Familienzeitschriften, Weihnachtsbücher, Kataloge, zeitgenössische Abbildungen, persönliche Aufzeichnungen und Briefe wurden zu unersetzlichen Quellen bei unserer Spurensuche.

Sehr bald wurde uns klar, dass es sich bei diesen Funden nicht – wie zunächst vermutet – um einzelne geschmackliche Entgleisungen oder bloße Kuriositäten handelte. Dahinter steckte vielmehr ein System diverser Manipulationen, die – je nach zeitgeschichtlichem Hintergrund – höchst unterschiedliche Ziele verfolgten.

Die klug verpackten Absichten waren dabei in der Regel nicht auf den ersten Blick erkennbar. Vor diesem Hintergrund erhielt auch manches "neutrale" Stück aus unserer Sammlung nach erneuter, genauerer Betrachtung einen ganz anderen Sinn. Die immer sicherer belegbare Erkenntnis des Missbrauchs von Weihnachten für die politische Propaganda gab den Ausschlag für die Erarbeitung der Ausstellung "Weihnachten in dunklen Zeiten", die 1998 erstmals in Olpe gezeigt wurde.

Sie sollte kein weiterer allgemeiner Beitrag zur Geschichte des Weihnachtsfestes aus volkskundlicher Sicht sein, sondern das brisante Thema mit Hilfe zahlreicher Originaldokumente umfassend darstellen.

Die Resonanz auf dieses "Wagnis" war überwältigend: Presse, Rundfunk und Fernsehen berichteten über und aus dieser "anderen" Weihnachtsausstellung. Aus dem ganzen Bundesgebiet erreichten uns Briefe und Anfragen nach einem Katalog bzw. Literatur zum Thema.

Aber auch für uns, die wir die gesamte Ausstellung als Ansprechpartner "vor Ort" persönlich begleiteten, waren diese Wochen eine unschätzbare Erfahrung. Die Mehrheit der Besucher entdeckte "geschichtliches Neuland"; für die Gruppe der Älteren waren viele Erinnerungen oft auch der Anlass zu einem persönlichen Beitrag. Lehrern und ihren Schülern bot sie die Grundlage für einen fächerübergreifenden Projektunterricht.

So kam dann auch von Seiten der Pädagogen die nachdrückliche Ermutigung, hier durch entsprechende Publikationen eine Lücke zu schließen. Dabei wurde uns immer wieder der "Verlag an der Ruhr" als ambitionierter und innovativer Ansprechpartner genannt.

Diese Feststellung können wir heute nur unterstreichen. Wir freuen uns sehr, dass wir den vorliegenden Band zusammen mit dem "Verlag an der Ruhr" verwirklichen konnten.

Unser besonderer Dank gilt dem Verleger Wilfried Stascheit, der dieses Projekt mit außergewöhnlichem Engagement gefördert hat.

"Von wegen Heilige Nacht!" – ein Buch mit diesem Titel führt fast unweigerlich zu einer Frage, die auch schon zahlreiche Ausstellungsbesucher uns und sich selbst gestellt haben: "Kann man denn jetzt überhaupt noch Freude haben an Weihnachten?"

Für uns jedenfalls spielte diese Überlegung zu keinem Zeitpunkt eine Rolle – im Gegenteil: Die Tatsache, dass vierzehn schlichte Zeilen einer sogenannten "Weihnachtsgeschichte" den Mächtigen eines ganzen Jahrhunderts solches Unbehagen bereiteten, unterstreicht ihre große Bedeutung. Dass alle dagegen organisierten Anstrengungen schließlich doch scheiterten, sollte uns Menschen von heute Mut machen.

Unabhängig davon, ob man diese "Frohe Botschaft" von Lukas 2,1–14 aus christlicher Sicht als "Evangelium" empfindet oder darin "nur" den bekanntesten Text der Weltliteratur sieht – "Friede auf Erden!", diese ebenso einfache wie radikale Verheißung, die seit nunmehr 2000 Jahren auf ihre Einlösung wartet, wird auch in Zukunft die Menschheit herausfordern und ihre Gegner provozieren. Uns bleibt die Hoffnung, dass die junge Generation darauf besser vorbereitet sein wird, als es unsere Eltern und Großeltern sein konnten.

Rita Breuer *Dr. Judith Breuer*

1. Einführung

"Weihnachtsabend im Kaiserhause"
Postkarte von 1907

"Morgen kommt der Weihnachtsmann"

Wie schwierig Vergangenheitsbewältigung sein kann, zeigt die wechselvolle Geschichte eines der bekanntesten deutschen Weihnachtslieder. Es heißt *"Morgen kommt der Weihnachtsmann"* und wurde um 1835 verfasst von August Heinrich Hoffmann (1798–1874), nach seinem Geburtsort auch genannt Hoffmann von Fallersleben‣[9]. Seine 1. Strophe lautet:

Morgen kommt der Weihnachtsmann,
kommt mit seinen Gaben.
Trommel, Pfeifen und Gewehr,
Fahn' und Säbel und noch mehr,
ja, ein ganzes Kriegesheer
möcht' ich gerne haben!

Doch was hat sich Hoffmann, der Dichter der deutschen Nationalhymne und vieler bekannter Kinderreime, nur bei diesem Lied gedacht? Steht es nicht in völligem Gegensatz zu der zentralen Botschaft des Weihnachtsfestes: *"Friede auf Erden"*?

Die bürgerliche Gesellschaft des 19. Jahrhunderts sah das anders: Für sie beschrieben diese Verse nicht mehr und nicht weniger als die mit Abstand beliebtesten Weihnachtsgeschenke jener Zeit – wer sollte daran Anstoß nehmen? Auch ein Jahrhundert nach der Entstehung des Textes hatte sich daran noch nichts geändert – wie die eindrucksvolle Bebilderung durch Johannes Grüger in seiner berühmten *"Liederfibel"* belegt‣[10].

Selbst die Geschehnisse des Zweiten Weltkriegs schienen kaum Einfluss zu haben auf die Popularität dieses Liedes. Namhafte Verlage und Institutionen hatten bis in die heutige Zeit keine Bedenken, den Originaltext unkommentiert abzudrucken‣[11–18].

Erst ab Ende der Sechziger Jahre wurde im Zuge der Friedensbewegung auch im weihnachtlichen Liedgut vermehrt "abgerüstet". Das immer noch gern gesungene Lied erschien jetzt in "entschärften" Versionen mit teilweise umgedichtetem Text.

Vorreiter war hier wohl der Verlag B. Schott's Söhne (der heutige Schott-Verlag in Mainz), der bereits kurz nach Kriegsende eine Neufassung der 1. Strophe herausbrachte‣[19]. Statt *"Trommel, Pfeifen und Gewehr ..."* heißt es hier *"Bunte Lichter, Silberzier ..."*. Diese Idee wurde nach und nach von anderen Verlagen übernommen – so z.B. vom VEB Breitkopf und Härtel Musikverlag‣[22], der es sich in der DDR-Version allerdings nicht nehmen ließ, seinerseits das *"Kind mit Krippe"* durch *"Ross und Esel"* zu ersetzen ...

Im Laufe der Zeit kam so eine Reihe von neuen Strophen zusammen (siehe die Beispiele auf den folgenden Seiten). Die gute Absicht der Autoren dabei ist lobenswert – allerdings mit einem "Schönheitsfehler": Warum wird bis heute in kaum einem Buch die Umdichtung korrekt als solche gekennzeichnet? Soll die unliebsame Erinnerung an ganz und gar nicht friedvolle Feiertage hier lieber schnell verdrängt werden?

Weihnachtsmann
Chromolithographie,
letztes Drittel 19. Jahrhundert

39
Mor-gen kommt der Weih-nachts-mann, kommt mit sei- nen Ga - ben.
Trom-mel, Pfei-fen und Ge - wehr, Fahn und Sä-bel und noch mehr,
ja ein gan-zes Krie-ges- heer möcht ich ger-ne ha - ben.

Morgen kommt der Weihnachtsmann, kommt mit seinen Gaben. …

Eine Auswahl bekannter Textvarianten mit der jeweils dort genannten Verfasser- und Jahresangabe

… Bunte Lichter, Silberzier,
Kind mit Krippe, Schaf und Stier,
Zottelbär und Panthertier
möcht' ich gerne haben.

ohne Angabe, 1949[19]
Hoffmann von Fallersleben, 1961[20]
Hoffmann von Fallersleben, um 1970[21]

… Bunte Lichter, Baumeszier,
Zottelbär und Panthertier
Ross und Esel, Schaf und Stier
möcht' ich gerne haben.

ohne Angabe, 1957[22]

… Eine schöne Eisenbahn,
Bauernhof mit Huhn und Hahn
und 'nen Pfefferkuchenmann
möcht' ich gerne haben.

Hoffmann von Fallersleben, 50er Jahre[23]

… Roller, Teddy, Schaukelpferd,
Feuerwehr und Puppenherd;
weiß genau, was jedes Kind
gerne möchte haben.

Brigitte Rabsch, 1961[24]

… Wiege, Puppe, ei der Daus,
Zuckerzeug und Knusperhaus,
ja ein ganzes Puppenhaus
möcht' ich gerne haben.

nach Hoffmann von Fallersleben, 1966[25]

… Puppen, Pferdchen, Sang und Spiel
und auch sonst der Freude viel,
ja, o welch ein Glücksgefühl,
könnt ich alles haben.

Hoffmann von Fallersleben, 1966[26]
Hoffmann von Fallersleben, 1990[27]
ohne Angabe, 1995[28]

… Püppchen, Spielzeug vielerlei,
eine große Schäferei,
einen Schlitten und noch mehr
möcht' ich gerne haben.

Hoffmann von Fallersleben, 1981[29]
Hoffmann von Fallersleben, 1992[30]

… Äpfel, Nüsse wünsch ich mir,
Zottelbär und Panthertier,
Ross und Esel, Schaf und Stier
möcht' ich gerne haben.

in freier Anlehnung an den von Heinrich Hoffmann von Fallersleben im Jahre 1835 geschaffenen Originaltext, 1988[31]

… Trommel, Pfeifen, Schaukelpferd,
Puppenhaus mit Küch' und Herd,
auch ein Dreirad, das fein fährt,
möcht' ich gerne haben.

ohne Angabe, 1991[32]

Abb. links:
"Morgen kommt der Weihnachtsmann"
1930 von Johannes Grüger in Bildernoten dargestellt[10]
(Der Text lautet:
Morgen kommt der Weihnachtsmann, kommt mit seinen Gaben.
Trommel, Pfeifen und Gewehr, Fahn' und Säbel und noch mehr,
ja ein ganzes Kriegesheer möcht ich gerne haben!)

Das Datum "Weihnachten"

Wie sehr das Weihnachtsfest im Verlauf seiner Geschichte von politischen Absichten beeinflusst wurde, zeigt sich bereits in seinen Anfängen‣1. So feierten die frühen Christen zunächst nur den Todestag und die Auferstehung ihres Herrn, später auch seine Taufe am 6. Januar.

Das Christentum wurde später zur römischen Staatsreligion, hatte aber lange Zeit gegen den ursprünglich aus dem alten Iran stammenden Kult um den Gott Mithras zu kämpfen. Im Römischen Reich wurde er als Sonnengott unter dem Namen "Sol Invictus" (*lat.: die unbesiegte Sonne*) verehrt und alljährlich zur Wintersonnenwende am 25. Dezember in einem großen Volksfest gefeiert.

Um den Einfluss des Christentums zu behaupten, galt es, diesem populären Termin einen christlichen Schwerpunkt entgegenzusetzen. Im Jahr 354 legte der römische Bischof Liberius das Geburtsfest Christi offiziell auf den 25. Dezember fest‣1. Auf dem Konzil zu Konstantinopel 381 erhob Kaiser Theodosius die Festlegung auf dieses Datum sogar zum Dogma‣1.

Im Zuge der Missionierung germanischer Stämme im 6.–8. Jahrhundert gelangte somit auch das Datum "Weihnachten" in den heute deutschsprachigen Raum. 813 wurde der 25. Dezember durch die Synode von Mainz zum offiziellen kirchlichen Feiertag erklärt‣1. Allerdings beschränkte sich die Feier der Christgeburt in den folgenden Jahrhunderten im Wesentlichen auf innerkirchliche Zeremonien und Gottesdienste.

Erst im 19. Jahrhundert entwickelte sich daraus ein bürgerliches Familienfest mit all den Ausgestaltungen, die bis heute unser Bild von Weihnachten prägen: Die Adventszeit mit ihren Bräuchen als Vorbereitung auf das Fest, der Nikolaustag, der Heiligabend in der Familie, die Bescherung, das Festessen, die Krippe, gemeinsam gesungene Weihnachtslieder und schließlich auch der festlich geschmückte Baum‣1.

Eine ausgewogene Kombination dieser Zutaten sicherte die angestrebte familiäre Harmonie. Die sentimentale "Weihnachtsstimmung" wurde zum Gradmesser für ein gelungenes, friedvolles Fest im vertrauten Kreis der Familie. Etwaige soziale oder politische Krisen außerhalb der Weihnachtsstube wurden als "störend" empfunden und lieber schnell aus dem Bewusstsein verdrängt.

Doch gleichzeitig öffnete sich damit das Einfallstor für vielfältige Manipulationen. Im Deutsch-Französischen Krieg 1870/71 wurde diese besondere Weihnachtsstimmung erstmals als Ansatzpunkt für die psychologische Kriegsführung erkannt und genutzt. Um zu Weihnachten von der Realität des Krieges abzulenken, sorgten die aristokratischen Heeresführer dafür, dass überall an den Kriegsschauplätzen das Fest feierlich begangen wurde. Weihnachtsbäume mit brennenden Kerzen schmückten Unterstände, Quartiere und Lazarette‣1.

Die Berichterstattung über diese Frontfeiern machte die Art und Weise, wie der Adel und das wohlhabende Bürgertum Weihnachten feierten, zu einem Leitbild für das gesamte Deutsche Reich. Im Ersten Weltkrieg wiederholte sich dieser Effekt noch einmal verstärkt (vgl. Kapitel 2). Doch auch in Friedenszeiten ließ sich Weihnachten für die politische Propaganda nutzen – Postkarten mit Motiven wie "Weihnachtsabend im Kaiserhause" demonstrierten kaiserliche Macht und unterstrichen Glanz und Glorie der deutschen Monarchie.

Eine geschickt arrangierte Fotomontage (siehe S. 10) zeigte Kaiser Wilhelm II. inmitten seiner Familie, umrahmt von seiner Ehefrau, den sechs Söhnen, der einzigen Tochter sowie den Schwiegertöchtern und Enkelkindern. Die mehrfach belichteten Bäume im Hintergrund mit der Kaiserkrone auf den Spitzen und den retuschierten Kerzen vermittelten den Eindruck von festlicher Pracht und verschwenderischem Überfluss. Weihnachten feiern wie der Kaiser – das war ein Vorbild, dem es nachzueifern galt.

2. Weihnachten im Ersten Weltkrieg

TITELBILD "DIE WOCHENSCHAU" NR. 52, VOM 23. DEZEMBER 1916

"Mit Gott für Kaiser und Vaterland" – Weihnachten im Ersten Weltkrieg

Wie schon zuvor in den Kriegen des 19. Jahrhunderts wurde auch der Erste Weltkrieg in Deutschland von einer Welle patriotisch-religiöser Begeisterung begleitet[1,2]. Eine nationale Aufbruchstimmung, der sogenannte "Geist von 1914", erfasste die Menschen und vereinte die verschiedensten gesellschaftlichen Gruppen in einem innenpolitischen "Burgfrieden". Der Kaiser selbst beschrieb diese neue Einmütigkeit mit den Worten:

*"Ich kenne keine Parteien mehr,
ich kenne nur noch Deutsche!".*

Die durch die äußere Bedrohung zusammengeschweißte "Volksgemeinschaft" strömte in die überfüllten Kirchen und bat um Gottes Hilfe für die "gerechte Sache". In dieser neu aufgeblühten "Frömmigkeit" sahen viele Theologen sogar eine Art "göttlicher Offenbarung", die die Menschen durch den Krieg zu Umkehr, Buße und neu inspiriertem Glauben führen sollte[2,3].

Die uneingeschränkte Unterstützung der Kirchen für Kaiser und Reich ließ einen Gegensatz zwischen Kriegspropaganda und christlichem Glauben nicht erkennen. Der Waffendienst für das Vaterland galt quer durch alle Konfessionen als selbstverständliche Christenpflicht.

Doch nach dem Rausch der ersten Kriegswochen folgte eine rasche Ernüchterung. Die Schrecken des Krieges und die schnell wachsenden Verluste verunsicherten die Menschen. Die Frage nach der Vereinbarkeit von Christentum und Krieg wurde gerade zur Weihnachtszeit angesichts der Botschaft vom *"Frieden auf Erden"* immer drängender gestellt.

Die Kirchen antworteten darauf u.a. mit einer Fülle kleiner Hefte und Broschüren, die den Soldaten als "Weihnachtsgruß" ins Feld geschickt wurden[5-14]. Die darin enthaltenen Predigten, Gebete und Betrachtungen sollten vor allem Trost spenden und zum "Durchhalten" mahnen.

Doch es gab auch zahlreiche Beiträge, die den Lesern mit theologisch fragwürdigen Argumenten eine Rechtfertigung des Krieges vermitteln sollten (vgl. Textbeispiele auf den folgenden Seiten).
In letzter Konsequenz wurde schließlich auch der Tod auf dem Schlachtfeld, so sinnlos er auch sein mochte, als "Heldentod" und Opfer für das Vaterland idealisiert und verklärt.

Detail einer Weihnachtspostkarte

*"Vom Augenblick der Kriegserklärung an,
die mit ihrer furchtbaren Überraschung wie
ein Blitz aus heiterem Himmel uns überfiel,
vollzog sich eine unerwartete, unermessliche
Umwandlung bei uns: unser Volk ward einig!
Was wir selbst nicht für möglich hielten,
das bewirkten die Feinde. Alle Parteien, Stände,
Konfessionen, Volksschichten schlossen sich
an einem Tage zusammen, um unter Zurückstellung dessen, was sie trennte, mit voller Kraft
dem Feinde entgegenzutreten. Nicht ein Akt
der Klugheit trieb sie. Es war ein Erwachen
der Volksseele, was sich offenbarte.
(...)
Mit diesem das eigene Ich überwindenden
Opfersinn aber verband sich ein anderes:
ein tiefer Zug religiöser Begeisterung.
Die verschüttete Frömmigkeit erwachte.
Unsere Kirchen fassten nicht die herbeiströmende Menge."*

Ernst Dryander, in: Weihnachts-Gedanken in der Kriegszeit, 1914[3]

POSTKARTE

Gebet für den Landesherrn

O Gott des Friedens, verleihe unserem königlichen Herrn friedliche und ruhige Zeiten, bewahre ihm ein dankbares und treues Volk, damit alle in christlicher Demut um Gottes willen ihrem Könige dienen.
Ist es aber in dem Ratschlusse deiner ewigen Weisheit je beschlossen, dass Empörung oder Feindesgewalt unsern teuren Landesherrn nötigen, Ordnung und Recht mit gewaffneter Hand zu schützen: so gib ihm, o Gott, und seinem Heere Mut und Ausdauer, dass wir, auf deine Hilfe vertrauend, unerschrocken in den Kampf ziehen und unter deinem Schilde streiten und siegen mögen. Amen.

in: Feldgesangbuch für die katholischen Mannschaften des Heeres, 1898[4]

"Unsere religiösen und politischen Überzeugungen liegen ordnungsgemäß auseinander nach dem Spruch Christi: Gebt dem Kaiser, was des Kaisers ist, gebt Gott, was Gottes ist. Uns ist der Kriegerstand ein Gott wohlgefälliger Dienst für den Kaiser, genau wie Jesus das gesagt."

"Macht euch kein Gewissen aus dem fünften Gebot. Das gilt vom Verhalten des einzelnen gegen einzelne. Jetzt aber steht Volk wider Volk. Da handelt ihr als Glieder eures Volkes und tut vor Gott und dem Vaterland nur eure Schuldigkeit, wenn ihr wacker das Schwert schwingt."

"Es ist nicht Zeit zu grübeln: wie vereinigt sich Gottesglaube und Krieg, Christentum und Krieg? Sondern der Krieg ist da und muss durchgekämpft werden bis zum Siege."

Zitate aus zeitgenössischen Predigten zum Verhältnis von Christentum und Krieg, nach[2]

POSTKARTE

POSTKARTE

"Christbaum und Schwert? Ist's nicht eine unerträgliche Spannung? Ein unlöslicher Zwiespalt? Christbaumfrieden und Schwerterklirren?
Wer darf das Sinnbild Christi, des Erlösers der Welt, zusammenbringen mit dem Schwerte, dem Werkzeug brutaler Zerstörung? Darf wirklich der Christbaum im Kriege seinen Einzug halten ins deutsche Haus oder wird ihn die Pietät bannen in das Dunkel des verschneiten Waldes?
(…)
'Ich bin nicht gekommen, Frieden zu senden, sondern das Schwert!' hat Christus selbst gesagt. Wir wissen warum. Es ist nicht seine Schuld. Er will immer nur das, was zu unserem Frieden dient. Aber er begegnet überall dem Widerstand, der Bosheit, dem Hass und da ist der Kampf unvermeidlich.
(…)
Gott hat die Obrigkeit bestellt zu seiner Dienerin, und sie trägt das Schwert nicht umsonst. Wo sie es in die Hand ihrer Untertanen legt, im Kriege Leib und Leben, Haus und Herd und Heimat gegen Überfall zu schützen, wahrlich, da wird das Schwert mit heiligem Recht, zu heiligem Zweck gezückt. Mit reinem Gewissen geführt, ist es von Gott regiert und durchaus im Sinne dessen, von dem der Christbaum zeugt mit seinem Lichte. Wofür hat Deutschland denn das Schwert gezogen? Doch gewiss nicht, um die Feinde zu zerschmettern, kulturfeindliche Nationen zu vernichten, Gebiete zu erobern – unser Schwert gilt allein dem deutschen Frieden.
(…)
Christbaum und Schwert! Sie gehören zusammen! Wo man deutschen Kindern beschert, da liegen unterm Tannenbaum auch Säbel, Helme und Trompeten.
(…)
Wohlan, deutsches Schwert! Du kannst nicht anders, du musst den Christbaum schützen und in ihm das deutsche Wesen in Glauben, Hoffnung, Liebe!"

Max Braun, in: Christbaum und Schwert, 1915[5]

Titelbild der Illustrierten "Daheim", Weihnachten 1915

"Deutsche Art ist es, Weihnacht zu feiern"

Wie schon zu Weihnachten 1870 veranlasste die Heeresleitung, dass überall in den Kriegsgebieten Feiern für die Soldaten abgehalten wurden. Wichtigstes Requisit dabei war der Weihnachtsbaum, der im weiteren Verlauf des Ersten Weltkriegs immer mehr zum bedeutendsten nationalen Symbol der "Deutschen Weihnacht" wurde.

Höhepunkt der Festlichkeiten war die Weihnachtsfeier im "Großen Hauptquartier", in deren Mittelpunkt der Kaiser höchstpersönlich stand[15,16]. Für einen Augenblick schienen alle Standesunterschiede in der Gesellschaft vergessen – der Kaiser, der seine Soldaten mit "Kameraden" anredete, die gleichen Geschenke für Offiziere und Mannschaft – das waren kalkulierte Gesten einer momentanen Verbrüderung, die ihre Wirkung durchaus nicht verfehlten.

Zu Hause erschienen diese Bilder in den Familienzeitschriften und Illustrierten. Die Art und Weise, wie man das Weihnachtsfest in Deutschland feierte, wurde darin als eine Besonderheit dargestellt, die das deutsche Volk von seinen Kriegsgegnern deutlich abgrenzte[17]. Die Berichterstattung zeichnete zudem das Bild edelmütiger deutscher Soldaten, die "arme Franzosenkinder" bescherten und so als Botschafter ihres Landes selbst ihren Feinden "deutsche Innigkeit und Frömmigkeit" vermittelten[9].

Oberstes Ziel der weihnachtlichen Berichterstattung war es, Zuversicht zu verbreiten und pessimistische Stimmungen zu vermeiden. Das gemeinschaftliche Erlebnis der "Kriegsweihnacht" sollte den Nationalstolz fördern und vor allem die Frauen und Mütter von der Realität des Krieges ablenken. Ihre Angst und Sorge um die Familienangehörigen an der Front wurde umgeleitet in vielfältige "nützliche" Aktivitäten. Frauenvereine strickten Pulswärmer und Socken und schickten Weihnachtspäckchen mit sogenannten "Liebesgaben" ins Feld. Schulen und Vereine führten patriotische "Weihnachtsfestspiele" auf[18]. So gab man den Daheimgebliebenen das Gefühl, mit eigenen bescheidenen Mitteln zum erhofften baldigen Sieg beizutragen.

"Deutsche Art ist es, Weihnacht zu feiern! Keiner unserer Feinde kennt den Zauber, die Macht des Lichterbaumes auf unser Gemüt, auf unsere Kraft. (...) Mit dieser Gewissheit wird unser heutiges Kriegsweihnachtsfest nicht zu einer Sentimentalität werden, nicht eine Hingabe an wehmütige Gedanken, sondern zu einem Symbol und sichtbaren Zeichen ungeheurer Gemeinsamkeit in unserer deutschen Art."

Kavallerie-Kommandeur Hermann Binding,
in einer Ansprache an seine Reiter
zu Weihnachten 1915, zitiert nach[17]

"Seit alters her ist Deutschland der Hauptkultur- und Nährboden für alle Dinge gewesen, die zu ihrem Gedeihen Gefühl und Gemüt bedürfen. Kein Volk der Erde feiert so andächtig und hingebend seine kirchlichen Feste, wie das unsre. (...) Zu keiner Zeit des ganzen Jahres aber kommt in unserem Vaterlande, das wir in dieser schweren Zeit brünstiger denn je zu lieben gelernt haben, unsere tiefe Neigung zum Mystischen, unser kindliches Gemüt und die Sehnsucht, Alltägliches einmal abzustreifen, so zum Ausdruck, wie zur Weihnachtszeit.

Das ergreifende christliche Fest der Geburt des Heilands verwandelt Deutschland alljährlich in eine große Familie, die beim Glanze der Lichter des Christbaumes gemeinsam das Fest der Kinder begeht. Schon in gewöhnlicher Zeit schlingt die Weihnachtszeit neue Fäden und knüpft die bestehenden enger. Aber was ist das alles gegen den 24. Dezember im blutigen Jahre 1914, wo wir einer Welt von Feinden gegenüber uns unserer Haut zu wehren haben."

Felix Neumann: Weihnachten im Felde, 1914[15]

"Soldaten-Weihnachtsfeier im Felde"
in: Das Illustrierte Blatt, Nr. 52, vom 26. Dezember 1915

"Wie im Frieden, so gab auch im Kriege der Kaiser seinem Volke das Beispiel tief religiöser Gesinnung durch die Art der Weihnachtsfeier. Im Großen Hauptquartier beging man das Fest schlicht, aber eindrucksvoll! Es war der Wille des Allerhöchsten Kriegsherrn, den heiligen Abend inmitten der Soldaten zu begehen, und so war denn für fast tausend Militärpersonen aller Grade der Tisch gedeckt worden. Eine weite Halle, die allen Teilnehmern Raum gewährte, war prachtvoll mit Tannengrün geschmückt. Jedem Offizier und Gemeinen wurden dieselben Äpfel, Nüsse und Pfefferkuchen nebst einem Bilde des Kaisers zugeteilt!
An einer Seite der Halle war ein Altar errichtet. Nach einer weihevollen Einleitung, die im Singen des Liedes 'O du fröhliche' und einer Ansprache des Geistlichen bestand, ergriff der Kaiser selbst das Wort. Er sagte:
'Kameraden! In Wehr und Waffen stehen wir hier versammelt, dieses heilige Fest zu feiern, das wir sonst im Frieden zu Hause feiern. Unsere Gedanken schweifen zurück zu den Unsrigen daheim, denen wir diese Gaben danken, die wir heute so reichlich auf unseren Tischen sehen. Gott hat es zugelassen, dass der Feind uns zwang, dieses Fest hier zu feiern; wir sind überfallen worden, und wir wehren uns, und das gebe Gott, dass aus diesem Friedensfest mit unserem Gott für uns und unser Land aus schwerem Kampf ein reicher Sieg erstehe. Wir stehen auf feindlichem Boden, dem Feinde die Spitze unseres Schwertes und das Herz unserem Gott zugewandt, und wir sprechen es aus, wie es einst der große Kurfürst getan: In Staub mit allen Feinden Deutschlands! Amen.'
Aus den herrlichen zu Herzen gehenden Worten sprach in gleichem Maße des Kaisers christliche Denkungsart und sein eiserner Wille zum Siege!
(...) Es würde zu weit führen, alle die unzähligen kleinen Charakterzüge aufzuführen, die dem deutschen Weihnachtsfest in Feindesland den Reiz einer besonderen Weihe verliehen! Und wie viele Weihnachtsfeste das deutsche Volk auch noch begehen mag, sei es in Freude oder stiller Einkehr, die Christnacht des Weltkriegsjahres wird unvergänglich für die jetzige und spätere Generationen hineinragen in die Zeit als eine Stätte, wo sich höchste militärische Tugenden und tiefstes religiöses Gefühl die Hände reichten!"

Felix Neumann: Weihnachten im Felde, 1914[15]

"Im Augenblick, wo der Kaiser den Raum betritt, verstummt das Gesumme der Stimmen, die Männer werden zu Säulen, bis Gruß und Gegengruß die Glieder wiederum löst. Weihnachtslieder werden gesungen unter reichen Harmoniumklängen und begleitet von dem schmetternden, hellen Tone der Musiker unserer Stabswache – alles gerade wie daheim: 'O du fröhliche, o du selige, gnadenbringende Weihnachtszeit'. (...)
Dann dankte der Kommandant des Hauptquartiers dem Kaiser mit tief bewegenden Worten für sein Erscheinen zu dieser bedeutsamen Stunde. Unserem Kaiser aber stand vor allen anderen die helle Weihnachtsfreude auf die Stirn geschrieben. (...) In diesem Jahre hatte ich mehr erlebt als alle – ja mehr als alle Brüder in der ganzen Welt: Ich durfte sehen, wie der deutsche Kaiser Weihnachten feierte. Und das war schön!"

Feldprediger Goens, in:
Illustrierte Kriegs-Chronik des Daheim, 1915,
zitiert nach[16]

"Es war Weihnachtstag, der 24. Dezember.
Da ritt ein deutscher Reiter in Baujour in Frankreich ein. Die Mannschaften verteilten sich im Dorf. Unser Reiter kam in eine Hütte, da war ein armes Weib mit seinen Kindern zurückgeblieben.
Nun wusste er, was er tun sollte. Im nahen Wäldchen schnitt er einen Weihnachtsbaum ab, ein paar Lichter erstand er beim Seifensieder, und so zündete er am Abend in Feindesland seinen Weihnachtsbaum an, den Kindern, die mit erstaunten Blicken dreinschauten, zur Weihnachtsfreude. So feierte er im Geiste mit den Lieben in der Heimat, und die Kinder der Feinde lernten etwas ahnen von deutscher Innigkeit und Frömmigkeit."

in: Ein Weihnachtsgruß
für deutsche Krieger, 1914[9]

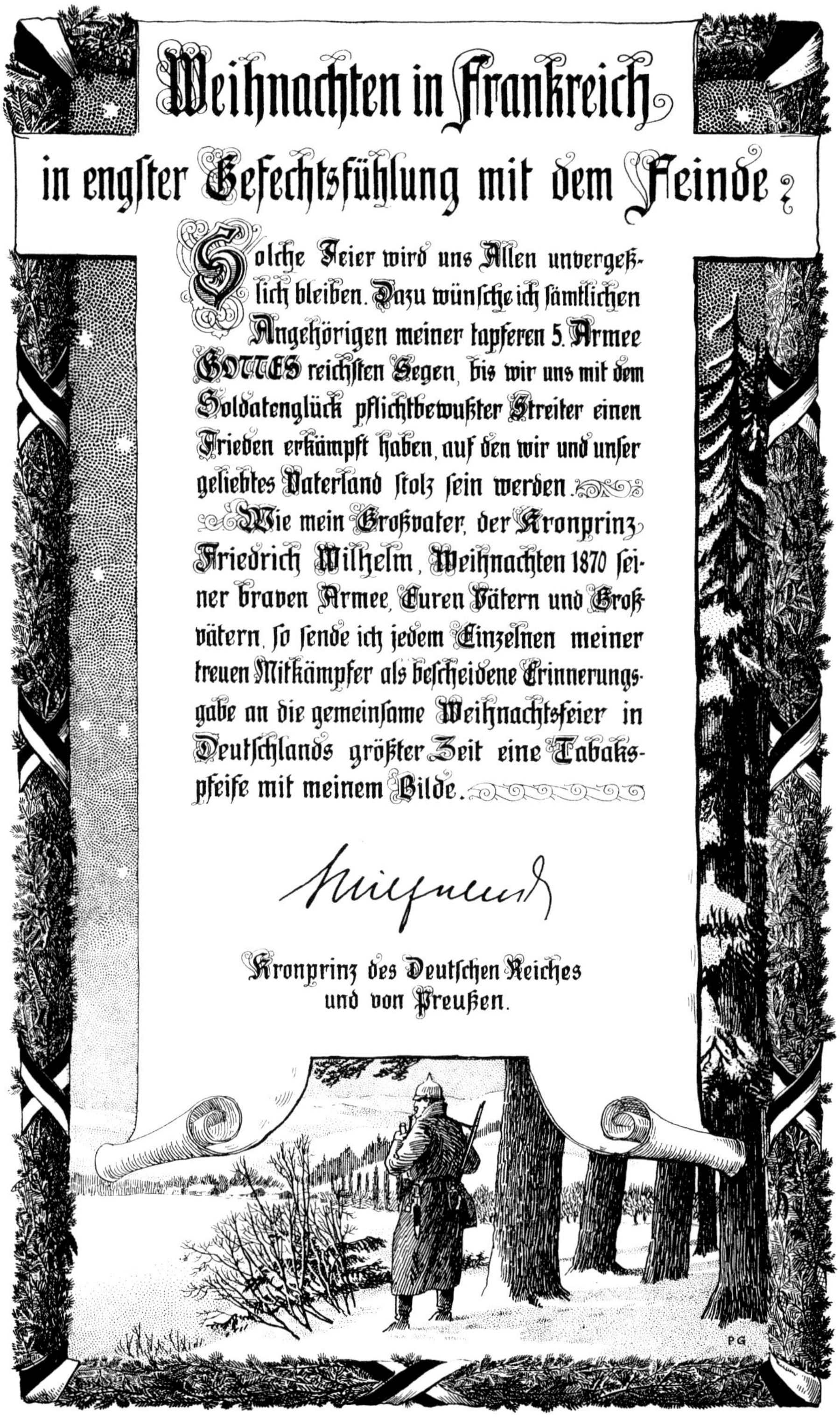

Weihnachten in Frankreich

in engster Gefechtsfühlung mit dem Feinde:

Solche Feier wird uns Allen unvergeßlich bleiben. Dazu wünsche ich sämtlichen Angehörigen meiner tapferen 5. Armee GOTTES reichsten Segen, bis wir uns mit dem Soldatenglück pflichtbewußter Streiter einen Frieden erkämpft haben, auf den wir und unser geliebtes Vaterland stolz sein werden.

Wie mein Großvater, der Kronprinz Friedrich Wilhelm, Weihnachten 1870 seiner braven Armee, Euren Vätern und Großvätern, so sende ich jedem Einzelnen meiner treuen Mitkämpfer als bescheidene Erinnerungsgabe an die gemeinsame Weihnachtsfeier in Deutschlands größter Zeit eine Tabakspfeife mit meinem Bilde.

Wilhelm

Kronprinz des Deutschen Reiches
und von Preußen.

Weihnachtsurkunde des Kronprinzen Friedrich Wilhelm

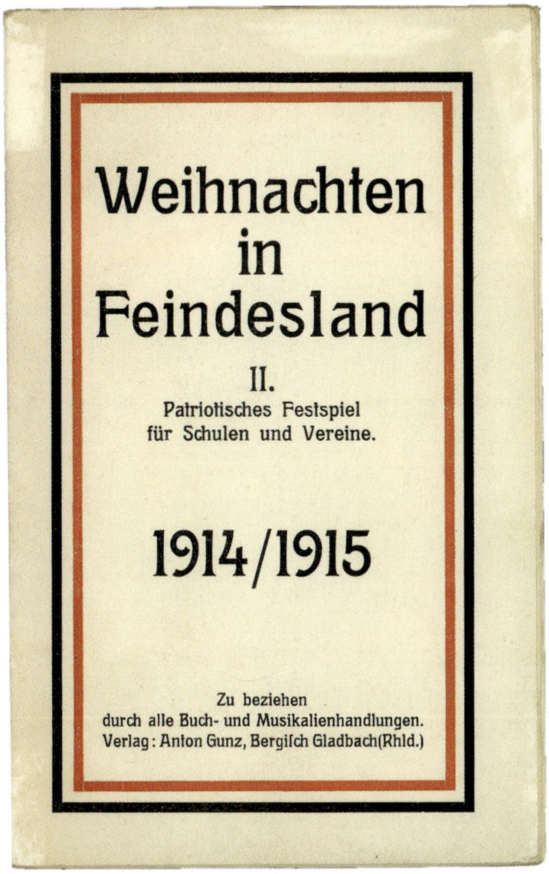

"Weihnachten in Feindesland – Patriotisches Festspiel für Schulen und Vereine"
Titelbild

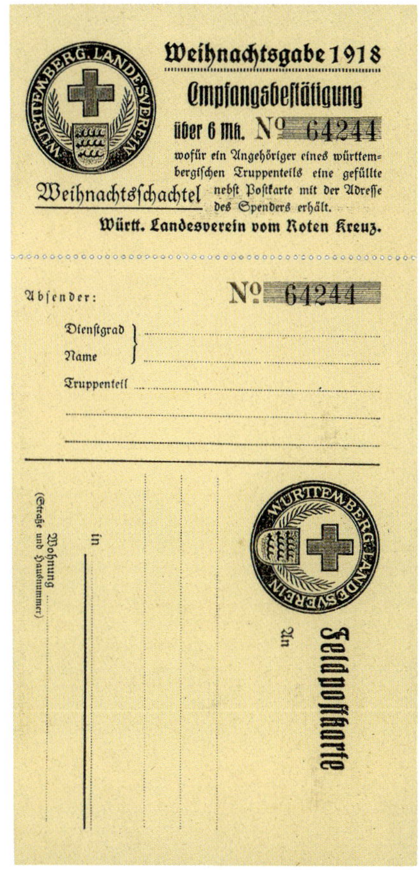

Weihnachtsgabe des Württembergischen Roten Kreuzes
(Postkarte)

Anzeige "Christbäumchen für unsere Soldaten", 1915 [19]

Postkarte

Weihnachtsgrüße "schwarz-weiß-rot"

Ein noch relativ junges "Massenmedium" wurde ebenfalls als Werkzeug für die Kriegspropaganda entdeckt: farbige Bildpostkarten, die im Rahmen der Feldpost portofrei zwischen Front und Heimat verschickt wurden.

Die Karten von der Front zeigten meist fröhliche Weihnachtsfeiern der Soldaten. Die Männer saßen in geselliger Runde um den Weihnachtsbaum zusammen, musizierten, packten ihre Geschenke aus oder lasen ihre Feldpostbriefe. Die Verbundenheit zur Heimat wurde angezeigt durch "Gedankenblasen" am oberen Bildrand, in denen die Familie daheim, ebenfalls um den Weihnachtsbaum versammelt, zu erkennen war.

Ein anderes beliebtes Motiv war der einsame Soldat "auf Posten", der inmitten einer verschneiten Landschaft für das Vaterland wachte. Manche Truppenteile oder einzelne Soldaten ließen sich sogar vor dem geschmückten Weihnachtsbaum fotografieren und sandten die Abzüge als ganz persönlichen Gruß nach Hause.

Im Gegenzug kam auch aus der Heimat eine Flut sentimentaler Karten als "moralische Unterstützung" ins Feld. Sie glorifizierten das "treue deutsche Herz" und zeigten Kinder, Frauen und Mütter, die für den Vater beteten. Auch hier war die Verbindung zur Front durch kleine Szenen "in Gedanken" stets präsent.

Ganz extreme Beispiele zeigten den Nachwuchs in voller Montur beim Kriegsspiel unterm Weihnachtsbaum oder schickten "Herzliche Grüße" mit einem 42cm-Geschoß ans Ziel. Ergänzt wurde diese Auswahl durch eine Fülle einfacher Grußkarten, die mit schwarz-weiß-roten Schleifen oder Umrandungen den Nationalstolz zur Schau trugen.

Die Wirklichkeit des Krieges hatte in dieser "Scheinwelt" keinen Platz. Allenfalls ein simpler Verband oder ein Arm in der Schlinge durfte darauf hinweisen, dass man im Kampf auch verwundet werden konnte. Die Realität eines Festes in Schützengräben und Unterständen ließ dagegen so mancher private Brief erahnen ‣[20].

Postkarte "42cm-Geschoss"

Postkarte

Postkarte

Postkarte

POSTKARTE

15. Dezember 1914

"Bei uns weihnachtet es sehr, schon seit Wochen. In den meisten Päckchen, die wir erhalten, sind Tannenzweige. Ich habe einen Stützbalken in meiner Deckung, der ist ganz verziert mit deutschem Tannenreis und Weihnachtskarten. Da ich keine Reißnägel habe, binde ich alles mit Schnüren fest. Das muss ein schönes Weihnachten werden in Feindesland, weil wir uns ganz wie Kinder darauf freuen, wie leider schon lange nimmer. Hier erst ist einem die Friedensbotschaft recht lieb und in ihrer Größe verständlich ..."

Ernst Dieterich,
gefallen am 15. September 1916 bei Rancourt,
zitiert nach [20]

Bei Fournes, Weihnachten 1914

"Weihnachten im Felde! Wir lösten gerade den 24. abends ab, so um 10 Uhr. Die Engländer sangen auch Weihnachtslieder, zum Beispiel ein herrliches Quartett. Auch bei uns klangen die schönen, alten Lieder, nur hier und da ein Schuss dazwischen. Die Postenstände im Graben schmückte man sich mit Tannenzweigen und Flittergold aus der Heimat, auch die Erdbuden.
Abends war dann die richtige Weihnachtsfeier. Schön war es, wie die Leute zusammenstanden, die Namen aufgerufen wurden und die Pakete dann über die Köpfe weg hingereicht wurden. Alles was man sich wünschen mochte, war überreich da: Wollsachen, Tabak, Spekulatius, Schokolade, Würste – alles Liebesgaben. Dann kam der Regimentskommandeur und der Divisionspfarrer, die heilige Weihnachtsgeschichte wurde verlesen und liebe alte Lieder gesungen."

Karl Aldag, Jg.1889,
gefallen am 15. Januar 1915 bei Fromelles,
zitiert nach [20]

POSTKARTE

POSTKARTE

Die Glocken läuten zum Weihnachtsfest,
obschon kein Friede auf Erden.
Kanonendonner in Ost und West
zeugt von Krieges Not und Beschwerden.

Unsre Väter und Brüder, sie zogen hinaus,
um Kaiser und Reich zu nützen,
um zu kämpfen für Frauen und Kinder zu Haus,
um die Heimaterde zu schützen.

Ein jeder von ihnen hält treue Wacht,
dass wir alle mit frohen Herzen
nun singen wie sonst: "Stille heilige Nacht"
unter strahlenden Christbaumkerzen.

zitiert nach[21]

Ach, hätt' ich tausend Händchen,
wie froh wollt ich dann sein.
Ich schmückt' manch Weihnachtsbäumchen
mit bunten Kerzen klein.

Ich streute schneeige Watte
auf jeden kleinen Zweig,
und schmückte jedes Ästchen
mit roten Äpfeln reich.

Und all die vielen Bäumchen
die schickt' ich dann ins Feld,
als Weihnachtsgruß der Heimat
für jeden tapfren Held.

Luise Helfer, in: Neue Weihnachts-kriegsgedichtchen für unsere Kinder, 1915[22]

Postkarte

Posten: *Halt, wer da?*
Feldpost (hinter der Szene): *Deutsche Feldpost!*
Posten: *Kann passieren!*
Alle (springen auf und rufen erregt durcheinander):
Hurra, die Feldpost! – Feldpost, sie ist da! – Nachricht von Mutter! – Was zu schnabulieren! – Nur her damit! – Hurra!
Feldpost: *Jetzt also aufgepaßt!* (verteilt) *Hier ein Paket – ein Brief – ein Brief – Pakete – immer neue!*
Artillerist (zum 1. Infanteristen mit freundlicher Miene): *Hier steht, das alles gut zu Haus, wie ich mich freue! – Die deutsche Liebe eifert, was sie kann – um Not und Sorge gründlich zu verscheuchen. – Ja, auch zu Haus steht jeder seinen Mann – in tät'ger Liebe sich die Hand zu reichen!*
Sanitäter (einen Brief lesend für sich): *Jetzt werden sie wohl unterm Christbaum stehn – zu Haus die Meinen, und auch an mich denken – die alten Lieder singen, traut und schön. – Gott mög' ein frohes Wiedersehn uns schenken!*
Pionier: *Auch meiner hat zu Hause man gedacht – Leibbinden, warme Socken und Zigarren – hat mir das Christkindchen ins Feld gebracht – nun kann ich schon getrost der Dinge harren.*
2. Infanterist: *Ich hab 'ne schöne Tabakspfeife, seht – daraus werd' ich dem Franzmann was vorrauchen – dass ihm der Dampf um seine Nase weht!*
Sanitäter: *Ich hab 'ne Handlatern', die kann ich brauchen!*
Feldpost: *Nun hat wohl jeder seine Liebesgab' – die ihm die traute Heimat hat gespendet. – Ich aber muss jetzt weiter auf den Trab – mein Tagwerk ist noch nicht beendet.*

Szene aus: Weihnachten in Feindesland –
Patriotisches Festspiel für Schulen und Vereine, 1914/15[18]

Postkarte

Dezember 1914

"Heute, da ich den Brief beginne, sieht es bei uns gar nicht weihnachtlich aus. Die Stimmung im Schützengraben ist trübe, denn es gab keine Post, und die Wolken des Himmels vermischten ihre Feuchtigkeit mit dem Lehm unseres Grabens, so dass wir wieder dreckig sind von oben bis unten. Aber mein Geist eilt voraus und versetzt sich in Eure Mitte, in der ich zum ersten Male fehle beim Christfest. 'Draußen vom Walde komme ich her und muss euch sagen, es weihnachtet sehr', schreibt Storm. Dabei liegt ein gelinder Frost über der Gegend und dünner Schnee bedeckt die Straße. Schon früh seid Ihr in die Kirche gegangen und ich glaube es, diesmal hat das 'Friede auf Erden' ganz besonders geklungen …"

Christian Brautlecht, Jg.1893,
gefallen am 23. Mai 1916 bei Givenchy,
zitiert nach[20]

25. Dezember 1914

"Die Nacht über gab's hier wenig Schlaf, von mehreren Seiten waren wir gewarnt, dass in den Weihnachtstagen überall angegriffen werden soll. So hatten wir zum Feiern und Bescheren nur die Stunden nachmittags. Bald nach 3 Uhr fingen wir an. Dunkel ist's hier drinnen ja immer. Für mich ist erst ein Paket da, so wurde der Weihnachtstisch von den beiden anderen gedeckt, der kleine winzige Tannenbaum brannte, wir sangen zur Mundharmonika die Lieder. (…) Diesmal ward es nicht verboten, als wir auf der Grabenwache Mundharmonika spielten und halblaut sangen. Das Schießen hörte auf, bei uns und bei den Feinden. Und dann fingen wir überall an, Weihnachtslieder zu singen, und die Franzosen blieben ganz still."

Richard Kutzner, Jg.1889,
gefallen am 20. Juli 1916 bei Estrees,
zitiert nach[20]

Postkarte

Postkarte

Postkarte

Postkarte

Postkarte

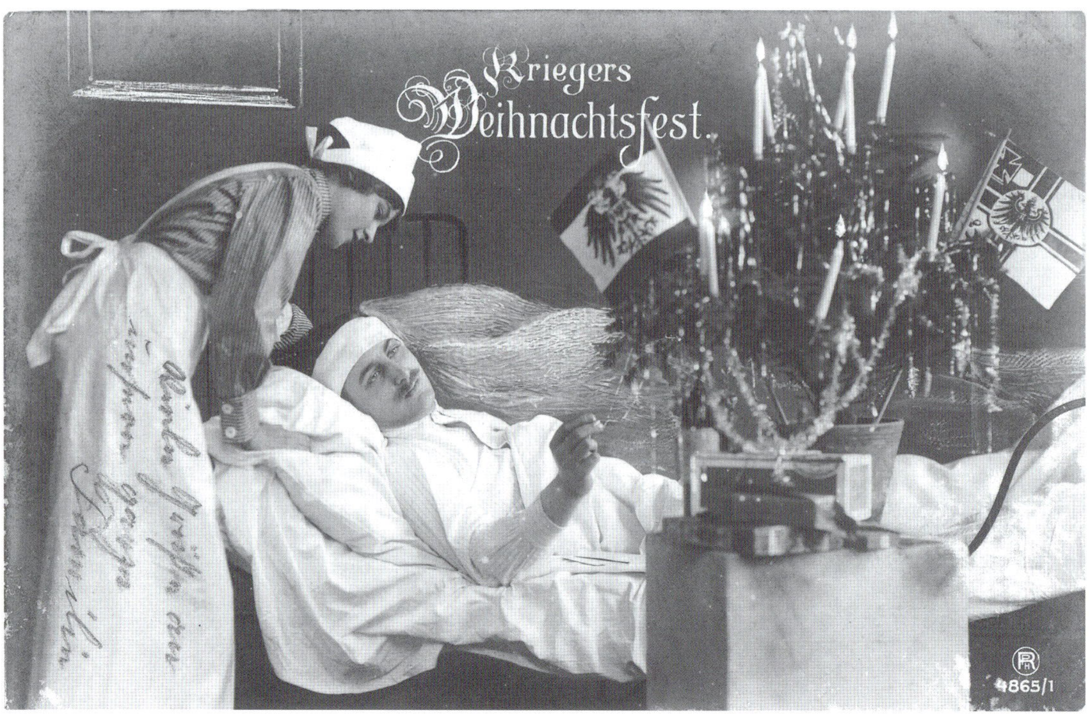

POSTKARTE

Loos, den 17. Dezember 1914

"Meine Weihnachtsbriefe bekommen alle – ich kann anfangen wie ich will – den Stempel einer weichen, wehmütigen Stimmung. Ich denke auch viel an die Tage der Vorbereitung auf den heiligen Abend, die ich liebte wie wenig andere. Ich erinnere mich besonders lebhaft eines solchen Sonntags vor einigen Jahren. Da bin ich zuerst allein und dann mit dir in der belebten Stadt herumgestiefelt, und da überkam mich eine besonders heftige Sehnsucht, die in schönen Träumen Wahrheit werden wollte. Solche Träume und der Kanonendonner, der mich eben beunruhigt, passen wenig zusammen. Es ist ein unerhörtes ständiges Rollen heute, ein fortgesetztes Krachen und Brummen und Zischen und Pfeifen ..."

Eduard Schmieder, Jg.1890,
gefallen am 8. Mai 1916 vor Lievin,
zitiert nach*[20]

Roulers, 26. Dezember 1914

"Mit dem heiligen Abend gingen zwei furchtbare Tage zu Ende. Achtundvierzig Stunden hatten wir da des Schrecklichen hinter uns. Dass wir heimkommen würden, glaubte keiner mehr.
Ich wurde am 23. zum Essenholen kommandiert.
Wie ich wiederkam, hatte ein Volltreffer meine Deckung zerschlagen. Mein Sitzkamerad Henn, bis an die Hüfte im Regenwasser, war tot; der Schädel durch, und ein Splitter im Rücken. Er saß noch wie eine Viertelstunde vorher, als ich ihn verließ, das Gewehr im Arm. (...)
Den ganzen 24. lagen wir in der Deckung.
Das Schreien der Verwundeten, das Pfeifen der Gewehrkugeln, das Platzen der Granaten – eine furchtbare Weihnachtsmusik. (...)
Und morgen geht's wieder vor.
Leb' wohl, ich danke Dir für alles."

Ludwig Finke, Jg.1893,
gefallen am 9. Mai 1915 vor Nieuwpoort (Belgien),
zitiert nach*[20]

POSTKARTE

Aenne's Nachtgebet.

Abend ist's, es ist schon spät,
Aenne spricht ihr Nachtgebet:
„Müde bin ich, geh zur Ruh,
Schließe meine Aeuglein zu,

Englein kommt und haltet Wacht
Ueber mir die ganze Nacht."
„Amen," spricht die Mutter lind,
„Gute Nacht! Schlaf wohl mein Kind."

Aenne liegt — — schaut auf die Kerzen,
Hat noch viel auf ihrem Herzen;
Ruft mit strahlend hellem Blick:
„Mutti, komm noch mal zurück;

Will doch lieber nicht mehr bitten,
Daß die Englein mich behüten.
Mutti, sieh, ich fürcht' mich nicht,
Du schläfst ja bei mir ganz dicht.

Englein sollen lieber fliegen
In den Krieg — dort helfen siegen,
Sollen in der dunklen Nacht
Den Soldaten halten Wacht;

Daß die Deutschen hier auf Erden
Nicht mehr totgeschossen werden.
Und — mein Englein — sagt sie leiser —
Send' ich dem geliebten Kaiser!"

Spricht's und — lächelt — traumumfangen,
Mütterlein streicht ihr die Wangen,
Faltet still die treuen Hände:
„Herr! Den Friedensegel sende!"

Elisabeth Kleinecke.

IN: DEUTSCHE WEIHNACHTEN, 1917[23]

Lieber Soldat!
Diesmal schreibe ich, das Mariele, Dir zum Weihnachtspäckchen. Leider gibt's keine Lebkuchen und Springerle wie sonst, man muss oft so lange vor den Läden stehen und bekommt dann nichts. Aber Vater sagt, zu schimpfen brauche niemand, es sei noch immer genug zum Sattwerden. (…)
Wir sind alle so traurig wegen dem Otto!
Aber ich bin so froh, dass der Großvater gesagt hat, wir dürfen uns trotzdem auf das Christkindle freuen. Die Lina Maier hat gemeint, das dürfe man nicht, wenn einer fehle und man schwarze Kleider anhabe. Großvater sagt doch, am heiligen Abend gehe die Himmelstüre so weit auf, dass alles, auch die schwarzen Kleider, ganz hell glänzend würden – auch die Schützengräben, sagt er und das freut mich für Dich, weil Du geschrieben hast, es gäbe bei Euch wahrscheinlich keinen Baum, weil alle weggeschossen seien. Wir haben auch nur einen ganz kleinen, wegen dem Otto und weil die Lichter so teuer sind. Aber etwas kriegen tun wir doch, nur keine neuen Kleider. Wir müssen unsere alten noch tragen, damit Ihr draußen warme neue bekommt, sagt Mutter. Aber das sei das wenigste im Krieg, meint Mutter. Und Du hast uns doch allen versprochen, dass Du die Franzosen und Engländer nie auf unseren Hof hereinlässt.
Also. Dein Mariele.

fiktiver Brief an einen Soldaten,
in: Ein Weihnachtsgruß für unsere Krieger, 1916[12]

Postkarte

Postkarte

Wieder kommt die Weihnachtszeit,
Krieg ging nicht zu Ende.
Wollte Gott, dass aller Streit
bald ein Ende fände.

Unser Vater steht vorm Feind,
steht im Kampf, dem harten.
Bis der deutsche Sieg erscheint,
wollen wir noch warten.

Kommt der Vater dann zurück,
uns ans Herz zu drücken,
wollen wir im Siegesglück
ihn mit Lorbeer schmücken.

zitiert nach*[24]

Lieber Gott, wir bitten dich sehr,
stell deine Engel um uns her.
Stell sie um unsere Kammerwand
und um das ganze deutsche Land.

Stell sie um unsre Soldaten im Feld,
dass sie bestehen wider alle Welt.
Sei ihr Schutz in der großen Schlacht,
steh mit ihnen auf der Wacht.

Halte zu Wasser und halte zu Land
über uns deine allmächtige Hand,
dass die Feinde mit Schrecken sehn:
Deutschland kann nicht untergehn!

in: Liller Kriegszeitung,
zitiert nach*[25]

Postkarte "Weihnachtsbaum mit militärischem Christbaumschmuck"

Der Weihnachtsbaum als nationales Symbol

Wie autobiographische Dokumente belegen, war der Erste Weltkrieg tatsächlich ein wesentlicher Faktor bei der Verbreitung des Weihnachtsbaumes in ganz Deutschland – quer durch alle Regionen und Bevölkerungsschichten[26–28]. Für viele Soldaten war die Feier rund um den geschmückten Baum ein so einprägsames Erlebnis, dass sie diesen Brauch auch nach ihrer Rückkehr aus dem Krieg in ihren Familien beibehielten.

Während sich die Männer an der Front mit selbstgebasteltem Baumschmuck und originellen Improvisationen behalfen, war man in der Heimat schon einen Schritt weiter. Das vornehme Bürgertum, in dessen Kreisen sich der Weihnachtsbaum bereits durchgesetzt hatte, nutzte ihn zur Demonstration seiner nationalen Gesinnung.

Der Weihnachtsbaum, ohnehin schon politisch vereinnahmt, sollte "Farbe bekennen". Statt Gold und Silber war "Schwarz-Weiß-Rot" angesagt. Vom heutigen Standpunkt aus ist es sicherlich schwer nachvollziehbar, was damals an Christbaumschmuck angeboten und auch verwendet wurde.

Kaiser Wilhelm II. und seine prominenten Heeresführer und Generäle blickten von Glanzbildern und gläsernen Kugeln auf die Festgemeinde herab. Wehrhaftigkeit demonstrierten kleine Soldaten, Handgranaten, Bomben und Torpedos – allesamt aus Glas geblasen – sowie Gewehre und Eiserne Kreuze aus geprägter Pappe.

Auch die zahlreichen Zeppeline und Unterseeboote waren keineswegs nur Ausdruck einer von Technik und Fortschritt begeisterten Gesellschaft – sie galten vielmehr als Wunderwaffen, die helfen würden, den Feind vernichtend zu schlagen.

Reichsadler aus geprägtem Blech dienten als Kerzenhalter und die Baumspitze aus Glas erinnerte an eine preußische Pickelhaube. Soldatenfotos und Fähnchen aus schwarz-weiß-rotem Krepp-Papier vervollständigten den Schmuck des Baumes und brachten den gewünschten "vaterländischen Schneid" in die Weihnachtsstube.

"Der Baum bürgerte sich nach dem Ersten Weltkrieg hier ein. Die Soldaten hatten ihn bei der Truppe kennen gelernt. Ich selbst stand zum erstenmal unter dem Weihnachtsbaum 1917 als Soldat etwa 2000 m hoch in einer wilden Bergschlucht der Karpathen. Es brannte an der etwa 5 m hohen Fichte vielleicht ein Dutzend Kerzen, die aber sehr bald abgenommen wurden, um später noch unsere Unterstände erleuchten zu können."

in: Berichte aus dem Archiv für westfälische Volkskunde[26]

"Im Handumdrehen war ein Fuß zusammengenagelt, auf dem das Bäumchen stehen konnte, dann brachten sie ran, was nur irgend anging, um's als Schmuckstück an die Zweige zu hängen: blanke Patronenhülsen, Uhrketten, farbige Fähnchen, Photographien und eine goldglänzende Helmspitze, die sie auf die kleine Krone steckten. Eine halbe Stunde in fiebernder Geschäftigkeit – dann stand unser erstes richtiges Feldchristbäumchen fertig da. Selbst Lichter hatten sie zurechtgekriegt: festgerollte kleine Wergstreifen, mit Gewehröl getränkt, die brannten und leuchteten, als wären's richtige Weihnachtskerzen."

in: Weihnachten 1915 – Festgabe des Daheim für unsere Krieger[27]

"Wir hatten für jeden Unterstand eine Weihnachtstanne. Und nun wurden wir zu Kindern, behingen die Bäumchen mit den dafür aufgehobenen Äpfeln, besteckten sie mit den aufgesparten Kerzen und stellten auf die Baumspitzen den Lamettastern aus dem seltenen Silberpapier der Liebesgaben. (…) Wichtig erscheint es mir in diesem Zusammenhang, wie der Christbaum, soweit er sich in den deutschen Landschaften noch nicht durchgesetzt hatte, nun von allen als ein Sinnbild empfunden und geschmückt wurde."

Otto Brües, in:[28]

Militärisch-patriotischer Christbaumschmuck
(Sammlung Weihnachten Rita Breuer)
oben: Soldat und Flugzeug, unten: U-Boot

OBEN: BOMBE / HANDGRANATE / EISERNES KREUZ
UNTEN: PORTRÄTS DER HEERESFÜHRER (GENERALFELDMARSCHALL PAUL VON HINDENBURG, KAISER WILHELM II., GENERALFELDMARSCHALL AUGUST VON MACKENSEN)

Titelbild "Hurra! – Ein Kriegsbilderbuch"
mit Widmung: "Zur Erinnerung an das Kriegsweihnachtsfest 1915
von deiner Tante Lenchen und Onkel Richard."

Aufmarsch im Kinderzimmer

Auf den Wunschzetteln der Kinder und auf den weihnachtlichen Gabentischen stand Kriegsspielzeug an erster Stelle: Die große bunte Schar der Zinn- und Bleisoldaten konnte in Reih und Glied aufmarschieren, spielend Schlachten schlagen, das Gefühl von Sieg und Niederlage vermitteln. Auch Kriegsspiele als Würfelspiele motivierten dazu, den Mitspieler als "Feind" zu besiegen.

Kinder- und Bilderbücher machten bereits die Kleinsten mit militärischen Denk- und Verhaltensweisen vertraut[29–32]. Flugzeuge und Kriegsschiffe waren beliebte Bastelobjekte und die Ausschneidebogen ließen zudem ganze Festungen entstehen. Die populäre "Laterna magica" brachte mit Dia-Sonderserien sogar die aktuellen Kriegsschauplätze in die Wohnstube.

Das pädagogische Erfolgskonzept *"Spielend lernen"* war auch damals sehr effektiv. So fühlte sich mancher kleine Held in der Erwartung der Kriegstreiber hoffentlich einst zu großen Heldentaten berufen. Die einmal in den Köpfen verankerten Feindbilder überdauerten Jahrzehnte. Die Kinder von 1914–18 sollten auch noch zu ihrem großen Einsatz kommen.

Ausschnitt aus dem Kriegsbilderbuch "Hurra!"

"Die Kinder unseres Kaisers beim Weihnachtsspiel"
Holzschnitt von William Pape (Ausschnitt)

Nun, ihr Bleisoldaten,
flugs mal aufmarschiert!
Und rasch die Gewehre
richtig präsentiert!

Zeigt, was ihr gelernt habt
in dem ganzen Jahr,
seit das liebe Christkind
nicht mehr bei uns war.

Links – rechts – stillgestanden!
Augen nicht bewegt,
dass sich nicht ein Glied mehr
irgendwo noch regt!

Auf! Nun los zum Sturme,
dass die Feinde fliehn!
Ja, euch Bleisoldaten
lass' ich gerne ziehn.

Ihr macht eure Sache
sicherlich schon gut,
zeigt im ärgsten Feuer
echten, deutschen Mut.

Bringt ihr dann den Frieden,
ist die Not gestillt,
bin auch ich ein Sieger,
weil ich euch gedrillt.

Luise Helfer, in:
Neue Weihnachtskriegsgedichtchen
für unsere Kinder, 1915[22]

Ich hab' die Nacht im Traume
das Christkindlein gesehn,
ich sah's im Silberkleidchen
vor meinem Bettchen stehn.

Es hat nach meinen Wünschen
ganz leise dann gefragt.
"Ich möchte keine Gaben",
hab ich darauf gesagt.

"Willst du mir Freude machen,
dann, Christkind, komm heran,
und mach mich, wenn es möglich,
zum ausgewachs'nen Mann."

Und sieh, mit gold'nem Stabe
eh' ich mich noch versah,
ließ Christkindlein mich werden
so groß wie mein Papa.

Nun konnt' ich endlich ziehen
mit Mut auch in den Krieg,
und konnte Vater helfen
beim Kampf für Ruhm und Sieg.

Doch ach, am andern Morgen,
da wurde es mir klar,
dass ich ja leider immer
ein kleiner Knirps noch war.

Luise Helfer, in:
Neue Weihnachtskriegsgedichtchen
für unsere Kinder, 1915[22]

Postkarte

"Wir spielen jetzt fein mit unsern Soldaten. Die werden alle aufgestellt, in Schlachtordnung. Ich führe die einen, und Rolf die anderen. Jeder ist General. Jeder hat eine Kanone und schießt auf seine Feinde. Wo am meisten umgeschossen sind, die haben verloren. Und wer zuerst umfällt, wenn die Schlacht losgeht, dem wird der Säbel abgebrochen, und wenn er noch mal so feige ist, dann noch das Gewehr, und wenn noch mal, dann wird er zum Tode verurteilt. Und wer zuletzt stehn bleibt, der ist tapfer, und kriegt einen Orden, und wird Leutnant dann und Major und General.
Herr Wienicke bringt uns immer noch Modellierbogen mit. Die werden zusammengeklebt, lauter Burgen. Wir haben ein feines Brett, das setzen wir in die Waschschüssel, und schwimmt. Da drauf die Burg. Dann ist überall drum rum Wasser, wie'n Wallgraben. Überall werden Soldaten raufgesetzt. Und in die Türme schmeißen wir Knallbriefe, und dann wird alles angesteckt. Das brennt doll und sieht fein aus. Und alle Augenblicke knallt's, wenn ein Knallbrief losgeht, und die Türme fliegen in die Luft, und manchmal ein Soldat mit. Manche verbrennen auch und fallen ins Wasser und sind halb geschmolzen. (...) Manche haben bloß einen Arm noch oder ein Bein. Wer aber keinen Kopf mehr hat, ist tot und wird eingebuddelt."

Paul Richter, in: Tagebuch eines Berliner Jungen, 1919, zitiert nach[33]

"Was wünscht sich jetzt der deutsche Knabe, der noch mit wirklichem Spielzeug spielt? Bleisoldaten, immer wieder Bleisoldaten. Natürlich 'Feldgraue', die Infanterie in allen Stellungen, Kavallerie, Artillerie, aber auch Zeppeline, Flugzeuge und unbedingt ein paar Kanonen, mit denen wirklich geschossen werden kann. Auch Gegner sind sehr beliebt, damit jemand da ist, den sie verhauen und besiegen können. Hierbei spielen die Russen die Hauptrolle, die Engländer und Franzosen sind abgetan, die Italiener waren nie geschätzt. Sind aber erst die nötigen Soldaten vorhanden, dann ist der sehnlichste Wunsch ein Schützengraben mit allem, was dazu gehört: Unterstände, Drahtverhaue, Asthindernisse, Wolfsgruben, Verbindungsgräben usw. Bleisoldaten nach käuflichen Formen zu gießen ist keine Kunst (...), aber Schützengräben herzustellen, hübsche, möglichst naturgetreue Schützengräben, ist eine ganz interessante Arbeit und bietet dem Können und dem Geschick großen Spielraum."

in: Kriegsbuch für die Jugend und das Volk, 1915[34]

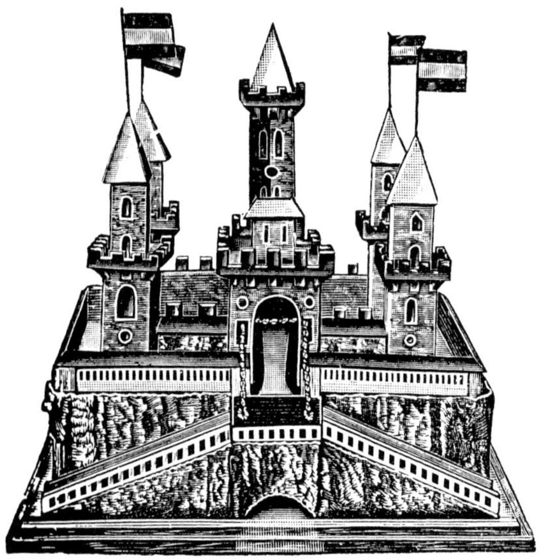

Art. 4410. **Festungen**

mit Aufgang, Holzhäusern und Türmen.

Holz- und Blech-Soldaten auf Sockel.

Art. 4230. **Säbel.**

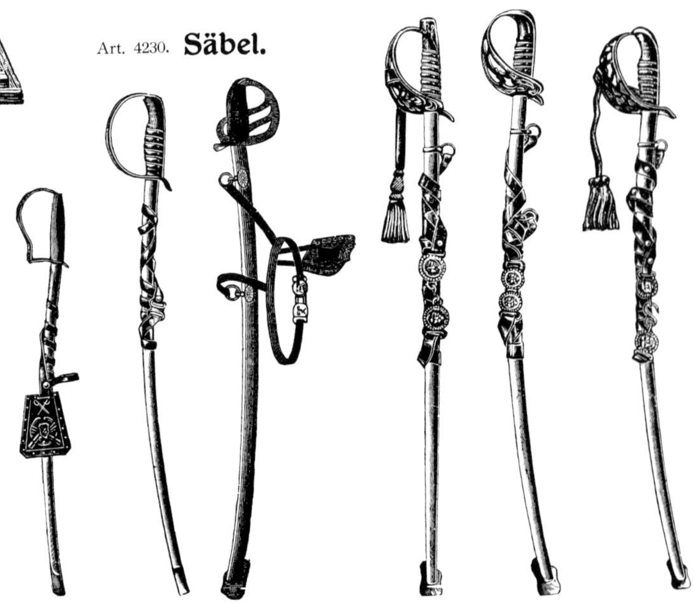

Kriegs-Quartett, 64 hochf. Bilderkarten von Führern, Flugzeugen usw. usw., sehr belehrend, 9×14 cm Dtz. Mk. **13,20**

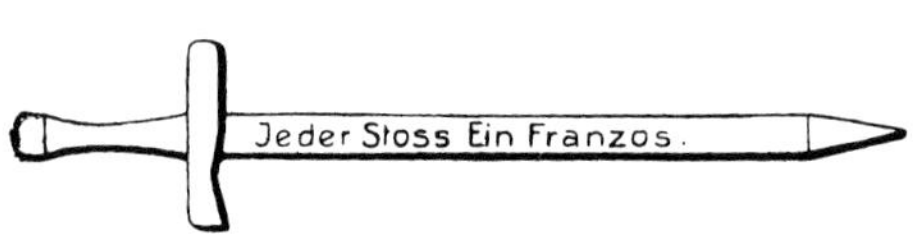

Holz-Seitengewehre.

Kriegsspielzeug-Anzeigen

in: Spielwaren-Katalog der Firma Hermann Bade, 1915/16[35]

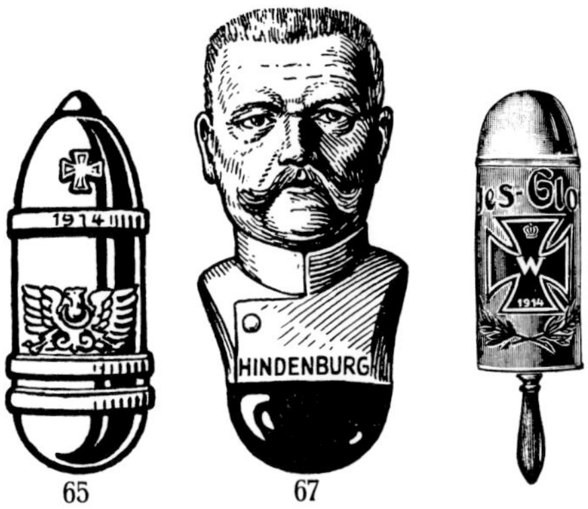

65 67

"Der Knabe, der von Kind auf lebhaft und ausdauernd mit Soldaten gespielt hat, wird sich als Mann leichter in diesen Beruf hineinfinden, als der andere, der nur weltfernen Träumen nachhing. Und das Grauen des Krieges wird für denjenigen gemildert, der ihn schon früh als etwas Selbstverständliches in seine Vorstellungswelt aufnahm. Darum lasst uns die Soldatenspiele unserer Kinder nicht stören. Durch sie werden kriegerische Männer für die Zukunft erzogen, und Deutschland bedarf ihrer."

in: Daheim, Weihnachten 1915, zitiert nach[24]

Schwere Belagerungs-Geschütze.

88

89

Hochfeine große Ausstattungs-Spiele

ff. Ausführung in feinen Stückkartons.

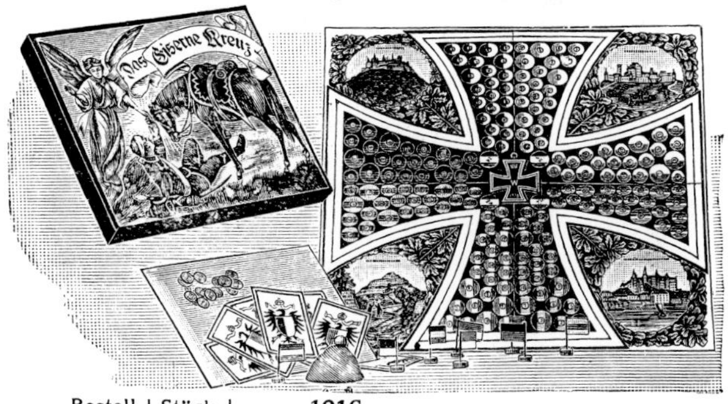

1216

1212

Bestell-No.	Stück Mk.		Kartongr. cm
1212	1,35	Unser 42 cm Geschütz, mit Aufstellkanonen und Figurenscheiben . .	22×30
1214	1,50	Zirkusspiel, mit Buchsbaumfiguren, hochfeinem Spielplan usw. . .	27×32
1215	1,65	Der eiserne Kanzler, neues Lottospiel mit 4 Bilderkarten . .	28×28
1216	1,80	Das eiserne Kreuz, mit Fähnchen und hochfeinem Spielplan usw. . .	28×35

Kriegsspielzeug-Anzeigen

in: Spielwaren-Katalog der Firma Hermann Bade, 1915/16[35]

3. Die Zwanziger Jahre

Illustrirte Zeitung

Kasse

Verlag ✱ J. J. Weber ✱ Leipzig

NR. 4317. 169. BAND

EINZELPREIS 1.20 REICHSMARK

8. DEZEMBER 1927

"Weihnachtseinkäufe"

Illustrirte Zeitung Nr. 4317, vom 8. Dezember 1927

Weihnachten zwischen arm und reich

Hinter der glitzernden Kulisse der "Goldenen Zwanziger Jahre" in Deutschland verbarg sich eine zutiefst verunsicherte Gesellschaft. Der verlorene Krieg hatte das Vertrauen der Menschen in die Politik und die Kirchen erschüttert. Inflation, Arbeitslosigkeit und schließlich die Weltwirtschaftskrise verstärkten die Spannungen zwischen arm und reich. Gerade zur Weihnachtszeit wurden die Unterschiede zwischen den einzelnen Bevölkerungsschichten besonders deutlich.

In den Salons der Reichen lud man zum Tanz unter dem Weihnachtsbaum. Besonders elegant wirkten die sogenannten "Weißen Bäume" mit ihrem kühlen Silberschmuck, gläsernen Eiszapfen, Lametta und Engelshaar. Und der drehbare Christbaumständer mit Spieluhr ließ wahlweise *"Vom Himmel hoch"* oder den *"Donauwalzer"* erklingen.

Die weihnachtlichen Schaufenster und Anzeigen in den Illustrierten versprachen alles, was das Herz begehrte – sofern man es sich leisten konnte[1]. Ein eventuelles "schlechtes Gewissen" gegenüber den "Armen" kompensierten Wohltätigkeitsveranstaltungen und mildtätige Gaben der "Bessergestellten". Ganz anders verlief das Weihnachtsfest in den Mietskasernen und Hinterhöfen: Viele Familien wussten nicht einmal, wie sie das Nötigste finanzieren sollten, ganz zu schweigen von einem Bäumchen oder gar Geschenken für die Kinder.

Die Massenarbeitslosigkeit und die instabile politische Lage der Weimarer Republik machten sich antidemokratische Kräfte zunutze, um für ihre Ideologien zu werben. In den Plänen der Links- und Rechtsextremisten für "neue Gesellschaftsordnungen" war kein Platz mehr für den Glauben an das Kind in der Krippe. Religion wurde als "Opium des Volkes" angesehen und die Kirche als "Stütze der herrschenden Klasse" bekämpft. Doch wer Einfluss auf die Menschen gewinnen wollte, kam an Weihnachten nicht vorbei – das christliche Fest wurde immer mehr zum Werkzeug des politischen Machtkampfes[3–5].

"Alle Jahre wieder?"

Tafel Schokolade	*1921*	*7,- Mark*
	1922	*500,- Mark*
Weihnachtsbaum	*1921*	*12,- Mark*
	1922	*350,- Mark*

zitiert nach[2]

"Es besteht gar kein Zweifel darüber, dass jenes kirchliche Fest, das bis zum heutigen Tage die ganze abendländische Kulturwelt zum stärksten Mitleben bringt, das Weihnachtsfest ist.
(...)
Gewiss wäre es uns lieber, wenn etwa der 1. Mai schon solch starke Gefühlswerte in den Proletarierfamilien auslöste, wie das heute das Weihnachtsfest tut. Aber bis dahin wird es noch viel Erziehungsarbeit, viel Überwindung altehrwürdiger Traditionen geben müssen."

in: Sozialistische Erziehung, 1928[3,4]

"Wer auf die Gestaltung solcher Feste bestimmenden Einfluss hat, gewinnt dadurch Macht über die Geistesrichtung eines großen Teiles der Festgemeinde."

Edmund Mudrak, in: Zeitschrift des Vereins für das Deutschtum im Ausland, 1925[5]

"Wir stehen nun vor der Tatsache, dass wir dieses Fest in seiner jetzigen Erscheinungsform keineswegs gebrauchen können. Es bleiben uns zwei Möglichkeiten.
Der eine Weg ist, wir negieren das Fest überhaupt, kümmern uns nicht darum;
der andere Weg aber ist der, dass wir das Fest wohl feiern, aber den Inhalt dieses Festes wesentlich verändern."

in: Sozialistische Erziehung, 1924[3,4]

Anzeige "Zu Weihnachten ein Mercedes-Benz"
in: Illustrirte Zeitung Nr. 4317, vom 8. Dezember 1927

"Weihnachtsvorbereitungen"

in: Modenschau – Illustrierte Monats-Zeitschrift für Heim und Gesellschaft, Nr. 264, 1934

"Eine Weihnachtsbescherung für Waisen in Hamburg"
in: Die Gartenlaube, 1892[*6]
(Ausschnitt)

Jahre sind drüber ins Land gegangen,
doch ich seh es noch vor mir wie heut;
War so ein Bub, der mit Hangen und Bangen
wochenlang sich schon auf Weihnachten freut.

Bei den Eltern gab's nichts zu erwarten;
Schmalhans hockte am heimischen Herd.
Aber die Tante vom Kindergarten
sagte: "Jungens, euch wird beschert!"

Und dann tat sich die Türe auf:
Tannenbäume und Kerzenschimmer,
bunte Fähnchen und Flitter-Geglimmer,
Äpfel und Nüsse, ein ganzer Hauf'.

Weiß gedeckte Tische, zwei Reih'n,
zogen sich tief in den Saal hinein.
Und auf den Tischen standen und lagen
Kleider und Mützen, Pferde und Wagen.

Dann sprach eine im weißen Kleide –
mit dem Lorgnon an der goldenen Kette –
viel von Sorgen, von Not und vom Leide,
wie mit der Armut man Mitleid hätte.

Dabei nickten alle die Damen.
Endlich rief jeden von uns man mit Namen
und erteilte ihm seine Geschenke,
dass alles dankbar der Güte gedenke.

Weiß nicht mehr heute was jeder empfing.
Weiß nur, dass mir ein dreibeinig Ding
ohne Ohren – man nannte es Pferd –
ward zum heiligen Christfest beschert.

Hab' es nur immer wieder entzückt
voller Bewunderung an mich gedrückt.
Hätt's für nichts in der Welt gegeben,
glückerfüllt wie noch nie im Leben!

Jahre sind drüber ins Land gegangen,
Doch vergess ich die Stunde nicht:
Vor mir des Saales festliches Prangen
und das schimmernde Kerzenlicht.

Kinder der Armut mit leuchtenden Blicken,
die man mit altem Gerümpel beschenkt,
während der Reichtum voller Entzücken
sich ein Beglücker der Menschheit dünkt.

Zeilen aus "Vor Jahren" von Ludwig Lessen,
in: Arbeiters Weihnachten, 1927*7

Weihnachten 1922

"Ich war damals gerade im ersten Schuljahr. Der Lehrer ließ uns am Morgen des 24. Dezembers nochmals in die Schule kommen. Er fragte uns nach unseren wirtschaftlichen Verhältnissen aus, denn die 'Bessergestellten' hatten für die 'Armen' gespendet und wollten dafür auch ihr Schauspiel haben, und wir sollten ihre weihnachtliche Güte dankbar anerkennen.
Der Herr Lehrer verstand so etwas großartig. Er machte einen Wettbewerb daraus. Wer ist arm? Wer ist ärmer? Zwei Monate erwerbslos und drei Kinder? Dorthin! Sechs Monate – drei Kinder? Davor! Er fragte und fragte immer wieder, und wir mussten antworten, obwohl er alles wusste. Und wehe, wenn einer seine Armut nicht zugeben wollte, dann setzte es was. Oh, es lohnte sich für die Spender, die mit gönnerhafter Miene dasaßen und wohlwollend auf uns herabblickten! Ich wurde Sieger – fünf Monate, vier Geschwister – Sieger im Wettbewerb um die Armut.
Mit vor Scham geröteten Wangen standen wir 'Auserwählten' dann da und mussten die Spenden in Empfang nehmen. Und so nahm ich dann mein Pfund Linsen und das halbe Pfund Margarine und musste zum Herrn Lehrer 'Danke schön' sagen, und dann musste ich zu dem dicken Wilhelm Petzold gehen und wiederum 'Danke schön' sagen. Die Tränen schossen mir in die Augen, und alle hielten mich für einen dankbaren Notleidenden. Dabei hätte ich vor Wut schreien und dem Dicken die Linsen ins Gesicht werfen mögen. Aber ich dachte an zu Hause und biss die Zähne zusammen."

Will Carste, zitiert nach*8

"Das Weihnachten der Armen",
Freie Welt – Illustrierte Wochenschrift der USPD, Nr. 32, vom 27. Dezember 1919

"Stille Nacht, traurige Nacht"

Schon um die Jahrhundertwende hatte die Arbeiterbewegung die Weihnachtszeit zur Gesellschaftskritik und politischen Agitation genutzt. Als Ausdrucksmittel des Protestes machten sarkastische Umdichtungen bekannter Weihnachtslieder die Runde. Einer der bekanntesten Texte, die *"Arbeiter-Stille-Nacht"* von Boleslaw Strzelewicz, war sogar zeitweise als "staatsgefährdend" verboten[9].

Mit der Aufspaltung der sozialistischen Bewegung in SPD und KPD differenzierte sich in der Weimarer Republik auch die weihnachtliche Propaganda. Für die gemäßigten Kreise innerhalb der Sozialdemokratie war dabei durchaus eine Verbindung zwischen Christentum und Sozialismus vorstellbar. Trotz aller Kritik am Fest der Reichen wollte man Weihnachten keineswegs boykottieren – zu sehr war man selbst in Arbeiterkreisen mit den Traditionen dieser "bürgerlichen" Familienfeier verhaftet.

Publikumswirksam dargestellt wurde das soziale Elend der Arbeiterfamilien in volkstümlichen Weihnachtsaufführungen sozialdemokratischer Theatervereine. Der Arbeiter-Theaterverlag Alfred Jahn in Leipzig brachte von 1910 bis 1933 hierzu eine ganze Reihe heiterer bis pathetischer Stücke heraus, die in einer eigenen Heftreihe, der *"Neuen Sozialen Weihnachtsbühne"*, erschienen[10]. Trotz aller Dramatik fanden diese Stücke zum Schluss fast immer ein "gutes Ende" – so feierte man Weihnachten in der Hoffnung auf eine bessere Zukunft. Die Arbeitervereine der SPD organisierten darüber hinaus Feiern für Bedürftige und bescherten Kinderheime und Obdachlose.

Den radikaleren Genossen und den Kommunisten ging das nicht weit genug. Nach ihrer Auffassung war eine Verbesserung der Verhältnisse nur durch revolutionären "Klassenkampf" erreichbar, wozu ihre weihnachtlichen Propagandatexte auch unmissverständlich aufforderten. Schließlich organisierte die KPD sogar weihnachtliche Hungermärsche durch die Wohnviertel der Reichen und stellte dem Stern von Bethlehem dabei ihr eigenes Symbol entgegen: den roten Sowjetstern mit Hammer und Sichel.

Stille Nacht, traurige Nacht,
ringsumher Lichterpracht!
In der Hütte nur Elend und Not,
kalt und öde, kein Licht und kein Brot,
schläft die Armut auf Stroh.

Stille Nacht, traurige Nacht,
hast du Brot mitgebracht?
fragen hungrige Kinderlein.
Seufzend spricht der Vater: Nein.
Bin noch arbeitslos.
(...)
Stille Nacht, traurige Nacht,
Arbeitsvolk aufgewacht!
Kämpfe mutig mit heiliger Pflicht,
bis die Weihnacht der Menschheit anbricht,
bis die Freiheit ist da.

Zeilen aus "Arbeiter-Stille-Nacht"
von Boleslaw Strzelewicz,
zitiert nach[9]

Morgen, Kinder, wird's nichts geben!
Nur wer hat, kriegt noch geschenkt.
Mutter schenkte euch das Leben:
Das genügt, wenn man's bedenkt.
Einmal kommt auch eure Zeit.
Morgen ist's noch nicht soweit.

Doch ihr dürft nicht traurig werden.
Reiche haben Armut gern.
Gänsebraten macht Beschwerden.
Puppen sind nicht mehr modern.
Morgen kommt der Weihnachtsmann.
Allerdings nur nebenan.
(...)

Zeilen aus "Weihnachtslied,
chemisch gereinigt" von Erich Kästner,
1928, zitiert nach[11]

"Heute müssen wir damit rechnen, dass der Weihnachtsabend in den allermeisten Proletarierfamilien festlich begangen wird, und wir müssen versuchen, das Weihnachtsfest auch innerhalb der Familie der sozialistischen Erziehung der Proletarierkinder dienstbar zu machen. (...) Nun ist ja die christliche, von allem klerikalpolitischen Beiwerk befreite Auffassung des Weihnachtsfestes eine durchaus nicht bekämpfenswerte, sondern für unsere Erziehungsabsichten sehr brauchbare und beachtenswerte Auffassung. Die schöne Erzählung von dem armen Kinde, das im Stall geboren wurde, nie seine Herkunft vergessen hat, sondern lebenslang ein warmer Freund der Mühseligen und Beladenen und ein grimmiger Feind der Reichen und Mächtigen gewesen ist – die Gedanken, die die Betrachtung dieser Gestalt auslöst, müssen gar nicht antisozialistisch sein, im Gegenteil, sie fügen sich sehr wohl in unsere Gedankenwelt. Auch hier können wir uns die Gedanken zunutze machen, dass viele Ideen des Christentums verwandt sind den Ideen des Sozialismus, dass jemand ein guter Christ und ein guter Sozialist zu gleicher Zeit sein kann. Diese Charakteristik Jesu Christi, seine Menschenliebe, seine Hilfsbereitschaft, sein Kampf gegen das Pharisäertum und vor allem sein Ringen gegen die Besitzenden, die Schilderung dieses 'Menschensohnes' hat durchaus Raum in den paar Worten, die den Kindern von Proletariereltern am Weihnachtsabend gesagt werden sollen."

in: Sozialistische Erziehung, Wien 1928*[3,4]

"Die Kirche feiert Weihnachten als den Tag der Erfüllung, den Tag der Geburt des Welterlösers. Wir wissen – und wir fühlen es heute deutlicher als je zuvor – dass die Kirche der Welt die Erlösung, der Menschheit die Befreiung nicht gebracht hat. Das uralte Märchen von der Gottesbraut und ihrem hochheiligen Kinde, in sehnsuchtsvollen Proletarierherzen vor zweitausend Jahren neu erdacht, klingt noch immer durch die Lande, klingt in diesen Tagen von tausend und abertausend Kanzeln und Altären herab. Aber die Botschaft vom Frieden auf Erden, die im Märchen die Engel den Hirten verkünden, sie ist noch nicht in Erfüllung gegangen, sie konnte nicht Wirklichkeit werden, weil das rollende Gold und die Sehnsucht des Besitzes auch die Religion der Liebe und der Selbstlosigkeit in ihren Dienst zwangen. Noch stehen wir mitten darin in einer Welt der Selbstsucht und des rücksichtslosen Kampfes ums Dasein, die den Besitz wertet und nicht den Menschen. Träumer und Wolkenwandler ändern sie nicht. Nur Kämpfer. (...) Auf dem wachsenden Heer dieser Kämpfer ruht die Weihnachtshoffnung des schaffenden Volkes der Gegenwart. An ihm liegt es, ob den Weihnachten der Hoffnung eine Weihnacht der Erfüllung folgen wird."

Richard Lohmann, in: Schriftenreihe des Zentralbildungsausschusses der SPD, 1927, zitiert nach*[4]

"Elende Heuchelei ist dieses offizielle Weihnachtsfest, wo zur Feier der Geburt des Erlösers von der reichen Bourgeoisie unterm Tannenbaum ein Luxus getrieben wird, der den notleidenden, frierenden, darbenden Massen Hohn spricht! Elende Heuchelei die frommen Gebete und die himmelwärts verdrehten Blicke der salbungsvollen Kirchendiener! Elende Heuchelei dieses ganze Christentum der heutigen Gesellschaft! Dieser Welt der offiziellen christlichen Heuchelei gegenüber stehen wir proletarische 'Rotte', wir 'Vaterlandslosen', wir 'Geächteten', wir 'Elenden'. (...)

Auch wir feiern die Ankunft des Erlösers, des wahren Erlösers der Menschheit. Um unsern grünen Lebensbaum geschart, fest im Glauben und froh in der Hoffnung auf die der Menschheit nahende Erlösung, gestützt auf den nie versagenden Hammer – unserer Arbeit und unserer Befreiung Symbol – feiern wir unser Arbeitsfest, wir Millionen Elender und Enterbter, ein stolz und trotzig und kräftig Geschlecht."

in: Vorwärts, Zentralorgan der SPD, Weihnachten 1905, zitiert nach*[12]

"Von allen Festen ist die Weihnacht das mit den tiefsten Gefühlswerten ausgestattete. Wer sich nicht gewaltsam sperrt oder wer nicht mit gänzlich vertrockneter Seele lebt, wird immer wieder vom inneren Ansturm dieses Festes überwältigt werden. Was aber ist der Sinn dieses Festes? Wenn wir es von allem religiösen Zeremoniell und Theologenaufputz entkleiden, tritt als seine reine Urform heraus das Fest der Nächstenliebe. Wem das aber etwas schwachmütig und bleichsüchtig in den Ohren klingt, der möge es nennen das Fest der menschlichen Solidarität und Allverbundenheit.
(...)
Doch niemals lässt sich der gesamte Weltumfang in die Formel des 'Kindlein liebet euch!' pressen. Wir können ein 60-Millionenvolk nicht einfach als kampflose Liebesgemeinschaft begründen. In der kapitalistischen Wirtschaftsordnung ist die Menschheit unerlöst – trotz aller schönen Weihnachtslieder von Liebe und Frieden, trotz aller Evangelien vom Erlöser, der vor bald 2000 Jahren geboren sei. Die Erlösung ist kein himmlisches Drama, bei dem die Engelein mitsingen. Sie ist kein überirdischer Vorgang. Nicht einer vollzieht sie stellvertretungsweise, nein, die Menschheit erlöst sich selbst."

Erik Nölting, in:
Arbeiters Weihnachten, 1927[7]

Erwacht aus törichtem Erlösungstraum!
Das Banner der Vernunft empor gehalten!
Dem Worte der Erkenntnis nur gebt Raum:
Wir müssen selbst uns unser Los gestalten!

In diesem Glauben gebt die rechte Weih
dem Weihnachtsfeste, ihr enterbten Scharen!
Wenn frömmelnd euch umschleicht die Heuchelei,
vernehmt den Zeitengeist, den ewig wahren:

Es kommt der Tag, wann's unterm Lichterbaum
in jeder Brust flammt wie ein Strahlenwetter:
Genug des Wahns!
Auf, Menschheit, aus dem Traum –
Du selbst dein eigner Gott, dein eigner Retter!

---

um 1905, zitiert nach[12]

Stille Nacht, heilige Nacht,
Arbeiter, all erwacht!
Kämpfet mutig für Freiheit und Recht
bleibt nicht länger mehr duldsamer Knecht
in der Reichen Fron.

Stille Nacht, heilige Nacht,
kämpfet bis euch ist die Macht.
Freiheit, Gleichheit schaffet sobald
bis auf Erden der Ruf dann erschallt
Friede auf Erden ist da.

Walter Stratmann, in:
Neue Soziale Weihnachtsbühne, Nr. 9[10]

Wenn in der heiligen Christennacht
im Kerzenschmuck die Tanne steht,
wenn in den Kirchen tönt Gesang
und lautes Lob und Dankgebet,
wenn in Palast und Bürgerhaus
die Liebe ihre Gaben häuft
und satter Christen frommer Mund
von süßen Worten überträuft –
Dann treibt es mich ins Land hinaus,
wo wild der Sturm die Felder fegt,
und wo die Stimme der Natur
noch unverfälscht ans Ohr mir schlägt.
(...)
Arbeitslos! Ja, arbeitslos!
Das ist der Fluch der Gegenwart,
das ist das Schicksal, dessen Droh'n
dem Proletar das Blut erstarrt.
Ja, arbeitslos zur Winterszeit,
zum Hunger noch der Frost gesellt –
Das ist fürwahr der größte Hohn
auf die "erlöste" Menschenwelt.
(...)
Solang von Hungersqual und Not
die Menschheit ledig nicht und frei,
ist all der Schwall von Christenlieb'
nur eine arge Heuchelei.
(...)
Und käme Christus noch einmal
die Welt von Sünde zu befrei'n,
fürwahr, er wär ein Sozialist
und kämpfte mit in unsern Reih'n.

Ernst Klaar, in: Arbeiters Weihnachten, 1927[7]

Werbetexte zu Theaterstücken, 1920er Jahre[10]

Anzeige des Theater-Verlags Alfred Jahn

Politisch-satyrische

Humoristika

Ernst und heitere

Theater-Aufführungen

sowie

Frauen-, Männer- und gemischte Chöre, Arbeiter-, Kampf- und Freiheits-Lieder, Liederbücher, Lebende Bilder, Prologe, Reden, Singspiele, Vortragsstücke, Zithermusikalien usw.

werden prompt zu Originalpreisen geliefert.

Spezial-Kataloge gratis und franko.

Bitte verlangen Sie mit Angabe des Vereins

Auswahlsendungen

der neuesten Stücke von

Alfred Jahn

Verlags- und Versandhaus.

Leipzig, Elisenstrasse 30.

Fernsprecher 19245.

Telegramm-Adresse: Vereinsbedarf Leipzig.

Postscheckkonto: Leipzig 56450.

Deckblatt zu "Arbeitslos am Weihnachtsabend", Neue Soziale Weihnachtsbühne Nr. 8[10]

Neue Soziale Weihnachts-Bühne Nr. 8

Arbeitslos am Weihnachtsabend

Lebensbild mit Gesang in zwei Akten

von

Hans Opel

Dritte, vollkommen neugestaltete Auflage

6. und 7. Tausend

Eigentum des Verlegers für alle Länder

Arbeiter-Theaterverlag Alfred Jahn

Leipzig C 1

Kurze Inhaltsangabe:

Dem Arbeiter Heinrich Leuthner geht es schlecht. Er ist schon lange arbeitslos. Frau und Kind sind krank. Da spricht er am Weihnachtsabend beim reichen Fabrikanten Behrens um Arbeit vor. Der stellt ihn nicht ein, weil er auf der „Schwarzen Liste" steht, läßt ihn aber als „Weihnachtsmann" etwas verdienen. Der Freigeist Leuthner singt aber Lichtfestlieder und wird darum davongejagt. Mit Dr. Schmidt, einem alten gutmütigen Arzt, kehrt er nach Hause. Dort erscheint wütend Behrens, den Dr. Schmidt zum Wohle Leuthners gehörig zu schröpfen versteht. Behrens Dienstpersonal kommt mit Geschenken, unter denen sich auch eine Ziehharmonika befindet. Diese wird von Leuthner sofort ausprobiert, und alle Anwesenden stimmen mit ihm in das Lichtfestlied: „Proleten, eilt schnell!" ein.

Ein Weihnachtsstück, sozial und volkstümlich, welches alle Arbeiterkreise begeistern wird!

Inhaltsangabe zu "Arbeitslos am Weihnachtsabend", Neue Soziale Weihnachtsbühne Nr. 8[10]

Ein fesselndes Stück Leben, voll Gesinnungstreue! Überall, wo Arbeiter Weihnachten feiern, wird es verdienten Beifall finden.

Der kalte, herzlose Hoheitsdünkel der sogenannten „oberen Zehntausend" und die mitfühlende warmherzige „Menschlichkeit" der armen Proleten, oberflächlicher Weihnachtsrummel und beseelte Lichtfeststimmung sind in diesem Stück in scharfer Gegenüberstellung herausgearbeitet und werden bestimmt den starken Beifall jedes klassenbewußten Proletariers finden.

Eine ganz tolle Posse, worin die kleinbürgerliche Weihnachtssentimentalität sehr treffend glossiert wird und jeder einmal richtig lachen kann.

Werbetexte zu Theaterstücken der Neuen Sozialen Weihnachtsbühne

"Ein Weihnachtsstück, sozial und volkstümlich, welches alle Arbeiterkreise begeistern wird!"

Gnädige Frau: *Da die Weihnachtslieder altererbtes christliches Kulturgut sind, so ist es auch unsere oberste, vornehmste und heiligste Christenpflicht, sie mit unermesslicher Liebe zu betreuen und sie als kostbarstes Edelgut zu hegen und zu pflegen.*

Hausmädchen (trocken): *Na, ich denke, statt des Gesangsklimbims wäre es in diesen schweren Zeiten die heiligste Pflicht der sogenannten Christen, bei den Armen durch tatkräftige Unterstützung die bittere Not zu lindern.*

Gnädige Frau: *Aber, sie dumme Pute, das tun wir doch jederzeit in großzügigster Weise.*

Hausmädchen: *Sooo?*

Gnädige Frau: *Ja! Gerade erst jetzt wieder haben wir zu Weihnachten an den Missionar Süßmilch in Afrika waggonweise wollene Unterwäsche, warme Handschuhe und Strümpfe für die Negerkinder geschickt.*

Hausmädchen: *Na, da werden sich aber die Negerkinder freuen. Die brauchen bei der Bullenhitze da unten ja auch am allernötigsten warmes Unterzeug, damit sie noch'n bisschen mehr schwitzen. Und an unsere Armen daheim, die bei der Eiseskälte in ihren abgeschabten dünnen Lumpen frieren, da hat man wohl nicht gedacht?*

Gnädige Frau (borniert-stolz): *O doch! Pastor Gottlieb hat für sie gesammelt. Wir alle haben unser Scherflein dazu beitragen müssen. Es ist ein Riesenerfolg! Es ist so viel zusammengekommen, dass fast jede arbeitslose Familie in unserer Stadt als Weihnachtsgeschenk zur Linderung der Not eine Bibel in schönem Einband mit Goldschnitt bekommen kann.*

Hausmädchen: *Ob die Arbeitslosen davon wohl satt werden?*

Gnädige Frau: *Reden sie doch nicht solch dummes Zeug!* (mit Pathos) *"Die Seele gilt's zu retten, nicht den Leib! Die Bibel ist wertvoller als Brot!" sagt Pastor Gottlieb.*

Hausmädchen: *Der bekommt wahrscheinlich von der Bibeldruckerei 'ne gute Provision.*

Gnädige Frau (blickt ihr empört nach): *So 'ne freche Gans! Ogottegott! 's ist heutzutage ein Kreuz mit dem Dienstpersonal.*

Fabrikant: *Apropos, was ich noch sagen wollte, ich habe deinen geliebten Pastor Gottlieb unterwegs getroffen. Soll dich von ihm grüßen.*

Gnädige Frau: *Das freut mich!*

Fabrikant: *Mich aber nicht! Er hat mich natürlich gleich wieder angebettelt, für die Armen.*

Gnädige Frau: *Hast du etwas gegeben?*

Fabrikant: *Ich konnte doch gar nicht anders! Es waren doch noch Bekannte dabei. Da konnte ich mich doch nicht blamieren. Zum Unglück hatte ich nicht einmal Kleingeld bei mir und musste 'n Hunderter springen lassen.*

Gnädige Frau (entgeistert): *Aber Otto, soviel Geld! Wo wir doch schon für die Negerkinder und die Bibelstiftung gegeben haben!*

Fabrikant: *Na, reg' dich nur nicht auf, Trude! Weihnachten kostet nun mal 'ne schöne Stange Geld. Stiften muss man schließlich auch etwas, das ist man nun mal seiner gesellschaftlichen Stellung schuldig. Nach dem Feste hole ich das alles schon wieder zehnfach herein. Das ziehe ich dann eben den Arbeitern so nach und nach vom Arbeitslohne ab und die paar, die maulen wollen, fliegen auf die Straße, und schwuppdiwupp ist die ganze Weihnachtschose bezahlt.*

Szenen aus "Arbeitslos am Weihnachtsabend" von Hans Opel, Neue Soziale Weihnachtsbühne Nr. 8, Arbeiter-Theaterverlag Alfred Jahn, Leipzig, 1920er Jahre*10

4. *Weihnachten im Nationalsozialismus*

Titelblatt des Kalenders "Vorweihnachten", 1942 ▸32

"Volksgemeinschaft unterm Lichterbaum" – Weihnachten im Nationalsozialismus

1933 übernahmen die Nationalsozialisten die Macht in Deutschland. Mit Terror und Propaganda gelang es ihnen, nach und nach alle Bereiche des öffentlichen, privaten und kulturellen Lebens unter ihre Kontrolle zu bringen. Damit brachen auch für die Kirchen in Deutschland schwere Zeiten an.

Auch wenn er in seinen Reden gelegentlich selbst von Gott oder der *"Vorsehung"* sprach – für Hitler gab es keinen Zweifel daran, dass erst die Überwindung des christlichen Glaubens den vollständigen Sieg des Nationalsozialismus bedeutete. Der Nationalsozialismus sollte die Religion ersetzen, sie überflüssig machen.

Doch zunächst galt es, Millionen gläubiger Menschen über die wahren Absichten des Regimes zu täuschen. Hitler und seine Vertrauten erkannten, dass man nicht zu offensichtlich gegen das Christentum und damit auch Weihnachten, das liebste Fest der Deutschen, vorgehen konnte.

Bereits in *"Mein Kampf"* hatte Hitler selbst festgestellt:

"Der Glaube ist schwerer zu erschüttern als das Wissen. (...)
Wer die breite Masse gewinnen will, muss den Schlüssel kennen, der das Tor zu ihrem Herzen öffnet."

Adolf Hitler, in: Mein Kampf, zitiert nach[1]

ZEITUNGSANNONCE FÜR "MEIN KAMPF", 1931[2]

"WENN DER ARBEITSDIENST BESCHERT", 1937[5A]

Diese Mutterschule fertigt aus alten Gemüsespankörben Puppenwiegen
Auf Kleiderbügeln kann eine solche Wiege schön schaukeln. Und mit Musik und Gesang geht die Arbeit noch einmal so gut

Weihnachts-Überraschungen für den Sudetengau

Das NS.-Frauenwerk schafft

Um unseren Armen im Sudetenland zum Weihnachtsfest Freude zu bereiten, hat das NS.-Frauenwerk in den verschiedenen Mütterschulen aufgerufen, Spielsachen aller Art selbst zu basteln. In jeder Mutterschule wird nun etwas anderes gearbeitet. Mütter und junge Mädchen schaffen fleißig zur Freude unserer Volksgenossen im Osten.

"Weihnachtsüberraschungen für den Sudetengau", 1938[5B]

Geschickt wurde das Weihnachtsfest, anfänglich noch in seiner gewohnten Form, in die Propaganda des NS-Staates mit einbezogen. Reportagen wie *"Wenn der Arbeitsdienst beschert"* zeigten Weihnachten als das große Fest der deutschen "Volksgemeinschaft" und sollten die positive Einstellung zu den Massenorganisationen des Regimes fördern[5A].

Auch die jeweils aktuelle politische Lage spiegelte sich in den Medien: So stand das Fest 1934 ganz im Zeichen der kurz bevorstehenden Abstimmung an der Saar. Auch die vom NSLB (Nationalsozialistischer Lehrerbund) herausgegebene Schülerzeitschrift *"Hilf mit!"*[6] widmete sich dem Thema mit Beiträgen wie

- *"Weihnachten im Reich und an der Saar"*
- *"Weihnachtserinnerungen eines Saarkämpfers"*

u.a.

1938 war es der mittlerweile annektierte Sudetengau, der in den Mittelpunkt der weihnachtlichen Berichterstattung rückte[5B]. Auch die Parteiprominenz der NSDAP nutzte die Weihnachtszeit zu publikumswirksamen Auftritten und bescherte zusammen mit der NSV (Nationalsozialistische Volkswohlfahrt) Kinderheime und Bedürftige[7].

"Vom Heiligabend an sind es nur noch 20 Tage, bis die Abstimmung an der Saar kommen wird.
(...)
Ihr deutschen Kinder im Reich, in der Freiheit – denkt am Heiligabend, wenn der Lichterbaum brennt, an die kleinen Kameraden an der Saar, die so deutsch sind wie ihr, und faltet still die Hände zur ewigen Vorsehung, dass sie unseren armen tapferen Saarländern Kraft gibt bis zum letzten und eine baldige Heimkehr ins Reich!"

in: Hilf mit! – Illustrierte deutsche Schülerzeitung, 1934[6]

GOEBBELS BESCHERT BERLINER KINDER, 1938*7

"Im Weihnachtsfeiern findet der deutsche Michel sein Herz und seine Seele verkörpert. (...) Diese volksverbindende Kraft der deutschen Weihnacht gilt es zu erhalten und in sinnvoller und tief begriffener Gestaltung sogar noch zu steigern!"

Franz Kolbrand, in:
Deutsche Weihnachten, 1941*3

Über die Weihnachtsbescherung des Reichsministers Goebbels 1938 im Saalbau Friedrichshain in Berlin berichtete die Presse*7:

"Am Abend des 23. Dezember fanden sich hier Tausend Kinder mit ihren Eltern aus den ärmsten Bezirken zusammen. Wie im Märchen erschien den Kleinen der Raum im flutenden Licht der vielen Lampen. An langen Tafeln nahmen sie mit den Ihren Platz und ließen sich Kakao und Kuchen wohlschmecken. (...)
An diese gewaltige Kinderschar und darüber hinaus an alle deutschen Volksgenossen richtete Reichsminister Dr. Goebbels, freudig umjubelt von seinen geladenen Gästen, seine Festansprache, in der er von der Weihnacht als dem Fest der Kinder sprach. Seine kleinen Freunde, die ihn so rasch in ihr Herz geschlossen, konnten sich vor Staunen nicht zurechtfinden, als Knecht Ruprecht im Saale erschien und Dr. Goebbels persönlich die herrlichen Schätze austeilte, die ringsum auf den Gabentischen aufgebaut waren. (...)
Glücklich sahen die Eltern auf das Treiben ihrer Kleinen. Dankbar dachte mancher der Geladenen jenes Mannes, der durch seine Tat diese schöne Stunde möglich gemacht. Jeder der Gäste erhielt sein Bild mit der Aufschrift: Ich habe euch nicht vergessen!"

Die Familienzeitschriften zeichneten das Idealbild einer blonden, deutschen Jugend unterm Weihnachtsbaum[7]. Die Abbildung kinderreicher Familien war zudem ein diskreter Hinweis auf das von der NSDAP-Parteileitung zu Weihnachten 1938 gestiftete Mutterkreuz[5C].

MUTTERKREUZ

DIE BLONDE DEUTSCHE JUGEND FEIERT WEIHNACHTEN
TITELBILD VON "VOBACHS FAMILIENHILFE", 1938[7]

KINDERREICHE FAMILIE VOR DEM WEIHNACHTSBAUM, 1938[5C]

Volksgemeinschaft

Seit wir in Eintracht uns zusammenfanden
macht neue Hoffnung unsre Herzen weit.
Wir werden größer in der großen Zeit,
die sieghaft aufgeht über deutschem Land.
Es läuten Glocken; frohe Lieder klingen.
Zum Sternenhimmel jubelt der Choral
und deutsches Land ist heute überall,
wo deutsche Menschen Weihnachtslieder singen.

in: Deutsche Weihnacht, 1941[4]

Wie weit es mit der Moral in Deutschland gekommen war, zeigte sich in erschreckender Weise gerade zu Weihnachten 1935: Kurz zuvor waren auf dem Nürnberger Parteitag die Gesetze zur Rassentrennung verkündet worden – schon beeilten sich viele Geschäfte, den Kunden gegenüber ihre "arische Herkunft" zu versichern. Um Wettbewerbsnachteile im Weihnachtsgeschäft zu vermeiden, versah der Kaufhof seinen Weihnachtsgeschenke-Katalog sogar mit einem Extra-Aufkleber *"Der Kaufhof ist ein arisches Unternehmen"*[8]. Selbst Christbaumschmuck wurde mit *"Heil Hitler"* zum Verkauf angeboten[9].

Oskar Köhler sen.
Christbaumschmuck-Fabrik
SPIELWAREN ALLER ART
Steinheid Thür. Wald.

Fernruf 229 — Telegramme: Oskar Köhler, Steinheid

Postscheck: Erfurt 8181 — Bankkonto: Vereinsbank Steinheid

Bahnstation: Neuhaus a. Rwg-Igelshieb
Deutsch-arisches Unternehmen / Gegründet 1910

LISTE 138 C

Einkauf von der Spezialfirma macht leistungsfähig!

SEHR GEEHRTE FIRMA!

Hierdurch gestatte ich mir, Ihnen meine neue Liste 138C über Weihnachtsschmuck aller Art zu übersenden. Bitte überprüfen Sie mein Angebot, welches Ihnen große Vorteile bietet. **Ich gewähre Ihnen auf meine Liste meinen besten Rabatt von 33 1/3 Prozent.** Geben Sie mir Ihre geschätzte Bestellung recht bald auf, auch wenn die Zusendung der Ware erst im Herbst erfolgen soll.

Für beste und prompteste Bedienung bürgt Ihnen mein bekanntes Unternehmen.

In der angenehmen Hoffnung, recht bald für Sie tätig sein zu können, empfehle ich mich

mit deutschem Gruß „Heil Hitler"

Oskar Köhler sen.

Christbaumschmuck-Prospekt – "mit deutschem Gruss 'Heil Hitler' ", um 1935[9]

Katalog "Herzenswünsche erfüllen", 1935[8]

Vom christlichen Fest zur "Deutschen Weihnacht"

Der Kampf der Nationalsozialisten gegen die Kirchen in Deutschland hatte folgerichtig auch Auswirkungen auf die Gestaltung des Weihnachtsfestes. Die christlichen Aspekte des Festes sollten nach und nach zurückgedrängt werden. So versuchte z.B. eine Richtlinie für den Einzelhandel die Verwendung sakraler Symbole in der Weihnachtswerbung zu beschränken[10A,B]. Doch der Protest, der sich daraufhin erhob, bewies einmal mehr, dass dem liebsten Fest der Deutschen mit Verboten allein nicht beizukommen war.

So entwickelten führende Nationalsozialisten in den parteiamtlichen Dienststellen eine neue, raffinierte Strategie: Anstatt den Glauben offen zu bekämpfen, versuchten sie dem Volk weiszumachen, dass alle kirchlichen Traditionen auf ursprünglich germanisches Brauchtum zurückzuführen seien. So erschien in den 30er Jahren in Deutschland eine Vielzahl von eigentümlichen Veröffentlichungen zum Thema Weihnachten. Die Autoren, vor allem Volkskundler, versuchten darin, mit zweifelhaften Argumenten die angeblich "germanische Abstammung" des Festes zu belegen[11–21].

"Ebenso wie die schädlichen Einflüsse der Astrologen, Wahrsager und sonstigen Schwindler ausgeschaltet und durch den Staat unterdrückt werden, muss auch die Einflussmöglichkeit der Kirche restlos beseitigt werden. Erst wenn dieses geschehen ist, hat die Staatsführung den vollen Einfluss auf die einzelnen Volksgenossen."

Martin Bormann in einem streng vertraulichen Rundschreiben, 1942, zitiert nach[1]

"Es liegt im Wesen der totalitären Ideologie, dass sie neben sich nicht nur keine andere politische Lehre dulden kann, sondern auch keine Religion."

Walther Hofer, 1957[1]

"Die Weihnachtswerbung des Einzelhandels muss geschmackvoll sein und soll sich bei der Verwendung sakraler oder völkischer Symbole Zurückhaltung auferlegen. Selbstverständlich ist gegen die Dekoration der Schaufenster mit Tannengrün, Lametta und sonst üblichem Weihnachtsschmuck nichts einzuwenden. Es soll aber stets geprüft werden, ob nicht die Verbindung derjenigen Weihnachtssymbole, die den sakralen und völkischen Charakter des Festes besonders betonen, mit der Warenwerbung aufdringlich wirkt und daher dem gesunden Volksempfinden widerspricht (z.B. Christkind, Engel, Krippe, Knecht Ruprecht, Weihnachtsstern, Weihnachtsbaum, Adventskranz usw.). Die Aufstellung ganzer Weihnachtsbäume mit brennenden Lichten soll künftig den Feiern in den Familien und Gemeinschaften oder auch der Aufstellung auf öffentlichen Plätzen, Bahnhöfen usw. durch die zuständigen Stellen vorbehalten bleiben."

Richtlinie der Wirtschaftsgruppe Einzelhandel für die Weihnachtswerbung, Oktober 1936, zitiert nach[10A]

"Die Richtlinien der Wirtschaftsgruppe Einzelhandel über die Weihnachtswerbung sind nach erneuter Überprüfung des Sachverhaltes in einem wesentlichen Punkt abgeändert worden. Es ist nicht beabsichtigt, den Weihnachtsbaum mit brennenden Kerzen aus der Weihnachtswerbung der Einzelhandelsgeschäfte auszuschalten. Zwecks Vermeidung von Missverständnissen wird ausdrücklich darauf hingewiesen, dass der Lichterbaum in geschmackvoller Weise, die den Grundsätzen des Werberates der deutschen Wirtschaft entspricht, bei der Weihnachtsausschmückung der Geschäfte Verwendung finden kann.
Die Verwendung sakraler und völkischer Symbole des Weihnachtsfestes (wie z.B. Christkind, Engel, Krippe, Knecht Ruprecht, Weihnachtsstern, Weihnachtsbaum, Adventskranz) soll durch die Richtlinien keineswegs etwa für die Werbung untersagt sein; vielmehr soll bei solchen Werbemotiven besonders auf Geschmack geachtet werden."

Die geänderte Richtlinie der Wirtschaftsgruppe Einzelhandel, November 1936, zitiert nach[10B]

Im Zuge der Missionierung des deutschsprachigen Raumes im 6.-8. Jahrhundert nach Christus habe die Kirche "uraltes" germanisches Brauchtum aufgegriffen und in ihrem Sinne umgeformt. Aus einem alten Fest der Germanen am Jahresende, der sogenannten "Wintersonnenwende" ("Julfest"), sei auf diesem Wege das deutsche Weihnachtsfest entstanden. Ebenso seien alle mit dem Weihnachtsfest verbundenen Inhalte und Symbole, vom Adventskranz bis zum Weihnachtsbaum, vom Nikolaus bis zum Christkind, auf ursprünglich germanisches Brauchtum zurückzuführen.

Man warf also den Kirchen ihrerseits eine "Manipulation" des Volkes vor und forderte jetzt die "Rückkehr" zu einem "arteigenen", germanisch-deutschen Glauben[26]. Aus Weihnachten, dem Fest der Geburt Christi, sollte wieder das "Julfest", die Feier der germanischen Wintersonnenwende, werden.

Wissenschaftlich gesehen, war diese Argumentation nicht haltbar, denn für das, was die Verfasser behaupteten, gab es weder schriftliche Aufzeichnungen aus germanischer Zeit noch andere sichere Quellen. Doch diesen Einwand ließen die selbsternannten Experten nicht gelten. Im Gegenteil: Die Feier der Wintersonnenwende sei so "selbstverständlich" gewesen, dass sich jede historische Berichterstattung darüber erübrigte[21].

In partei-internen Veröffentlichungen wie z.B. dem "Parteiarchiv für nationalsozialistische Feier- und Freizeitgestaltung" erschienen Richtlinien, wie dieses neue "alte Fest" zu feiern sei. Parteiamtliches Schulungsmaterial gab Anweisungen für die Gestaltung weihnachtlicher Gruppenstunden, z.B. in der Hitlerjugend[22-25].

In hohen Auflagen gedruckte und ansprechend gestaltete "Weihnachtsbücher" sollten die Ideen einer "Deutschen Weihnacht" in den Familien verbreiten[26-30]. Doch viele Menschen blieben skeptisch – der Kampf um das Weihnachtsfest war noch lange nicht entschieden ...

"Uralt, weit über die Jahrtausende in graue Vorzeit zurückreichend, ist der Brauch, Weihnachten festlich zu begehen. Unsere Ahnen nannten es nicht Weihnachts- sondern Julfest. Das Julfest begann mit der 'Weihenacht' am 24. Jul (Dezember), der 'Wintersonnenwende', unserem heutigen Heiligabend. Das war die 'Heilige Nacht', in der die Sonne wiedergeboren wurde, denn von jetzt ab stieg sie täglich höher am Himmel."

in: Hilf mit! – Illustrierte deutsche Schülerzeitung, 1933[16]

"Zu unserem Schaden jedoch verstand es eine fremde Weltanschauung, sich gerade dieses innigsten deutschen Festes zu bemächtigen und ihm fremdes Gedanken- und Ideengut zu unterschieben, so dass wir heute in der klaren Erkenntnis einer deutschen Weltschau das Echte vom Unechten scheiden und sichten müssen."

Karl-Heinz Bolay, im Vorwort zu: Deutsche Weihnachten, 1941[26]

"Gerade die Dürftigkeit aller Quellen spricht für die große, allgemeine Bedeutung der zwölf heiligen Nächte und ihre Feier. Alles war so selbstverständlich, so Gemeingut jedes der Mitlebenden, dass man keinerlei Veranlassung hatte, darüber besonders viel zu sprechen und das, was Empfindung und Brauch aller war, besonders festzuhalten."

Werner Kulz, 1937[21]

"Der Herausgeber unterzog sich der nicht leichten Aufgabe, das weit verstreute Gut an Erzählungen, Gedichten und Liedern zu einem Hausbuche zusammenzustellen, um der deutschen Familie eine wertvolle Hilfe zur Ausgestaltung, Bereicherung und Vertiefung der weihnachtlichen Feier zu geben. (...) Möge er mit dazu beitragen, eines der wesentlichen Feste im Jahreslauf von seiner Überwucherung mit artfremdem Brauchtum und Gedankengut zu reinigen."

Karl-Heinz Bolay, im Vorwort zu: Deutsche Weihnachten, 1941[26]

"Weihnachtskranz" und "Lichtersprüche" – der ideologisierte Advent

Das Wort Advent stammt aus dem Lateinischen von *adventus* (Ankunft) und bezeichnet die Vorbereitungszeit auf das Fest der Geburt Christi. Durch Fasten und Buße sollen sich die Gläubigen in dieser Zeit auf die Ankunft des Erlösers vorbereiten. Die Festlegung auf vier Sonntage erfolgte unter Papst Gregor dem Großen (590–604) und wurde ab 826, nach dem Konzil zu Aachen, auch im deutschsprachigen Raum übernommen.
Mit dem 1. Adventssonntag beginnt gleichzeitig das Kirchenjahr[31].

Erster Advents-Sonntag

Kommt Christkindlein bald?
Ja — es kommt bald.
Noch vier Sonntage — und dann ist sein Geburtstag.
Liebes Christkindlein, wir freuen uns auf dich!
Wir wollen nun vier Wochen auf dich warten.
Wollen wir alle zusammen warten?
Ja, das wollen wir.

Der christliche Advent, dargestellt in einem religiösen Kinderbuch, 1934[35]

Mit der Jugendbewegung um die Jahrhundertwende verbreitete sich der Brauch eines Adventskranzes in der Familie. Auch er wurde von den "Festgestaltern" der nationalsozialistischen Weihnacht in ihrem Sinne umgedeutet: Er hieß jetzt *"Weihnachtskranz"*, und die vier Kerzen standen nicht mehr für die vier Advents-Sonntage, sondern sollten die vier Jahreszeiten symbolisieren[25].

Als Alternative zum klassischen Kranz aus gebundenem Tannengrün propagierte man abgewandelte Formen wie z.B. Julleuchter mit Sonnenrad- und Wikinger-Motiven[26]. Sie suggerierten den angeblich "germanischen Ursprung" auch dieses Brauches.

Advent, Advent,
ein Lichtlein brennt.
Erst eins,
dann zwei,
dann drei,
dann vier,
dann steht das Christkind
vor der Tür.

Volkstümlicher Kindervers zur Weihnachtszeit

Kerze auf Hakenkreuz-Kranz
in: Kalender "Vorweihnachten", 1942[32]

Hakenkreuz als Kerzenhalter
in: Kalender "Vorweihnachten", 1942[32]

Wir winden den Kranz aus Tannen
dem Kreise des Jahres zum Lob
und zünden, das Dunkel zu bannen,
vier strahlende Kerzen darob.

[34]

So schmücken wir den Sonnwendkranz
für seinen neuen Lauf,
und stecken ihm mit hellem Glanz
vier rote Wünschelichter auf.

[32]

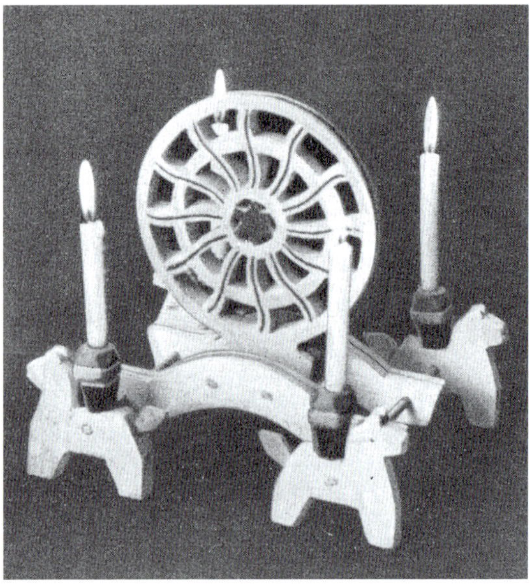

Julleuchter mit Sonnenscheibe
in: Deutsche Weihnachten, 1941[26]

Und nicht mehr in Erwartung des Christkinds, sondern für den Führer und die Soldaten sollten die Lichter von den Kindern entzündet werden. Im Kalender *"Vorweihnachten"*, der ja folgerichtig auch nicht mehr "Adventskalender" heißen durfte, waren dazu passende, sogenannte "Lichtersprüche" formuliert[32]. In den kleingedruckten Erläuterungen dazu hieß es:

"Die Kinder können auch noch mehr Sprüche sagen, die die Mutter selbst vor Weihnachten machte und die Kinder lehrte. Sie können sich auf liebe Angehörige, auf die Heimat oder den vielleicht abwesenden Vater beziehen."

Dass sich dieser Vorschlag auch gegen sie wenden konnte, damit hatten die Verfasser wohl nicht gerechnet. So brachte ein Besucher der Ausstellung "Weihnachten in dunklen Zeiten" seinen eigenen, von der Mutter damals "zensierten" Kalender *"Vorweihnachten"* mit in die Ausstellung:
Sie hatte die Lichtersprüche mit Bleistift auf ihre Weise korrigiert, z.B. das Wort "Führer" durchgestrichen und durch "Gott" ersetzt[33].

Lichterſprüche·

Beim Anzünden der Lichter können folgende Verſe geſagt werden:

Vater:
Die Sonne iſt durchs Jahr gerollt,
Jetzt iſt ſie ſchwach und klein.
Doch wird ſie bald mit ihrem Gold
groß und voll Wärme ſein·

So ſchmücken wir den Sonnwendkranz
Für ſeinen neuen Lauf
Und ſtecken ihm mit hellem Glanz
Vier rote Wünſchelichter auf:

Erſtes Kind:
Jch bringe mein Licht unſerer Mutter dar,
Sie ſorgt für uns Kinder das ganze Jahr·

Zweites Kind:
Mein Licht ſoll für alle die Leute brennen,
Die heute nicht Weihnachten feiern können·

Drittes Kind:
Jch bringe ein Licht für alle Soldaten,
Die tapfer die Pflicht für Deutſchland taten·

Viertes Kind:
Mein Wünſchelicht ſei dem Führer geſchenkt,
Der immer an uns und Deutſchland denkt·

Thilo Scheller

Die Kinder können auch noch mehr Sprüche ſagen, die die Mutter ſelbſt vor Weihnachten machte und die Kinder lehrte. Sie können ſich auf liebe Angehörige, auf die Heimat oder den vielleicht abweſenden Vater beziehen.

Die "Lichtersprüche"
im Kalender "Vorweihnachten", 1942[32]

Lichtersprüche "original":

Drittes Kind:
Ich bringe ein Licht für alle Soldaten,
die tapfer die Pflicht für Deutschland taten.
Viertes Kind:
Mein Wünschelicht sei dem Führer geschenkt,
der immer an uns und Deutschland denkt.

Lichtersprüche in der "mütterlichen Zensur"[33]:

Drittes Kind:
Ich bringe mein Licht all denen zu Ehren,
die uns nicht mehr wiederkehren.
Viertes Kind:
Mein Wünschelicht sei Gott geschenkt,
der immer an uns Menschen denkt.

Hier zeigt sich deutlich, welchem hauptsächlichen Problem die Nationalsozialisten bei der Umgestaltung des christlichen Weihnachtsfestes gegenüberstanden: Während das öffentliche Leben in allen Bereichen immer stärker vom Nationalsozialismus bestimmt wurde, entzog sich das Familienleben zu Hause dem direkten Zugriff des Staates. Wie im Kreis der Familie Weihnachten gefeiert wurde, ließ sich – schon allein aus organisatorischen Gründen – nur auf Umwegen beeinflussen. Die indirekte Einflussnahme auf das Fest umfasste dabei vor allem

- die Art und Weise, wie über Weihnachten in den Zeitungen und Illustrierten berichtet wurde *(vgl. Kapitel "Volksgemeinschaft unterm Lichterbaum", S. 64 ff.)*,
- die Auswahl der im Rundfunk gesendeten Weihnachtslieder *(vgl. Kapitel "Hohe Nacht der klaren Sterne" – die manipulierten Weihnachtslieder, S. 86 ff.)*,
- und die Herausgabe von Weihnachtsbüchern durch Institutionen der Partei, wie z.B. dem Hauptkulturamt in der Reichspropagandaleitung der NSDAP ▸28–30.

Das Feierbuch der deutschen Sippe

ERSTER TEIL

Spruch- und Liedgut

WIDUKIND-VERLAG/ALEXANDER BOSS

BERLIN-LICHTERFELDE

▸27

Weihnachten zwischen "Herrgottswinkel" und Hitler-Porträt

Titelbild der Zeitschrift "Sonne ins Haus", Nr. 26, 1935

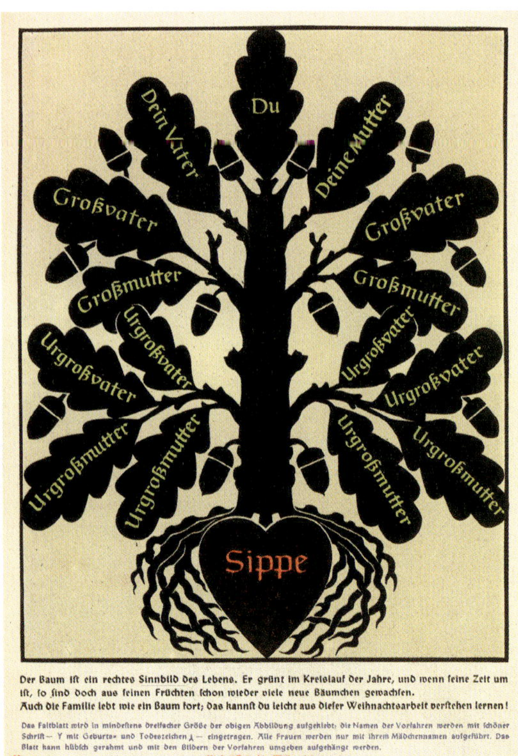

OBEN LINKS:

Den Stern von Bethlehem suchten die Kinder auf dieser Himmelskarte vergeblich. Wer dennoch auf ein göttliches Heilszeichen hoffte, wurde auf die Vorfahren verwiesen: "Ihr Schicksal suchten sie niemals in den Sternen, sondern gestalteten es aus eigener Kraft."

OBEN RECHTS:

Die Kinder hatten ihre Freude an den bunten Bildern von Pflanzen und Tieren – die Ideologie, die sich dazwischen versteckte, konnten sie noch nicht durchschauen.

UNTEN:

Auch vom "Bluterbe", der "Sippe" und den "Ahnen" erzählte der Kalender – so sollte die nationalsozialistische Rassenlehre bereits den Kleinsten vermittelt werden.

---

aus dem Kalender "Vorweihnachten", 1942 [32]

"Vorweihnachten" – ein nationalsozialistischer Adventskalender

Kinder lieben Adventskalender – für sie ist es eine besondere Freude, das Voranschreiten der Weihnachtszeit mit Hilfe eines solchen Kalenders zu verfolgen. Seit 1908 werden sie in Deutschland gedruckt.

Doch Anfang der vierziger Jahre kam die Adventskalender-Produktion in Deutschland zum Erliegen. Zwei Gründe sind dafür zu nennen: einerseits der kriegsbedingte Papiermangel, andererseits aber auch die Zensur von religiösen Druck-Erzeugnissen. Viele christliche Verlage verloren durch Produktionsverbote ihre Existenzgrundlage.

Aber in Sachen Adventskalender sorgte die Partei für "artgemäßen" Ersatz: Das Amt für Schulungsbriefe im Hauptschulungsamt der NSDAP gab in den Jahren 1942 und 1943 den Kalender *"Vorweihnachten"* heraus[32]. In Form eines bunten Heftes sollte er die Kinder durch die Weihnachtszeit begleiten. Für jeden Tag gab es eine Doppelseite mit Liedern, Gedichten und Bastelvorschlägen[36].

Auf den ersten Blick ein harmloses Bilderbuch – doch es steckt mehr dahinter. Bei genauerer Betrachtung zeigt sich, wie geschickt die Ideologie der Nationalsozialisten schon den Kleinsten vermittelt werden sollte. Einige Beispiele dafür finden Sie hier; weitere Seiten aus dem Kalender werden in den folgenden Kapiteln vorgestellt.

Wir wollen danken für unser Brot,
Wir wollen helfen in aller Not,
Wir wollen schaffen, die Pflicht macht hart,
Wir wollen leben nach deutscher Art.

Gesegnet Korn und Keim;
ein Volk, das schafft und glaubt,
bringt auch die Ernte heim.

Kein Druck so hart, kein Leid so schwer,
dass deutsche Treue nicht stärker wär'!

Nun will ich ruhig schlafen
und nach der stillen Nacht,
mich mühn, auf deutscher Erden,
so stark und gut zu werden,
dass es dem Führer Freude macht.

Kindergebete und Illustrationen aus dem Kalender "Vorweihnachten", 1942[32]

St. Nikolaus im bischöflichen Gewand
Chromolithographie, um 1900

Sieht so der Weihnachtsmann aus?
Buchillustration, 1943 ▸41

Vom Nikolaus zum "Schimmelreiter"

Zu den zentralen Figuren der Weihnachtszeit gehört Sankt Nikolaus. Seit dem 16. Jahrhundert wird der Bischof von Myra vorwiegend in katholischen Gegenden als weihnachtlicher Gabenbringer verehrt. In der Nacht zum 6. Dezember füllt er den Kindern die hinausgestellten Teller oder Stiefel mit kleinen Geschenken und Süßigkeiten.
Je nach Region und örtlichem Brauchtum wird er dabei von verschiedenen finsteren Gestalten begleitet, z.B. dem "Knecht Ruprecht" oder dem "Krampus" [▸37–39].

Den Verfechtern einer nationalsozialistischen Weihnacht war der volkstümliche Heilige jedoch ein Dorn im Auge. Nach ihrer Interpretation verbarg sich hinter Nikolaus und Ruprecht der germanische Gott Wodan, wie er der Sage nach am Jahresende mit seinem Schimmel über die Erde reitet, um den Menschen die Wintersonnenwende anzukündigen.

In den Kinder- und Liederbüchern aus dieser Zeit ist die Veränderung der Figur besonders auffällig: Der heilige Nikolaus im Bischofsornat mit seinem roten Mantel, der Bischofsmütze (Mitra) und dem Krummstab ist dort nicht mehr zu finden. An seine Stelle trat ein bärtiger Geselle mit Schlapphut und einem blauen oder grauen Gewand. In Liedern und Gedichten wird er *"der Alte", "Schimmelreiter", "Ruprecht", "Weihnachts- oder Sunnwendmann"* genannt [▸40]. Nur der Gabensack scheint der gleiche geblieben zu sein ...

Zitate aus der NS-Weihnachtsliteratur belegen, wie die Figur des christlichen Gabenbringers St. Nikolaus systematisch verunglimpft und bekämpft wurde:

"Stellt Euch vor, einem Kameraden von mir haben sie einen falschen Bart umgehängt, ihm eine Bischofsmütze aufgesetzt, Pelzpantoffeln angezogen, einen Krummstab in die Hand gegeben und ihn St. Nikolaus genannt ..."

"Der Weihnachtsmann spricht",
in: Deutsche Kriegsweihnacht, 1943 [▸30]

"Der Bischof Nikolaus von Myra, der im 4. Jahrhundert lebte und von dem die Gestalt den Namen bekommen hat, steht zum heutigen Nikolausbrauch in keinerlei innerer Beziehung. Alle Züge dieses Brauches (...) deuten vielmehr darauf hin, dass der heilige Nikolaus niemand anderes als der vorchristliche Wodan ist. (...) Es liegt heute keine Veranlassung mehr vor, den artfremden Namen 'Nikolaus' für eine altüberlieferte, germanische Gestalt weiterhin zu verwenden."

Friedrich Rehm, in: Weihnachten
im deutschen Brauchtum, 1937, S. 11–13 [▸12]

"Wir wollen auf das Erscheinen des Weihnachtsmannes nicht verzichten. Wenn er sich aber zeigt, so soll er nicht jener furchterregende Nikolaus sein, vor dem die Kinder mit Schrecken zittern, wenn er seine Gebete fordert ..."

Wilhelm Beilstein, in: Lichtfeier –
Sinn, Geschichte, Brauch und Feier der
deutschen Weihnacht, 1942, S. 19 [▸11]

Der Sunnwendmann
"Der Sunnwendmann, wo kommt er her?"
Über Wiesen und Felder, über Berge und Wälder,
vom weiten, weiten Meer, da kommt er her.

"Der Sunnwendmann, wo zieht er hin?"
Auf leuchtendem Schimmel wie die Sonn' am Himmel
voll spiegelndem Schein, so zieht er ein.

"Der Sunnwendmann, was bringt er mit?"
Gar köstliche Gaben für Mädchen und Knaben,
die guter Sitt', das bringt er mit.

"Der Sunnwendmann, wie teilt er's aus?"
Er legt sie verstohlen, wo leicht sie zu holen,
ans Fenster, vors Haus, so teilt er's aus.

Martin Greif, in:
Deutsche Weihnachten, 1941 [▸26]

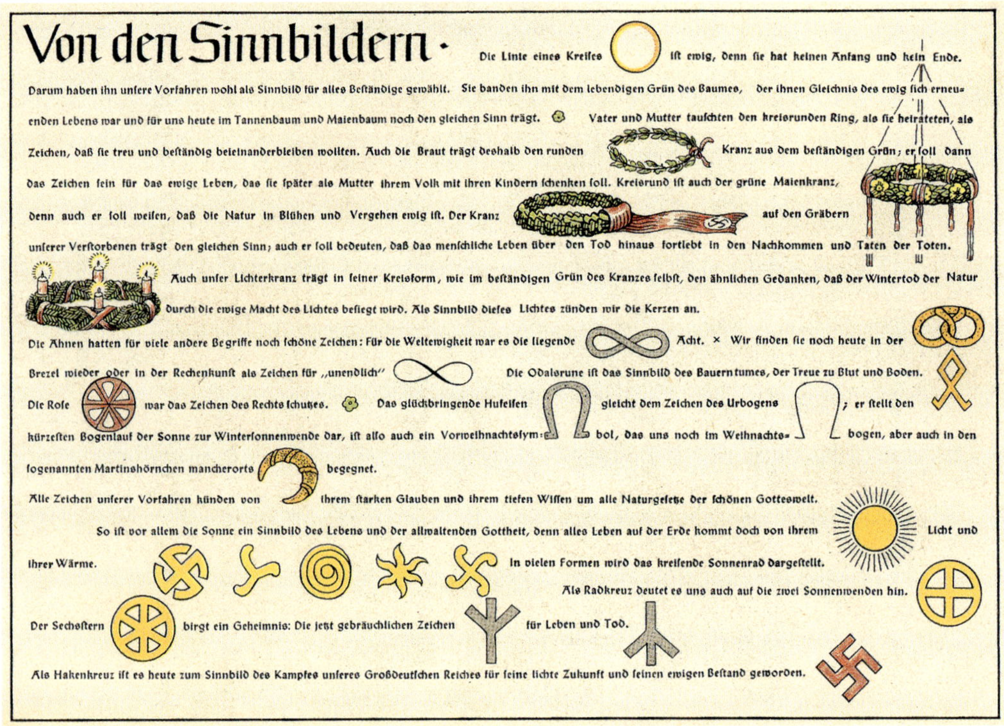

Von den Sinnbildern.

Die Linie eines Kreises ist ewig, denn sie hat keinen Anfang und kein Ende. Darum haben ihn unsere Vorfahren wohl als Sinnbild für alles Beständige gewählt. Sie banden ihn mit dem lebendigen Grün des Baumes, der ihnen Gleichnis des ewig sich erneuenden Lebens war und für uns heute im Tannenbaum und Maienbaum noch den gleichen Sinn trägt. Vater und Mutter tauschten den kreisrunden Ring, als sie heirateten, als Zeichen, daß sie treu und beständig beieinanderbleiben wollten. Auch die Braut trägt deshalb den runden Kranz aus dem beständigen Grün; er soll dann das Zeichen sein für das ewige Leben, das sie später als Mutter ihrem Volk mit ihren Kindern schenken soll. Kreisrund ist auch der grüne Maienkranz, denn auch er soll weisen, daß die Natur in Blühen und Vergehen ewig ist. Der Kranz auf den Gräbern unserer Verstorbenen trägt den gleichen Sinn; auch er soll bedeuten, daß das menschliche Leben über den Tod hinaus fortlebt in den Nachkommen und Taten der Toten.

Auch unser Lichterkranz trägt in seiner Kreisform, wie im beständigen Grün des Kranzes selbst, den ähnlichen Gedanken, daß der Wintertod der Natur durch die ewige Macht des Lichtes besiegt wird. Als Sinnbild dieses Lichtes zünden wir die Kerzen an.

Die Ahnen hatten für viele andere Begriffe noch schöne Zeichen: Für die Weltewigkeit war es die liegende Acht. × Wir finden sie noch heute in der Brezel wieder oder in der Rechenkunst als Zeichen für „unendlich“ Die Odalsrune ist das Sinnbild des Bauerntumes, der Treue zu Blut und Boden. Die Rose war das Zeichen des Rechtsschutzes. Das glückbringende Hufeisen gleicht dem Zeichen des Urbogens; er stellt den kürzesten Bogenlauf der Sonne zur Wintersonnenwende dar, ist also auch ein Vorweihnachtssym-bol, das uns noch im Weihnachts-bogen, aber auch in den sogenannten Martinshörnchen mancherorts begegnet.

Alle Zeichen unserer Vorfahren künden von ihrem starken Glauben und ihrem tiefen Wissen um alle Naturgesetze der schönen Gotteswelt.

So ist vor allem die Sonne ein Sinnbild des Lebens und der allwaltenden Gottheit, denn alles Leben auf der Erde kommt doch von ihrem Licht und ihrer Wärme. In vielen Formen wird das kreisende Sonnenrad dargestellt. Als Radkreuz deutet es uns auch auf die zwei Sonnenwenden hin.

Der Sechsstern birgt ein Geheimnis: Die jetzt gebräuchlichen Zeichen für Leben und Tod.

Als Hakenkreuz ist es heute zum Sinnbild des Kampfes unseres Großdeutschen Reiches für seine lichte Zukunft und seinen ewigen Bestand geworden.

Oben: **"Von den Sinnbildern"**, unten: **"Wir backen zum Fest"**
Seiten aus dem Kalender "Vorweihnachten", 1942[32]

Wir backen zum Fest

Vogel

Kindlein

Brezel

Jahres-rad

Sonnenrad

Gewürzkuchen (ohne Fett und ohne Ei)

180 g Zucker, 1/4 l Wasser, 300 g Mehl, 1/2 Backpulver, 100 g kandierte Apfelsinen- oder Zitronenschalen oder kandierte Melonenstückchen oder Kürbis.

120 g Zucker werden gebräunt und, wenn er anfängt zu schäumen, mit dem Wasser abgelöscht und aufgekocht. Man läßt ihn abkühlen und verrührt ihn dann mit dem mit dem Backpulver vermischten und gesiebten Mehl, unter das man die übrigen 60 g Zucker gemischt hatte. Man rührt alles gut, fügt die kleingeschnittenen Apfelsinenschalen dazu, füllt den Teig in eine gefettete Kastenform und läßt ihn langsam backen.

Buttermilch-Plätzchen (ohne Ei)

250 g Mehl, 1/2 Päckchen Backpulver, 100 g Zucker, Vanillezucker, Zitronenschale oder Mandelöl, 30 g zerlassenes Fett, 1/16 l Buttermilch.

Das mit dem Backpulver vermischte Mehl wird auf ein Backbrett gesiebt, der Zucker und die Geschmackszutaten darübergestreut und in die Mitte das zerlassene Fett und nach und nach die Buttermilch gegeben. Man verarbeitet alles zu einem geschmeidigen Teig, den man 1/2 cm dick ausrollt und von dem man Formen aussticht oder Brezeln formt. Die Plätzchen werden bei Mittelhitze goldgelb gebacken.

Einfacher Pfefferkuchen (ohne Fett)

1 Ei, 25 g Zucker, 2 Eßlöffel Marmelade, Pfefferkuchengewürz, 1/8 l Milch, 250 g Mehl, 1/2 Päckchen Backpulver.

Ei, Zucker und Marmelade werden schaumiggerührt. Dann gibt man die übrigen Zutaten hinzu, streicht den Teig nicht zu dünn auf ein gefettetes Blech und bäckt ihn bei guter Hitze. Noch warm wird er auf dem Blech in Stücke geschnitten.

Vom Christstollen zum "Sinngebäck"

Zur Vorbereitung auf Weihnachten gehört seit jeher die Weihnachtsbäckerei. Besonders die Kinder sind mit Feuereifer und Stolz bei der Sache, wenn es gilt, den Teig zu kneten, auszurollen und die verschiedensten Motive daraus zu formen.
So war es kein Zufall, wenn die Pädagogen der nationalsozialistischen Weihnacht selbst hier noch Möglichkeiten der Einflussnahme entdeckten: Nach ihren Vorstellungen sollten nicht einfach nur "Plätzchen" gebacken, sondern stattdessen das sogenannte "Sinngebäck" angefertigt werden[42–46].

Als Motive dazu dienten alte germanische Runen wie die Odal-Rune und "Sinnbilder" wie das Jahresrad und der Sonnenkranz, von denen sich auch das Hakenkreuz ableitete[47–50]. Dazu gesellten sich allerlei Tierfiguren und Sagengestalten aus der germanischen Mythologie: Hahn und Fisch, Jul-Hirsch und Jul-Eber, sowie Frau Holle, die hier als Spinnerin dargestellt wurde (vgl. Abbildungen). Die Mütter wurden aufgefordert, ihren Kindern die Bedeutung dieser Symbole zu erklären und die überlieferten Geschichten dazu zu erzählen. Entsprechende Abbildungen und Texte waren in den Weihnachtsbüchern und Familienzeitschriften oft gleich neben den Rezepten abgedruckt[32].

Dieses Sinngebäck sollte u.a. als Schmuck für den Weihnachtsbaum Verwendung finden. Darüber hinaus war es Bestandteil des sogenannten "Julbogens"[51A]. Abgeleitet vom friesischen "Weihnachtsbogen" ist er ein weiteres Beispiel dafür, wie die Nationalsozialisten bestehendes Brauchtum aufgriffen und in ihrem Sinne umformten[51B]. So berichtete eine Besucherin der Ausstellung "Weihnachten in dunklen Zeiten" von dem "Julbogen", den sie zusammen mit ihrer Mutter gebastelt hatte: *"... wie in der Ausstellung, nur war unserer mit Tannengrün anstelle von Buchsbaum geschmückt"*[52]. (Siehe Abbildung auf der folgenden Seite.)
Wer darin in der Rückschau nur einen harmlosen Zeitvertreib zur Weihnachtszeit sieht, unterschätzt noch heute, wie hier schon die Kinder auf spielerische Weise mit den Begriffen und Symbolen der nationalsozialistischen Ideologie vertraut gemacht werden sollten.

"Das ist was Besonderes! Das ist kein gewöhnlicher Pfefferkuchen mehr. Das hat irgendwie einen heimlichen Sinn. Darum darf man diese Zeichen nicht dutzendweise mit der Blechform ausstechen. Mit der Hand muss man formen, und andächtig muss es geschehen."

Hans Venatier, in:
Weihnacht 1943, S. 51[43]

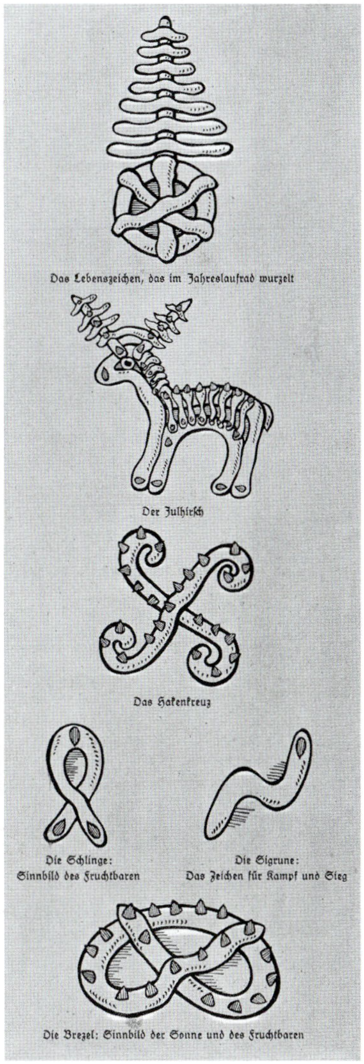

"Sinngebäck"
in: NS-Frauenwarte, 1937[44]

"Aus einem einfachen Teig, der sich nur gut ausrollen und zu Strängen formen lassen muss, beginnen wir frei die ganze Welt der Zeichen und Sinnbilder, mit der wir unser Weihnachtsfest wieder sinnvoll umstellen wollen, zu gestalten. (…)

Zunächst alle die Zeichen des Sonnenumlaufs und der Jahreswende: das Jahresrad, den Kreis mit den sechs Speichen, die Schnecke, den schlichten kleinen Urbogen, das Hakenkreuz und Wendezeichen. Dazu die Sinnbilder der Fruchtbarkeit: die Odalschleife und die Brezel, die Manrune als einfachste Form des Lebensbaumes. Der Pimpf wird natürlich für jedes Familienmitglied eine Sigrune backen.

Geschickte Hände legen schwierigere Formen (…) als alte heilige Gestalten der Weihnachtszeit: Frau Holle, der Schimmelreiter, das Wickelkind, der Julhirsch, der in seinem Geweih den Lebensbaum trägt, und der Jul-Eber, der alte Festbraten der heiligen Nächte …"

Erika Semmler, in: Von Art und Brauch – Weihnachtszeit, 1940 [22]

"Julbogen"
in: NS-Frauenwarte, 1938 [51A]

Der "artgerechte" Weihnachtsbaum

Weltweit kannte man den geschmückten Baum als das Symbol deutscher Weihnacht – mit dieser Tradition wollten auch die Nationalsozialisten nicht brechen. Nach ihren Vorstellungen "artgerecht" gestaltet sollte er ebenso zum Zeichen ihrer Weltanschauung werden[12].

Doch nichts durfte dabei mehr an das christliche Weihnachtsfest erinnern – auch nicht der in vielen Familien seit Generationen vererbte Christbaumschmuck: Kugeln, Glocken, Engel, Sterne etc. sollten durch einen "artgemäßen" Schmuck des Baumes ersetzt werden. Als solcher galten Äpfel, Nüsse und germanische "Sinnbilder" in gebackener Form oder als Laubsägearbeit[11,12].

"Dasjenige Sinnbild, ohne das wir uns ein deutsches Weihnachtsfest nicht mehr denken können, ist zweifellos der Lichterbaum. Die immergrüne Fichte oder Tanne mit den Kerzen, Äpfeln und Nüssen ist geradezu zum Inbegriff unseres arteigenen Weihnachtsbrauchtums geworden. So unvorstellbar es für uns ist, dass das ganze Weihnachtsfest mit seinem tiefen seelischen Gehalt einer im Orient entstandenen Religion zu verdanken sein soll, so wenig können wir uns denken, dass ein deutscher Tannenbaum mit der Krippe im Stall von Bethlehem etwas zu tun haben kann."

Friedrich Rehm, in: Weihnachten im deutschen Brauchtum, 1937, S. 17[12]

Detail aus dem Kalender "Vorweihnachten", 1942[32]
Text im Original:
"Mit kurzer Erklärung lässt sich die Tiefe der ahnenüberkommenen Sinnbilder einer germanischen Weltschau nicht fassen; wir wollen ihr aber nachspüren, wenn sie goldglänzend und von uns gefertigt den lebensgrünen Weihnachtsbaum schmücken."

Mit kurzer Erklärung läßt sich die Tiefe der ahnenüberkommenen Sinnbilder einer germanischen Weltschau nicht fassen; wir wollen ihr aber nachspüren, wenn sie goldglänzend und von uns gefertigt den lebensgrünen Weihnachtsbaum schmücken.

"Das Weihnachtsgärtlein"
Kalender "Vorweihnachten", 1942 ▸32

"Unter dem Weihnachtsbaum stellt man für Kinder einen Weihnachtsgarten auf, der aus Moos leicht hergestellt werden kann. Ein Knusperhäuschen und Märchengestalten dürfen nicht fehlen; das sind Dinge, die jedes Kind liebt. Heimatliebe wird geweckt, wenn dazu noch Figuren von Tieren des deutschen Waldes (...) unter dem Baum ihren Platz finden."

Wilhelm Beilstein, in: Lichtfeier – Sinn, Geschichte, Brauch und Feier der deutschen Weihnacht, 1942, S. 29 ▸11

"Auf die Spitze des Baumes stecken wir an Stelle der mehr oder minder geschmackvollen Glockenspiele vergangener Jahre dasjenige altheilige Sinnbild, das uns heute als Zeichen der Wiedergeburt des neuen Reiches auf unseren Fahnen voranleuchtet: das Hakenkreuz oder Sonnenrad."

Friedrich Rehm, in: Weihnachten im deutschen Brauchtum, 1937, S. 25 ▸12

"Sonnenräder für den Weihnachtsbaum"
Kalender "Vorweihnachten", 1942 ▸32

Für die Baumspitze war ein bewegliches Sonnenrad vorgesehen, dessen Verwandtschaft mit dem Hakenkreuz unverkennbar ist[12,32]. Und statt der Krippe sollte für die Kinder unter dem Baum ein Weihnachtsgärtchen aufgestellt werden[11,32].

Findige Christbaumschmuck-Produzenten, die um ihren Umsatz fürchteten, brachten sogar gläsernen "Jul-Schmuck" mit Runen-Motiven auf den Markt.

In den Familien wurden diese Vorschläge jedoch nur zögernd aufgegriffen – viele schmückten ihren Baum weiterhin lieber traditionell oder mit den Spendenabzeichen des Winterhilfswerks. Neben den Holzfigürchen aus dem Erzgebirge fanden dabei auch die kleinen Hefte über den "Führer" Verwendung.

Selbst innerhalb der nationalsozialistischen Anhängerschaft gab es widersprüchliche Ansichten zum "richtigen" Schmuck des Baumes: So wurde z.B. eine von Heinrich Hoffmann angefertigte Aufnahme veröffentlicht, die Hitler ausgerechnet vor einem nur mit Lametta geschmückten Weihnachtsbaum zeigte[30].

Die Aufnahme "Deutsche Weihnacht" zeigte Hitler vor einem Lametta-geschmückten Weihnachtsbaum[54].

"Vokalit Weihenacht Julschmuck"
(Sammlung Rita Breuer)

Runen-Kugel mit Hakenkreuz-Motiv
(Sammlung Rita Breuer)

"Hohe Nacht der klaren Sterne"
im Kalender "Vorweihnachten", 1942 ▸32

Stille Nacht, heilige Nacht –
O wie schön! Welche Pracht!
In dem festlichen, trauten Raum
steht der strahlende Lichterbaum!
Weihnacht ist wieder da!

Stille Nacht, heilige Nacht –
Kinderschar, o wie lacht
Freude euch aus Herz und Mund!
Weihnachtswunder tut sich euch kund!
Werdet Lichtsucher all!

Stille Nacht, heilige Nacht –
Kerzenschein flimmert sacht –
Das zum Leben erweckende Licht
Sieghaft durch das Dunkel bricht!
Freuet euch und seid froh!

Umdichtung des Liedes "Stille Nacht, heilige Nacht"
von Frieda Schlüter ▸57

"Hohe Nacht der klaren Sterne" – die manipulierten Weihnachtslieder

Die Deutschen singen gern, ganz besonders zur Weihnachtszeit. Doch unter den Nationalsozialisten fielen zahlreiche konfessionelle Weihnachtslieder wie *"Zu Bethlehem geboren"* oder *"Tochter Zion"* der strengen Zensur zum Opfer[11,14].

Nicht alles wurde ersatzlos gestrichen – bei manchen Liedern reichte die Umdichtung einiger Zeilen aus, um den christlichen Sinn zu entfernen. Dazu gehörte die 1. Strophe von *"Es ist ein Ros' entsprungen"*, in der *"von Jesse kam die Art"* einfach durch *"von wunderbarer Art"* ersetzt wurde. So konnte das Lied auch als allgemeiner Lobpreis auf das neu erwachende Leben zur Sonnwendzeit interpretiert werden[30,32].

Andere Lieder erschienen mit ganz neu gedichteten Texten, z.B. das alte Sternsingerlied *"Es ist für uns eine Zeit angekommen"*[55]. Aus dem Weg der Heiligen Drei Könige zur Krippe wurde eine frostige Wanderung *"durch die weite, weiße Welt"*[30]. Dass der neue Text durchaus ansprechend formuliert war, zeigt die Tatsache, dass bis in die heutige Zeit noch beide Versionen des Liedes im Umlauf sind[56].

Doch nicht immer gelang die "Fälschung" christlicher Weihnachtslieder so reibungslos. Besonderes Kopfzerbrechen bereitete den Nationalsozialisten eines der beliebtesten Lieder der Deutschen überhaupt: *"Stille Nacht, heilige Nacht"*. Als Umdichtungen des Originaltextes wie z.B. von Frieda Schlüter[57] sich in der Bevölkerung nicht durchsetzen konnten, wurde eine neue Taktik versucht: Das von Hans Baumann verfasste Lied *"Hohe Nacht der klaren Sterne"* sollte *"Stille Nacht"* allmählich aus dem Bewusstsein der Menschen verdrängen[11,14]. Doch trotz einer massiven Verbreitung in Schule und Rundfunk blieb das neue Lied mit seiner konstruiert wirkenden Melodie und dem pathetischen Text den Deutschen fremd – ihr *"Stille Nacht, heilige Nacht"* ließen sich die Menschen nicht so einfach stehlen.

"Es gibt wohl keine Gelegenheit, bei der die Deutschen von der christlichen Suggestion eher erwachen könnten als am Weihnachtsfest! Die das Wesen der Mütter und Mädchen so stark erfüllenden innigen Wiegenlieder sind umgefälscht worden zu 'Krippenliedern', die den Jesusknaben besingen (...). Wir haben in den 'Liedern der Deutschen' wieder einen Deutschen Wortlaut zu den innigen alten Weisen hergestellt."

Fritz Hugo Hoffmann, in: Wintersonnenwende – Julfest – Weihenachten, um 1935, S. 24[14]

"Auf Lieder wie 'Tochter Zion, freue dich', 'Zu Bethlehem geboren' usw. können wir getrost verzichten, ohne etwas zu entbehren. (...) Allgemein bekannt und verwendbar sind heute zur Weihnachtszeit die Kinder- und Volkslieder 'Morgen kommt der Weihnachtsmann', 'Morgen Kinder, wird's was geben', 'Kling, Glöckchen, kling', 'O Tannenbaum' und andere. (...) Zu diesen Liedern gesellen sich Neuschöpfungen, die zu den schönsten und innigsten gehören, was je in deutschen Landen erklungen ist. Ich erwähne hier nur 'Hohe Nacht der klaren Sterne' von Hans Baumann. (...) Durch ihre Verbreitung in Hitlerjugend, Schule und Rundfunk werden sie bald Allgemeingut unseres Volkes sein und man wird jener konfessionellen Weihnachtslieder nicht mehr gedenken."

Wilhelm Beilstein, in: Lichtfeier – Sinn, Geschichte, Brauch und Feier der deutschen Weihnacht, 1942, S. 92–94[11]

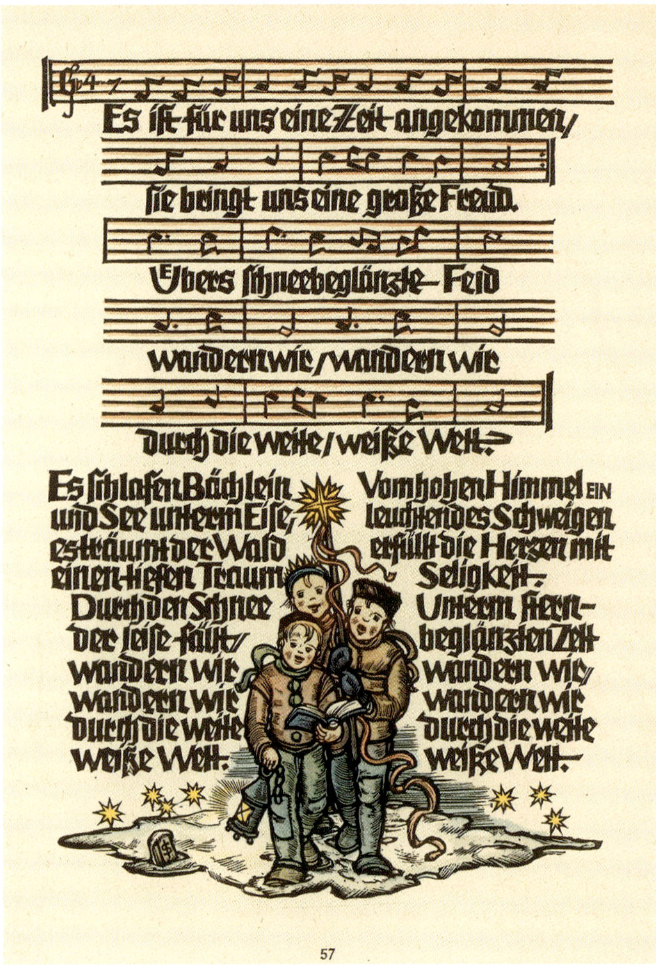

"Es ist für uns eine Zeit angekommen" in der Umdichtung von Paul Hermann
Deutsche Kriegsweihnacht, 1944[30B]

Es ist für uns eine Zeit angekommen,
es ist für uns eine große Gnad'!
Unser Heiland Jesus Christ,
der für uns, der für uns,
der für uns Mensch geworden ist.

In einer Krippe der Heiland muss liegen
auf Heu und Stroh in der kalten Nacht.
Zwischen Ochs und Eselein
liegest du, liegest du,
liegst du armes Jesulein.

Es kommen Könige, ihn anzubeten,
ein Stern führt sie nach Bethlehem.
Kron' und Zepter legen sie ab,
bringen ihm, bringen ihm,
bringen ihre Opfergab'.

Originaltext des Liedes
"Es ist für uns eine Zeit angekommen",
(ursprünglich ein Sternsingerlied aus dem
Kanton Luzern / Schweiz), zitiert nach[55]

Das aus dem 16. Jahrhundert überlieferte Lied "Es ist ein Ros' entsprungen" war Gegenstand zahlreicher Manipulationen:

a) "Uns ist ein Licht erstanden", Kalender "Vorweihnachten", 1943 [▸32]

b) Deutsche Kriegsweihnacht, 1943 [▸30]

Es ist ein Ros entsprungen
aus einer Wurzel zart,
wie uns die Alten sungen,
von Jesse kam die Art
und hat ein Blümlein bracht
mitten im kalten Winter
wohl zu der halben Nacht.

Das Röslein, das ich meine,
davon Jesaja sagt,
hat uns gebracht alleine
Marie die reine Magd;
aus Gottes ewgem Rat
hat sie ein Kind geboren,
wohl zu der halben Nacht.

Kirchenlied, 16. Jahrhundert, zitiert nach Kap. 1 [▸9], S. 24–25

Es ist ein Ros' entsprungen
Aus einer Wurzel zart,
Wie uns die Alten sungen
Von wunderbarer Art;
Und hat ein Blümlein bracht
Mitten im kalten Winter,
Wohl zu der halben Nacht.

Will auch ein Jahr sich legen,
Dem nächsten reicht's die Hand;
Viel hundert Keime regen
Sich bald im weiten Land.
Viel tausend Kinderlein
Sind unsres Volkes Morgen,
Des lasst uns fröhlich sein!

Verfasser unbekannt, in: Deutsche Kriegsweihnacht, 1943, S. 135 [▸30]

"Die Zukunft liegt in guter Hand – wird Deutschland wieder Kinderland"
in: NS-Frauenwarte, 1938[66]

"Weihnachten – Fest des werdenden Lebens"
Buchillustration, 1941[58]

Mütterweihnacht

Wie aus dem Schoß der Nacht zur Weihnachtszeit
Die junge Sonne hell in einen neuen Morgen steigt,
Wie aus dem alten Jahr, das müde sich zur Erde neigt,
Ein junges Jahr ersteht im Strom der Ewigkeit,
So steigt aus jeder Mutter dunklem Schoß
In ihrem Kind das neue Volk ans Licht.
Noch liegt es klein in seiner Wiege, klein und schlicht,
Doch einmal wird in ihm das Schicksal wach und groß.
So seh'n wir in der Weihenacht auf Erden
Die Mütter hell im Glanz der Sterne und der Kerzen stehn,
Sie mussten still durch Nacht und Not und Schmerzen gehn,
auf dass dem Volk von Morgen Mütter und Soldaten werden.

Thilo Scheller, in: Olper Feldpostbrief, 1943[59]

Vom Christkind zum Mutter/Kind-Kult

Ein jüdischer Knabe, geboren in einem armseligen Stall, als Erlöser der Welt – diese Glaubensgrundlage christlicher Weihnacht war absolut unvereinbar mit der Ideologie und Rassenlehre der Nationalsozialisten. Das neugeborene Kind sei keineswegs der Sohn Gottes, sondern ein altes germanisches Symbol für das Wunder des Lebens und den Sieg des Lichtes über die Dunkelheit, so argumentierten sie. Nicht mehr Maria und Jesus, sondern ganz allgemein Mutter und Kind sollten im Mittelpunkt eines "artgemäßen" Weihnachtsfestes stehen.

Mit polemischen Texten in angeblich "volkskundlichen" Schriften zum Weihnachtsfest wurde versucht, christliche Glaubensinhalte ins Lächerliche zu ziehen[11,14]. Selbst die weihnachtlichen Mariendarstellungen der alten Meister wurden zum allgemeinen "Lob der Mutterschaft" stilisiert und oft in Verbindung mit entsprechend pathetischen Gedichten abgedruckt[59].

In den Weihnachtsbüchern traten an die Stelle des Evangeliums Märchen vom "Kindlein in der goldenen Wiege"[60–63] oder von Frau Holle als "Lebensmutter" und "Hüterin der noch ungeborenen Kinder"[64]. Sie griffen geschickt die Symbolik und Gestaltungselemente der biblischen Erzählung auf und vermischten sie mit den Inhalten deutscher Märchen und Sagen.

POSTKARTENSTEMPEL, 1938[65]

Die Geschichte des kleinen Jesuskindes im Stall von Bethlehem konnte so vielleicht noch relativ leicht "umgeschrieben" werden, nicht aber die zentrale Aussage des Christentums von Jesus Christus als dem langersehnten Erlöser für viele gläubige Menschen. Die Nationalsozialisten hatten da eine andere Vorstellung: Nicht mehr *"Christ, der Retter ist da"*, sondern *"Unser Führer, der Retter ist da"*[65] verkündete z.B. ein Postkartenstempel dem deutschen Volk als neue "Frohe Botschaft".

"Mutter und Kind stehen im Mittelpunkt des Weihnachtsfestes und geben ihm Inhalt und Weihe. (...) Millionen deutscher Mütter erleben jedes Jahr das Wunder der Geburt. Wie könnten wir da an die Jungfrauengeburt der Bibel glauben und sie zum Gegenstand unseres Weihnachtsfestes machen?"

Wilhelm Beilstein, in: Lichtfeier – Sinn, Geschichte, Brauch und Feier der deutschen Weihnacht, 1942, S. 44[11]

"Da hat man nun der Deutschen Mutter den Jesusknaben untergeschoben und die herzinnigen Wiegenlieder umgedichtet auf die Krippe in – Bethlehem in Palästina. Lasst doch diesen 'lockigen Knaben' den Juden als 'Messias', wir haben wahrlich keinen Teil davon!"

Fritz Hugo Hoffmann, in: Wintersonnenwende – Julfest – Weihenachten, um 1935, S. 51[14]

Das Kind in der goldenen Wiege

"Tief im Gebirg drin im Schoß eines Berges da ruht von Sonnenwend bis in die heilige Nacht ein Kindlein in einer goldstrahlenden Wiege. Ein Sonntagskind allein, sagt man, kann von Glück geleitet den heiligen Berg finden, doch ein Kind nur, das ohne Taufe geblieben und fromm ist und gläubig aus reinem Herzen ohne Wissen um Lehre und Gebot.
Solch ein Kind hat einst zur Sonnenwend vor Taggrauen sich aufgemacht, ist gewandert durch Täler und grünende Wiesen über Matten aufwärts bis hinauf ins felsige Gewänd. Da um die heilige Stund ist's gewesen, als die Sonne die Zacken des Berges erreicht hat und die ersten Strahlen hindurchwarf, da sah das Mädchen ein Felstor offen zwischen rotgoldenen Säulen, und vom blauen Licht erfüllt war das Innere des Berges. Dort lag in tannener Wiege ein Kindlein und Strahlen von Gold gingen aus von ihm, die das Auge schier blendeten. War auch nicht lange zu sehen und alles verschwunden, als die Sonne hoch stand und voll herüberschien über den Gipfel des Berges."

Friedrich Rehm, in: Deutsche Weihnachten, 1941[60]

Wintersonnenwende

(Im Kriege während der Verdunkelungsvorschriften nicht durchführbar.)

Vorbereitung:

Der Holzstoß muß vorher aufgebaut werden. Ein trockener Baum wird eingegraben, mit dürrem Reisig, Stroh und Holzwolle umgeben. Bretter und Balken werden angelegt, die Lücke zum Entzünden des Feuers bleibt offen. Bei Regenwetter muß der Stoß vorher mit Petroleum oder Rohöl begossen werden (Vorsicht!).

Sammelort:

Die Gliederungen sammeln sich an einem vorher bekanntgegebenen Platze. Im Schweigemarsch ziehen sie zur Feuerstätte. Diese befindet sich auf einem Hügel oder in einer Talmulde. Mittelpunkt der Feier ist das **Feuer.** Die Lieder werden schon an den Schulungsabenden vorbereitet und werden von allen mitgesungen. Keine Rede über den Sinn der Feier! Das muß ebenfalls vorher vorbereitet sein. Als Musik kommen die Trommeln und Fanfaren in Betracht.

Verlauf:

Schweigemarsch zur Feuerstätte. Aufstellung im Viereck, offen nach der Rauchseite. Fackelträger entzünden die Fackeln und treten an den Holzstoß.

1. Fanfaren.
2. Scharlied (Und wenn wir marschieren — Heilig Vaterland oder andere).
3. Entzünden des Holzstoßes durch die Fackelträger. Vorher kann ein Feuerspruch gesprochen oder ein Fackelschwingen bzw. Fackelreigen gemacht werden.
4. Scharlied (Flamme empor).
5. Kurze Ansprache des Hoheitsträgers oder des Einheitsführers.
6. Weihelied (Wir treten zum Beten . . . Deutschland, heiliges Wort . . ., allenfalls Trommelwirbel).
7. Kranzwurf mit Sprüchen.
8. Kurze Zeit der Besinnung.
9. Schlußwort.
10. Führerehrung — Deutsche Hymnen.

Der Abmarsch geschieht als Fackelzug. An der Feuerstätte bleibt eine Feuerwache zurück.

RICHTLINIE ZUR DURCHFÜHRUNG EINER SONNWENDFEIER, 1941 ▸25

Wintersonnenwende.
==================

Zum Himmel auf die Flamme steigt,
Die lange, bange Nacht entweicht.
Lasst überall im deutschen Land
Entzünden uns den Heil'gen Brand!

Die Heimat sei uns höchstes Gut,
Geheiligt sei uns deutsches Blut.
Lasst kämpfen uns in dieser Zeit
Für unsres Volkes Ewigkeit!

Die wir das grosse Wunder seh'n,
Das unserm Volke ist gescheh'n,-
Lasst schwören uns beim Flammenschein:
"Wir wollen nichts als Deutsche sein!

ORIGINAL-TYPOSKRIPT FÜR EINE SONNWENDFEIER, UM 1939 ▸69

Vom Fest der Kirche zur "Sonnwendfeier"

Die Verwendung von Licht bzw. Feuer spielte eine zentrale Rolle in der nationalsozialistischen Festgestaltung. Die Fackelzüge der SA und SS und die "Lichteffekte" der Olympiade 1936 in Berlin begeisterten die Massen. Ähnliches erhofften sich die Machthaber von der neu gestalteten "Sonnwendfeier". Mit ihrer Hilfe sollte Weihnachten endgültig vom Fest der Kirche zum "Fest der völkischen Gemeinschaft" umfunktioniert werden.

Die Richtlinien für die "Wintersonnenwende" sahen vor, diese Feier am 21. Dezember in ganz Deutschland nach einem streng geregelten Protokoll zu begehen[‣25]. Die vorgeschlagene Gestaltung mit einem Schweigemarsch, Ansprache, Liedern und "Kranzopfer" ähnelte nicht zufällig einer kirchlichen Prozession mit anschließendem Gottesdienst. Als "Feier der Kameradschaft" richtete sie sich vor allem an Parteiformationen wie die Ortsgruppen der NSDAP, die Hitlerjugend und die SS.

BUCHILLUSTRATION ZUR SONNWENDFEIER, 1941[‣26]

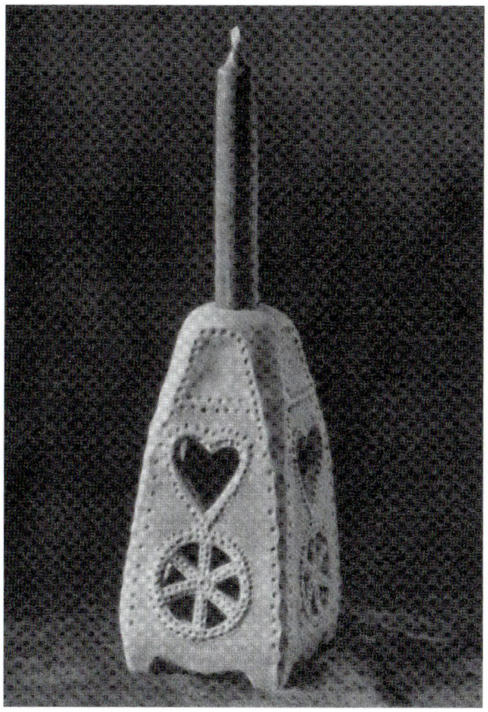

JULLEUCHTER, 1938[‣67]

Gerade in den Reihen der SS war die Begeisterung für das "Germanentum" besonders ausgeprägt. Ihr Führer Heinrich Himmler machte den Mitgliedern der SS zu Weihnachten 1938 sogar ein dementsprechendes Geschenk: Einen "Jul-Leuchter" aus Ton, mit "Sinnzeichen" verziert und angeblich nach einem altgermanischem Vorbild gefertigt[‣67].

Für die Teilnehmer war eine derartige Feierstunde sicher ein beeindruckendes Erlebnis. Den Nationalsozialisten kam dabei jedoch etwas in die Quere: Ihre eigenen kriegsbedingten Verdunkelungsvorschriften machten die Durchführung der Sonnwendfeiern nach Ausbruch des Krieges schließlich unmöglich.

"Weihenächte, hehre Nächte,
haben alten tiefen Sinn,
sehnten auch schon unsre Ahnen
sich nach diesen Stunden hin.
Siegt die Sonne, blühet Leben –
Licht, erfülle uns mit Kraft!
Siege unser deutscher Glaube,
der in unserm Blut erwacht!"

Zeilen aus einem Gedicht zur Wintersonnenwende, 1942[‣68]

5. *Das Winterhilfswerk*

"Gib auch Du!", Deutscher Beamtenfreund, 1936

"Gib auch du!" – Das Winterhilfswerk

Fragt man Zeitzeugen nach ihren Erinnerungen an die Weihnachts- und Winterzeit im Nationalsozialismus, so wird eine Institution immer wieder genannt: Das "Winterhilfswerk des Deutschen Volkes", kurz WHW.

Dabei war die Winterhilfe keine Erfindung der Nationalsozialisten: Schon in der Weimarer Zeit hatten Wohlfahrtsverbände wie die "Caritas" oder das "Deutsche Rote Kreuz" versucht, durch Sammelaktionen Notstände in der Bevölkerung zu lindern, die der verlorene Erste Weltkrieg, die Verpflichtungen des Versailler Vertrages und die Inflation 1922/23 mit sich gebracht hatten[1].

Doch die Weltwirtschaftskrise Anfang der 30er Jahre mit über 6 Millionen Arbeitslosen in Deutschland schien die Hilfsorganisationen vor eine fast unlösbare Aufgabe zu stellen. So sah sich die damalige Regierung unter Reichskanzler Brüning im Winter 1931 veranlasst, erstmals eine landesweite Sammelaktion zu starten, an der sich alle Wohlfahrtsverbände beteiligten[2].

Nach der Machtergreifung erkannten die Nationalsozialisten sehr schnell, dass dieses "Winterhilfswerk" ein ideales Werkzeug zum Ausbau staatlicher Überwachungsstrukturen darstellte. Am 13. September 1933 wurde das WHW offiziell dem "Reichsministerium für Propaganda und Volksaufklärung" unterstellt und Goebbels damit oberster Dienstherr aller Spendensammler.

Die Sammelaktionen des WHW liefen jeweils im Winterhalbjahr von Oktober bis März, unterstützt durch eine breit angelegte Berichterstattung in Zeitschriften, Rundfunk und Wochenschau. An die Stelle individueller, nur dem eigenen Gewissen verpflichteter Hilfs- und Spendenbereitschaft aus Humanität und christlicher Nächstenliebe traten straff durchorganisierte Kampagnen, deren Ziel es war, jeden Haushalt und jeden "deutschen Volksgenossen" für das WHW zu erfassen.

Bei den Haussammlungen waren alle Arbeitnehmer aufgefordert, monatlich eine Spende von 10% ihrer Lohnsteuer zu entrichten.

Dafür gab es eine Plakette aus Papier oder Blech, die außen an der Wohnungstür anzubringen war. Ähnlich ging es bei den Straßensammlungen zu: Als Quittung für den geleisteten Betrag wurden kleine Abzeichen ausgegeben. An der Kleidung getragen, signalisierten sie, wer schon bzw. noch nicht gezahlt hatte. Von einer "freiwilligen" Spende konnte da schon bald keine Rede mehr sein.

"Dem Führer bring als Weihnachtsgabe dein Opfer für des Volkes Not!"
Türplakette des WHW, Dezember 1934

Dezember-Türplakette "Grossdeutschlands Winterhilfswerk 1939/40"

Türplakette zum Eintopfessen, Oktober 1933

"Die Märchenfiguren des WHW an jeden Weihnachtsbaum" ▸3

HJ verkauft die Weihnachtsabzeichen des WHW, 1936[4]

Neben dem psychologischen Druck, der auf diese Weise ausgeübt wurde, appellierten die Abzeichen auch an die "Sammelleidenschaft" vieler Menschen, besonders aber der Kinder. Bis zu 20 verschiedene Abzeichen pro Sammlung sollten dazu anregen, gleich mehrfach zu spenden und untereinander zu tauschen, um einen möglichst "kompletten" Satz zu besitzen. Bei der Vielfalt der Motive war für jeden Geschmack etwas dabei: Wappen und Tierkreiszeichen, Trachten und Berufsgruppen, Erzgebirge-Figürchen und Bernstein-Schmuck, Heilpflanzen, Vögel und Schmetterlinge, Berühmte Deutsche, Verkehrszeichen, Waffengattungen und noch viele andere Themen[1].

Mit der Herstellung der Abzeichen wurden hauptsächlich Heimarbeiter in ländlichen Notstandsgebieten beauftragt. So gab es z.B. Wachspapierblumen aus dem sächsischen Sebnitz, geklöppelte Spitzenrosetten aus Plauen sowie Glasplaketten aus Lauscha und Gablonz[1].

Eine außergewöhnliche Propaganda-Aktion war auch das sogenannte "Eintopf-Essen". Einmal im Monat sollten die Familien anstelle des "Sonntagsbratens" nur ein einfaches Gericht kochen und den so eingesparten Betrag der Winterhilfe zukommen lassen. Und schließlich sammelte das WHW auch noch Sachspenden wie Nahrungsmittel, gebrauchte Kleidung und Brennmaterial.

"Immer einsatzbereit"
in: Hilf mit! – Illustrierte deutsche Schülerzeitung, 1938[7]

"Pimpfe sammeln"

Die Dezember-Straßensammlung des Winterhilfswerks kurz vor Weihnachten wurde alljährlich von der Hitlerjugend und dem Bund deutscher Mädel durchgeführt. Sie verteilten besonders beliebte WHW-Abzeichen: kleine Holzfigürchen aus dem Erzgebirge, die in vielen Familien als Schmuck für den Weihnachtsbaum Verwendung fanden.

Überhaupt zielte die Propaganda des WHW besonders auf die Begeisterungsfähigkeit der Kinder und Jugendlichen. Zu helfen, ernst genommen zu werden und wie die Pimpfe aus der Schulfibel[5–8] Spenden sammelnd durch die Straßen zu marschieren, war sehr beliebt bei den Kindern. Das 2. Schuljahr grübelte unterdessen über Rechenaufgaben wie: *"Vater hat in seiner Sammelbüchse 24 Reichsmark, Günter den 4. Teil."*[9].

Pimpfe sammeln!
Trum, trum, trum te rum, te rum!
Die Pimpfe marschieren und singen.
Hell klingt die Fanfare.
Alle Leute bleiben stehen.
Die Büchse wird immer schwerer.
Die Groschen klappern.
Jeder bekommt ein Abzeichen.
Nun marschieren sie weiter.
Hell klingt die Fanfare.
Trum te rum, te rum!

Die lustige Rheinfibel,
30er Jahre[5]

"Wir lesen alle zuerst vom Winterhilfswerk",
in: Deutsche Jugendburg A – Bilderzeitschrift für die Jüngsten, 1943[6]

Aufnahme: Scherl

„Helft den Hungernden, gebt den Frierenden!"

37

Zwei Mädchen vom BdM sammeln für das WHW

in: Hilf mit! – Illustrierte deutsche Schülerzeitung, 1937[10]

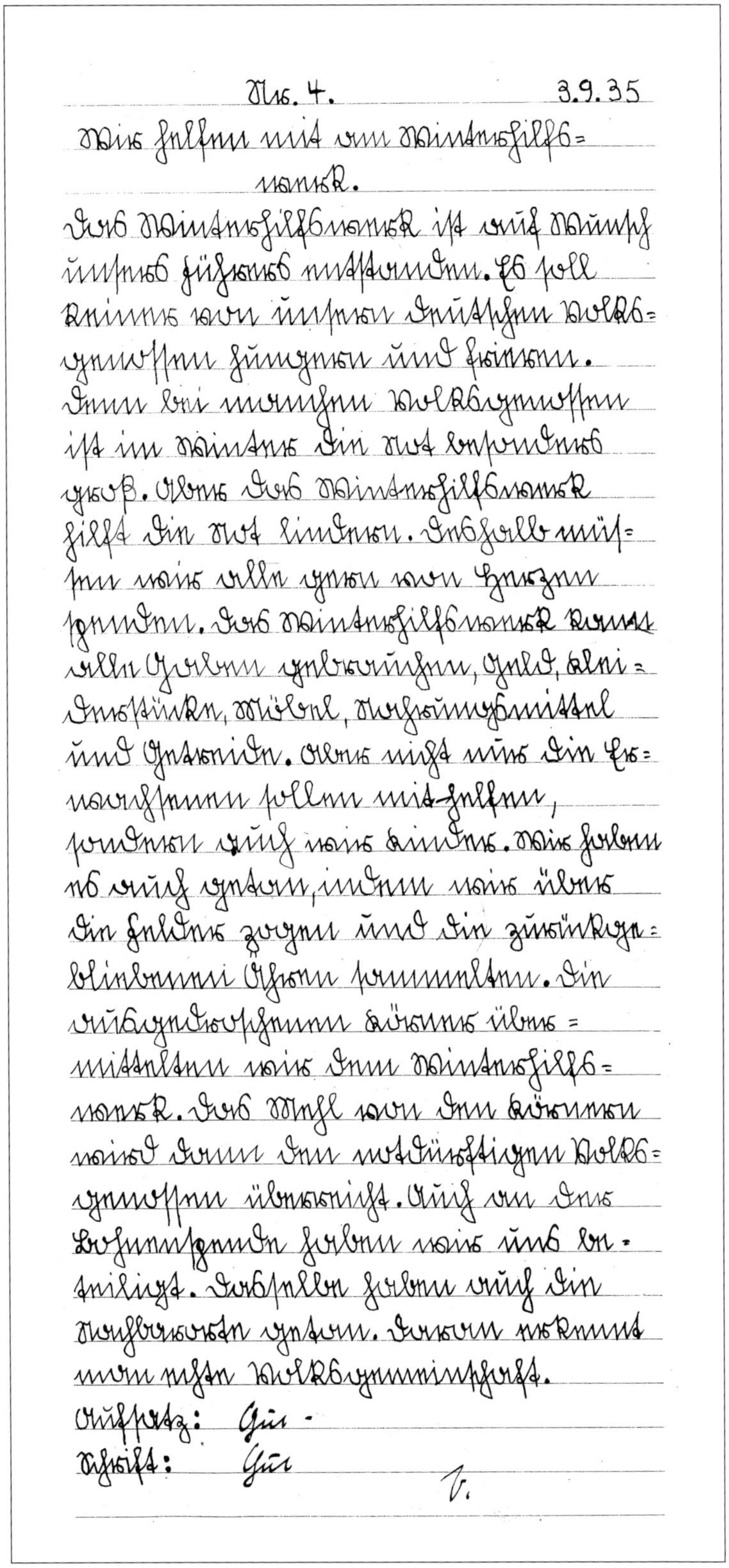

Schulaufsatz von Emilie S., 1935[11]

Text im Original:

Nr. 4
3.9.35
Wir helfen mit am Winterhilfs-
werk.
Das Winterhilfswerk ist auf Wunsch
unseres Führers entstanden. Es soll
keiner von unseren deutschen Volks-
genossen hungern und frieren.
Denn bei manchen Volksgenossen
ist im Winter die Not besonders
gross. Aber das Winterhilfswerk
hilft die Not lindern. Deshalb müs-
sen wir alle gern von Herzen
spenden. Das Winterhilfswerk kann
alle Gaben gebrauchen, Geld, Klei-
derstücke, Möbel, Nahrungsmittel
und Getreide. Aber nicht nur die Er-
wachsenen sollen mithelfen,
sondern auch wir Kinder. Wir haben
es auch getan, indem wir über
die Felder zogen und die zurückge-
bliebenen Ähren sammelten. Die
ausgedroschenen Körner über-
mittelten wir dem Winterhilfs-
werk. Das Mehl von den Körnern
wird dann den notdürftigen Volks-
genossen überreicht. Auch an der
Bohnenspende haben wir uns be-
teiligt. Dasselbe haben auch die
Nachbarorte getan. Daran erkennt
man echte Volksgemeinschaft.
Aufsatz: gut minus
Schrift: gut

Keiner darf hungern! Keiner darf frieren!

Gegen Hunger und Kälte geht unsere Schlacht.
Wir folgen dem Mann, der uns Deutschland erstritt.
Wenn um uns die Welt auch zusammenkracht,
wir helfen Deutschland und mahnen: Hilf mit!

Wir kämpfen, marschieren für Freiheit und Brot.
Alle ein Herzschlag, alle ein Schritt.
Die Hakenkreuzfahne über uns loht
und ruft in die Herzen aller: Kämpf' mit!

Wir stehen zusammen in Elend und Not
und wissen, wie bitter schon mancher litt.
„Gegen Hunger und Kälte!" heißt Hitlers Gebot.
Wir mahnen auch dich, Kamerad: Hilf mit! H. Görz.

Gegen Hunger und Kälte!

Überall in unserem Volke ist der Gedanke an das Winterhilfswerk 1936/1937 lebendig. Alle wollen mithelfen. Ihr seht auf diesen Seiten die Zeichnungen von Kindern, die für das WHW. gezeichnet haben. Das Bild mit dem Pimpf stammt von Vera Kosanke (12 Jahre); Lieselotte Vogel (13 J.) zeichnete die spendenden Hände. Gerhard Koloff (15 J.) entwarf die Zeichnung mit Brot und Pfennig.

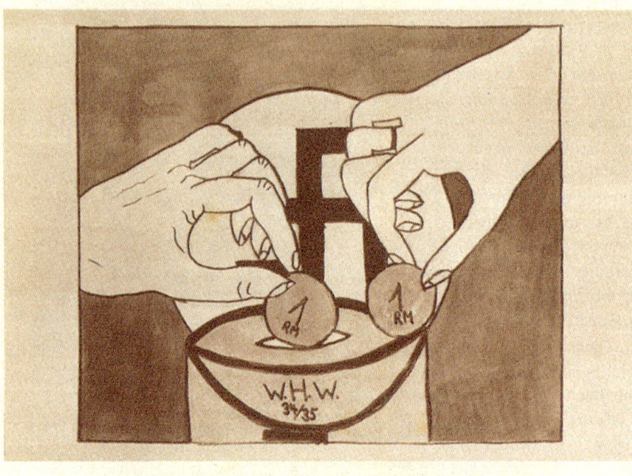

"Keiner darf hungern! Keiner darf frieren!"
in: Deutsche Jugendburg, 1936[12]

- *Vater hat 40 Abzeichen; er verkauft am Vormittag den fünften Teil und am Nachmittag den Rest.*
- *Am Sammeltag der HJ verkaufte Herta 36 Abzeichen, Dieter 45. Vergleiche!*
- *Walters Vater lässt jeden Monat für das WHW von seinem Lohn 3 (4,5) RM abziehen. Wieviel RM macht das für das Winterhalbjahr?*
- *Vater hat in seiner Sammelbüchse 24 RM; Günter den 4. Teil.*

Deutsches Rechenbuch 2. Schuljahr, 1938[9]

Die Älteren schrieben im Klassenaufsatz über ihren persönlichen Einsatz für die Winterhilfe[11]. Und Familienzeitschriften wie *"Mein Alles"* oder der *"Deutsche Beamtenfreund"* riefen zu landesweiten Malwettbewerben auf und prämierten die besten Plakatentwürfe für das WHW[12–14].

Viele der fleißigen Helfer von einst zählen das Winterhilfswerk auch heute noch zu den vermeintlich "guten Taten" des nationalsozialistischen Regimes: Tatsächlich wurden mehrere Millionen Arbeitslose, Fürsorgeempfänger und kinderreiche Familien fast ausschließlich aus privaten Mitteln unterstützt.

ZEITUNGSANNONCEN FÜR DAS WHW, 1944–1945[18]

Für die Nationalsozialisten bedeutete diese Entlastung der Staatsfinanzen dagegen etwas völlig anderes: die Möglichkeit, sich voll der kostenintensiven militärischen Aufrüstung widmen zu können. *"Ganz Deutschland sammelt sich zur großen Winterschlacht"*[16] – diese WHW-Parole des Jahres 1937 sollte am Ende schreckliche Wahrheit werden[17,18].

*"**Mobilmachung** der Herzen!"*

*"Ganz Deutschland sammelt sich zur großen **Winterschlacht**!"*

*"Im **Kampf** gegen Hunger und Kälte steht die Jugend **an vorderster Front**!"*

Parolen des Winterhilfswerks, 1937[10,16]

"Mutter, du musst mir auch Figuren abkaufen, und zwar für 30 Pfennig!"
"Junge, Junge, jetzt kurz vor Weihnachten, denke doch, was ich noch alles kaufen muss. Der Weihnachtsbaum braucht auch wieder neue Kugeln, ihr geht ja immer nicht gerade sorgfältig beim Plündern damit um."
"Die Kugeln lass nur in diesem Jahr fort, Mutter, nimm dafür unsere Figuren! Sind sie nicht viel schöner als Baumschmuck? Und obendrein kommen noch in jedem Jahr wieder neue dazu. Denkst du noch an die kleinen Reiter auf den Schaukelpferdchen? Wird das nicht herrlich aussehen, sicher doch genau so festlich wie glitzernde Kugeln, die immer so leicht kaputt gehen!"
"Na ja, Junge, da hast du schon recht, die Figuren sind als Schmuck für unseren Weihnachtsbaum sicher sehr gut geeignet. Aber 30 Pfennig willst du dafür haben! Die Abzeichen für's WHW kosten doch sonst immer nur 20 Pfennig?"
"Sehr richtig, Mutter, aber es ist doch Weihnachten, und da wollen wir nach Möglichkeit versuchen, für unsere hübschen Abzeichen mehr Geld zu bekommen!"

Eine kleine Unterrichtung in angewandter Verkaufstaktik für tüchtige Spendensammler, 1938[15]

6. Weihnachten im Zweiten Weltkrieg

Deutscher Beamtenfreund
Titelblatt der Weihnachtsausgabe, Nr. 25, 1936

Die Militarisierung des Weihnachtsfestes

Ganz gezielt wurde das Weihnachtsfest in die Kriegsvorbereitungen des nationalsozialistischen Regimes mit einbezogen. Die Dezemberausgaben der Zeitschriften und Illustrierten von 1935 deuteten auf ein besonderes Ereignis dieses Jahres hin: Deutschland hatte die allgemeine Wehrpflicht wieder eingeführt. In der Bevölkerung warb man um Sympathie und Unterstützung für die neue Wehrmacht:

- *"Kinderbescherung beim Reiterregiment"*
- *"Der Weihnachtsbaum des Wachtpostens"*
- *"Wenn man Weihnachten in der Kaserne erlebt"*

Reportagen dieser Art sollten die Verbundenheit zwischen dem Volk und seinen Soldaten stärken (vgl. dazu [1–6]). Ein neuer Schwerpunkt in der Berichterstattung zum Jahresende war damit entstanden – das Thema *"Weihnachten in Uniform"*.

Und wieder einmal zielte die Propaganda besonders auf die Kinder und Jugendlichen. In den Schülerzeitschriften wurde der "deutsche Soldat" als Idol und Freund der Jugend aufgebaut. Richtige Soldaten zum Anfassen servierten sogar Kakao und Kuchen an den vielerorts organisierten *"Weihnachtstafeln für kleine Gäste"*.

Auch Kriegsspielzeug hatte wieder einmal Hochkonjunktur in Deutschland. Der Kaufhof-Weihnachtskatalog lockte mit seiner *"Großen Auswahl in Festungen und Soldaten-Spielzeug"* [7]. Und für viele Jungen war der größte Weihnachtswunsch eine neue Uniform für die Hitler-Jugend [8–10].

"Die Soldaten unseres Reiterregiments hatten uns durch das Winterhilfswerk zu einer Weihnachtsfeier eingeladen. Wir gingen am Nachmittag alle in die große Reithalle, wo lange Tische mit weißen Tüchern aufgestellt waren. Hier wurden wir von den Soldaten empfangen und jeder erhielt einen Platz. Vorne saß die Kapelle, die das Weihnachtslied 'Vom Himmel hoch, da komm' ich her' anstimmte, das wir alle mitsangen. Hierauf ging der Regimentskommandeur auf die Bühne und hielt uns eine sehr schöne Ansprache über Weihnachten, über das Winterhilfswerk, über die NSV. Schließlich kam eine große Überraschung. Es wurde jedem eine große Tüte geschenkt mit Äpfeln, Birnen, Nüssen, Lebkuchen und Gebäck. Außerdem wurde jeder von uns an einen Tisch geführt und bekam etwas zum Spielen geschenkt. Danach erhielt jeder noch eine Wurst und ein paar Pakete mit Essachen, die wir der Mutter mitnehmen sollten. Hierauf gingen wir fröhlich und dankbar nach Hause."

Kinderbescherung beim Reiterregiment – Ein Schulaufsatz, 1935 [1]

Der Weihnachtsbaum des Wachtpostens, 1938 [5]
Fotografie mit Begleittext:
"An den Eingängen der Kasernen erstrahlt auch in diesem Jahr im ganzen Reich ein Weihnachtsbaum in hellem Lichterglanz."

"Weihnachtstafel für kleine Gäste"
Soldaten im Dienst des WHW, 1935 [2]

"Alles für's Kinderherz"

Seite aus dem Kaufhof-Weihnachtskatalog, 1935*7

"Wir bauen Schneebunker und Schneemänner"
Kalender "Vorweihnachten", 1942*8

Der “Westfälische Beobachter” berichtete über eine Familie am Heiligabend 1935:

“Die beiden Jungen meines Bruders von 9 und 10 Jahren sind in der Hitlerjugend. Der Älteste hat beim Christkindchen eine neue Uniform bestellt. Anscheinend war die Bestellung zu spät erfolgt, denn die Uniform fehlte auf dem Gabentisch. Als der kleine Josef dies sah, nahm er stramme Haltung an, grüßte vorschriftsmäßig mit ‘Heil Hitler’ und verschwand unter großem Gebrüll und Weinen in sein Bett. Am Heiligen Abend war er nicht mehr zu bewegen, die anderen Gaben des Christkinds zu besehen, bis schließlich der Vater sich dazu bequemte, ihm als Vorschuss auf die neue Uniform 10 Reichsmark zu geben. Schade, dass zu dem Vorgang keine Momentaufnahme gemacht wurde, denn es war zu reizend, und der kleine Josef hat gezeigt, dass er ein echter Hitlerjunge ist.”

zitiert nach: Werner Abresch, Fest-Beleuchtung, Kleve 1990[9]

ZEITUNGSANNONCE FÜR “DIE HJ”, 1936[10]

ZEITUNGSANNONCE “DIANA-LUFTGEWEHR”, 30ER JAHRE[11]

“Nie hat die Jugend aufgehört, für den Soldaten jeglicher Waffengattung zu schwärmen. Kein Wunder, dass man nach wiederhergestellter Wehrhoheit noch kräftiger und bewusster die Liebe zur Waffe und Wehr in die Herzen der Jungen senken will.”

in einer Empfehlung für "Wehrhafte Bücher" zum Weihnachtsfest 1935[12]

“Es gibt heute in Deutschland für euch alle nur ein Vorbild, und das ist der deutsche Soldat. Ihm nachzueifern, ihm zu helfen mit allen Kräften, soll und muss auch dir zur selbstverständlichen Pflicht werden.”

Weihnachtsappell der Schülerzeitung "Deutsche Jugendburg", 1939[13]

"Kinder malen"
Kalender "Vorweihnachten", 1943*8

Originalzeichnung eines Zehnjährigen, Volksschule Brün, Kreis Olpe, um 1944

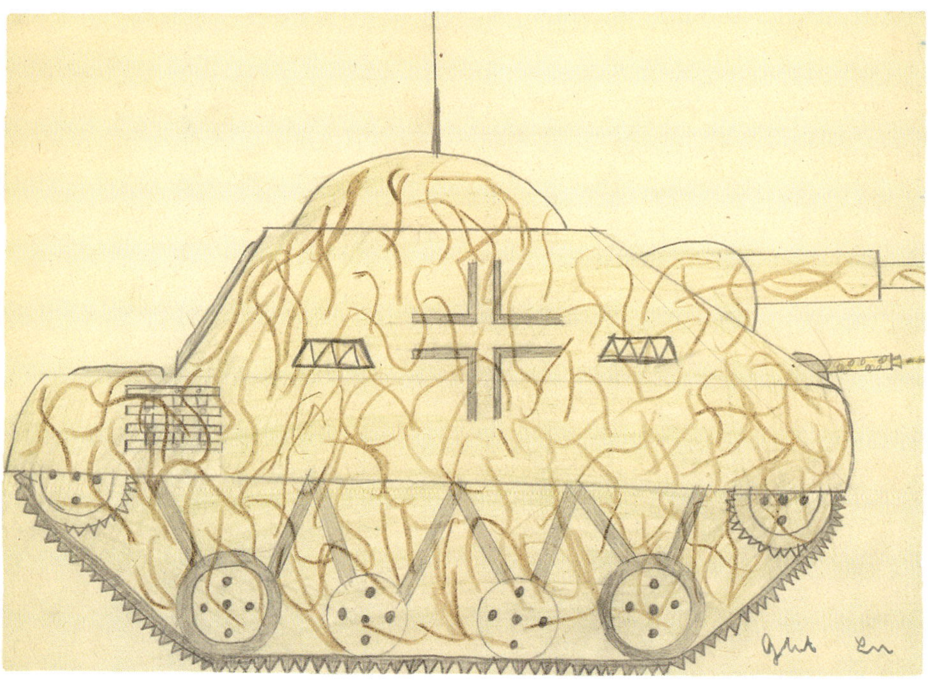

"Ihr schenkt durch eure Tapferkeit uns heimatschöne Weihnachtszeit"
Kalender "Vorweihnachten", 1943[8]

“Kriegsweihnachten 1939 – Das ernste Fest der Volksgemeinschaft”
in: Deutsche Jugendburg, Nr. 3, Dezember 1939

Vom "Frohen Fest" zum "Heldengedenken" – Weihnachten im Verlauf des Krieges

Mit dem deutschen Angriff auf Polen begann am 1. September 1939 der Zweite Weltkrieg. Damit verstärkten sich auch die Bemühungen von staatlicher Seite, die Bevölkerung besonders an Weihnachten unter Kontrolle zu halten. In der vielbeschworenen "Weihnachtsstimmung" der Deutschen erkannten die Kriegstreiber auch eine Gefahr für das Regime:

Gerade während der Weihnachtstage war zu erwarten, dass den Menschen die ganze Misere des Krieges besonders deutlich bewusst wurde. Die kriegsbedingten Entbehrungen und der Verlust lieber Menschen weckten Erinnerungen an glücklichere Zeiten und ließen die alte Botschaft *"Friede auf Erden"* in neuem Licht erscheinen.

Um solchen Tendenzen entgegenzusteuern, wurde dem Propaganda-Thema "Kriegsweihnachten" besondere Aufmerksamkeit geschenkt. Ein beliebtes Mittel der Einflussnahme waren aufwändig gestaltete Weihnachtsbücher für die ganze Familie. Mit einem breiten Spektrum von Erzählungen, Liedern und Gedichten wandten sie sich sowohl an die Soldaten als auch an die Familienangehörigen daheim, die das Fest ohne den Vater, Ehemann oder Sohn verbringen mussten.

So gab z.B. das Hauptkulturamt in der Reichspropagandaleitung der NSDAP ein ansprechend gestaltetes Buch *"Deutsche Kriegsweihnacht"* heraus, das über mehrere Jahre hinweg in leicht veränderten Aufmachungen erschien‣[14]. An die Angehörigen der SS richtete sich der Band *"Weihnacht 1943"* mit einem persönlichen Vorwort des Reichsführers der SS, Heinrich Himmler‣[15].

Während die meisten Druck-Erzeugnisse nur noch in "Notausgaben" hergestellt werden konnten, präsentierten sich diese parteiamtlichen Weihnachtsbücher als regelrechte Luxusausgaben: So erschien z.B. die 4. Auflage von *"Deutsche Kriegsweihnacht"* noch 1944 mit mehrfarbig gedruckten Holzschnitten und einem Umfang von 200 Seiten.

In den dort gesammelten Texten standen Begriffe wie Winter, Eis, Kälte, Nebel und Dunkelheit als Metapher für den Krieg und die damit verbundene Zeit der Entbehrungen und des Leids. Doch ebenso unzweifelhaft war am Ende immer der Sieg des Lichtes über die Dunkelheit, die Wärme, die den Schnee wegtaute und die neue Saat, die bereits unter dem Eis auf den neuen Sommer wartete, wie z.B. in dem vielzitierten Gedicht: *"Es wächst viel Brot in der Winternacht"* ‣[16].

Dankbar nehmen wir entgegen
Gaben unsrer Heimaterde.
Fleißig wollen wir uns regen,
dass der Sieg ihr recht bald werde!

Nun will der Tag sich enden,
leis löscht die Nacht ihn aus.
Herrgott, in deinen Händen,
ruht Wald und Feld und Haus.
Beschirm uns die Soldaten
im fernen, blutigen Krieg.
Gib ihren tapfern Taten
den Segen und den Sieg!

Von dem Tage müd' gemacht,
leg' ich mich zur Ruh'.
Vater hält vor'm Feind die Wacht,
Mutter deckt mich zu.

Kindergebete im Kalender "Vorweihnachten", 1943‣[8]

Es wächst viel Brot in der Winternacht
Es wächst viel Brot in der Winternacht,
weil unter dem Schnee frisch grünet die Saat.
Erst, wenn im Lenze die Sonne lacht,
spürst du, was Gutes der Winter tat.
Und dünkt die Welt dich öd' und leer,
und sind die Tage dir rau und schwer –
Sei still und habe des Wandels acht:
Es wächst viel Brot in der Winternacht.

zeitgenössisches Gedicht zum Thema "Kriegsweihnachten"‣[16]

Titelblatt des SS-Weihnachtsbuches "Weihnacht 1943" [15]

DER REICHSFÜHRER-SS FELDKOMMANDOSTELLE, DEN 1. DEZEMBER 1943

FRAUEN UND MÜTTER! MÄNNER DER SS UND POLIZEI!

Unerbittlich hart wirkt die feindliche Gewalt, gegen die wir unser Reich als Erbe unserer Ahnen und Verpflichtung für unsere Kinder zu wahren und zu mehren haben. Wiederum ruft die Zeit der Wintersonnenwende und Weihnacht zur Sammlung der Sippen und Familien. Wiederum gilt es, in der längsten Nacht des Jahres den Sieg der Sonne mit dem gläubigen Vertrauen unserer Vorfahren herbeizusehnen. Dieser tiefe Glaube an den Sieg des Lichtes beherrsche uns heute mächtiger denn je, wenn wir in der Geborgenheit der Familie oder der Kameraden die Lichter entzünden. Die Lichter auf den grünen Zweigen werden die Brücken zu den Herzen bilden über die Weiten hinweg, die sich zwischen den Kameraden in der Kampflinie und den Frauen und Kindern daheim spannen.

Ihr Mütter und Frauen steht, wie in allen großen Schicksalszeiten unserer germanisch-deutschen Vergangenheit, heute wahrhaft auch persönlich im Kampf. Vielen hat die ehrlose Kriegführung des Feindes die Heimstätten zertrümmert, aber Ihr habt weder den Mut noch den Glauben verloren. Je härter der Kampf, um so herzlicher müssen die Sippen zusammenstehen, und um so mehr sollt Ihr die mitsorgende Hand von uns allen fühlen.

Euch aber, deren Söhne, Männer und Väter ihr Leben um der Zukunft unserer Kinder willen erfüllt haben, widme ich dieses Buch vor allem. Euch, meinen Männern, die Ihr verwundet oder krank auf Eure Genesung wartet, sei das Weihnachtsbuch ein Gruß der großen Sippengemeinschaft.

Euch, den Familien in der Heimat, und Euch, den Männern im Kampf, möge es helfen, die Wochen der Einkehr, die Tage des Festes und die Stunden der Besinnung zwischen den Jahren so zu verleben, daß diese Zeit der Wende zu einem rechten Kraftschöpfen werde.

Im unerschütterlichen Vertrauen auf die Stärke unseres Volkes stehen wir in alter, stets gleicher Treue um unseren Führer.

Heil Hitler!

VORWORT VON HEINRICH HIMMLER, IN: "WEIHNACHT 1943"[15]

Weihnachten 1942

"an den weiten Fronten des Grossdeutschen Krieges"

Kalender "Vorweihnachten", 1942[8]

Der "Friede auf Erden" wurde in derartigen Veröffentlichungen nicht mehr als ein göttliches Geschenk dargestellt, sondern als ein Zustand, der nur durch harten Kampf und große Opfer zu erreichen sei. Ähnlich argumentierte auch Goebbels in seinen Weihnachtsansprachen an das deutsche Volk, die alljährlich im Rundfunk übertragen wurden. Ausgerechnet am Heiligen Abend beschwor er von Jahr zu Jahr eindringlicher den Durchhaltewillen und die Opferbereitschaft des deutschen Volkes: *"Es war seit jeher der tiefste Sinn des Weihnachtsfestes, nicht so sehr den Frieden als Beglückung zu empfinden als vielmehr für den Frieden zu arbeiten und zu kämpfen."* [14] Am Volksempfänger verfolgte dann ganz Deutschland, wie in einer Ringschaltung eine Kriegsfront nach der anderen aufgerufen wurde: von Afrika bis zum Nordkap, vom Atlantik bis nach Moskau und Stalingrad. Eine entsprechende Zeichnung im Adventskalender *"Vorweihnachten"* von 1942 zeigte zwei Soldaten an einem weihnachtlich geschmückten Grab, umrahmt von einem Schriftband mit den aktuellen Kriegsschauplätzen [8]. Doch ein Jahr später, in der Ausgabe von 1943, fehlte in dieser Zeichnung auf einmal die Aufzählung der Fronten und auch der Begleittext wies eine kleine, aber bedeutende Änderung auf: aus der Formulierung *"an den weiten Fronten des Großdeutschen Krieges"* war der Anspruch *"Großdeutsch"* gestrichen worden, und es hieß jetzt lediglich *"an den weiten Fronten dieses Krieges"*. Darin spiegelte sich die immer aussichtslosere Kriegslage des Deutschen Reiches wider.

"Inmitten einer brennenden Welt tritt das deutsche Volk zur Feier seines Festes zusammen. Tiefer ist kein Gedanke gedacht, heißer und leidenschaftlicher keiner erkämpft als der, den das deutsche Volk mit den Worten 'Friede auf Erden' verknüpft. In dieser Welt, in der die Friedensworte gewechselt werden wie abgegriffene Münzen, behauptet es den unteilbaren Anspruch seiner kämpfenden Männer und Frauen, in diesem Kriege für den wahren Frieden der Welt zu stehen. Sein Sieg ist der Friede auf Erden. Das aber wird die Weihnacht der ganzen Welt sein."

in: Das Schwarze Korps – Zeitung der Schutzstaffeln der NSDAP, 1943 [17]

Weihnachten 1943

"An den weiten Fronten dieses Krieges"
Kalender "Vorweihnachten", 1943 [8]

"Als uns der Kampf des Lebens das vielleicht nicht einmal schöne paradiesische Märchen von einem ewigen Frieden auf Erden als Traum erkennen ließ, begannen wir zu begreifen, dass die großen, bewegenden Ideen auf Erden nicht um den 'ewigen Frieden' kreisen, sondern um härtere, ehrlichere, wirklichkeitsbewusste Begriffe der Freiheit, der Ehre, der Gerechtigkeit! (...)
Unser Weihnachten! Es wurde das Fest des Sieges und der tiefen, verpflichtenden Bereitschaft zum Kampf. (...)
Mögen die andern in überschwänglichen und verworrenen 'Gefühlen' lebensfernen 'Botschaften' lauschen, wir verkünden der Welt die Forderung des Gesetzes, unter dem wir angetreten sind, unter dem wir zu kämpfen und zu siegen, aber auch zu opfern wissen: FREIHEIT AUF ERDEN !"

Kurt Eggers, in: Deutsche Kriegsweihnacht, 1943, S. 10–12 [14A]

"Wir werden in diesem Jahr die Feier der Volksweihnacht in die Familie verlegen. Und werden uns vielleicht durch eine gemeinsame weihnachtliche Rundfunkfeierstunde alle verbunden fühlen in einer großen Gemeinschaft. (...) Der deutsche Soldat und die deutsche Frau Schulter an Schulter! Wer auf der Welt will sie bezwingen? Niemand kann es, das wissen wir. Deutschland feiert Weihnachten im Kriege und ist sich bewusst, dass es für jene Ideale angetreten ist, die gerade im deutschen Weihnachtsfest zum Ausdruck kommen."

in: Ewiges Deutschland, 1939[18]

"Lasst uns einen Atemzug vor unserem Tannenbaum bedenken, dass der Bolschewismus das Weihnachtsfest mit Stumpf und Stiel ausgerottet und dass der Amerikanismus es zu einem Rummel mit Jazz und Barbetrieb verunstaltet hat, dann wissen wir, dass wir auch im Kriege, nein, gerade im Kriege Weihnachten in der Familie begehen müssen; denn auch dafür, dass wir dieses Fest behalten und gestalten dürfen, stehen unsere Soldaten die Wacht."

in: Deutsche Kriegsweihnacht, 1943, S. 114[14A]

"In Gedanken an den Führer, der auch an diesem Abend allgegenwärtig ist da, wo Deutsche zusammensitzen, werden wir uns um das Vaterland stellen. Es soll größer, schöner und erhabener aus diesem Kriege hervorgehen. Es soll die stolze und freie Heimat für uns alle sein. Das wollen wir in dieser Stunde dem Führer geloben.

Er kann sich auf sein Volk an der Front, in der Heimat und in der Welt verlassen. Er führt uns, wir folgen ihm. Von keinem Gedanken des Zweifels belastet, tragen wir hinter ihm die Fahne und das Reich. Fahne und Reich sollen rein und unversehrt sein, wenn die große Stunde des Sieges kommt."

Goebbels am Weihnachtsabend, 1941,
zitiert nach: Deutsche Kriegsweihnacht,
1943, S. 6[14A]

"Einmal wird die Stunde kommen, da euer Vater von der Front heimkehrt und eure Mutter euch weinend vor Freude wieder in ihre Arme schließt. Dann wird der Krieg am Ende sein und Glück und Friede wieder unter den Menschen Einkehr halten.

Für diese schönste Stunde unseres Lebens wollen wir heute gerne jede Mühsal tragen und jedes Opfer bringen und wollen darüber hinaus versuchen, uns Mühsal und Opfer in gegenseitiger Hilfsbereitschaft möglichst leicht zu machen.

Dann wird uns später vielleicht einmal dieses Weihnachtsfest als das schönste und gehaltvollste unseres ganzen Lebens in der Erinnerung zurückbleiben, weil es nämlich so tief von Liebe und Sehnsucht erfüllt war, weil es Opfer von uns allen verlangte, aber weil es uns im Verzicht auch wieder die Kraft gab, stark zu bleiben und damit dem Sieg näher zu kommen.

Darum wollen wir bei diesem Kriegsweihnachtsfest den Kopf hoch tragen und uns als deutsche Menschen und Mitglieder einer großen Volksfamilie fühlen, die ein späteres nationales Glück um so mehr verdient, je bereitwilliger sie die Beschwerden der Gegenwart auf sich nimmt.

Es war seit jeher der tiefste Sinn des Weihnachtsfestes, nicht so sehr den Frieden als Beglückung zu empfinden als vielmehr für den Frieden zu arbeiten und zu kämpfen."

Goebbels in seiner Rede
zur Volksweihnacht, 1940,
zitiert nach: Deutsche Kriegsweihnacht,
1943, S. 152[14A]

"Einmal wird die Stunde kommen, da euer Vater von der Front heimkehrt ..."
Original-Illustration zur Goebbels-Rede von 1940, in: Deutsche Kriegsweihnacht, 1944[14]

"Gefallenen-Friedhof"

Original-Illustration zur Goebbels-Rede von 1942, in: Deutsche Kriegsweihnacht, 1944*[14]

SIE OPFERTEN SICH, DAMIT WIR IM LICHTE STEHEN

Von ſeinem gefallenen Kameraden ſpricht heute abend der Soldat, wenn er Erinnerungen aus den ſchweren Kämpfen dieſes Krieges wieder auffriſcht, und an jeden toten Helden denkt heute zu Hauſe eine Mutter, ein Vater, eine Frau oder eine Kinderſchar in ſtolzer Trauer.

Unſere Toten ſind überhaupt die einzigen, die heute zu fordern haben, und zwar von uns allen, an der Front wie in der Heimat. Sie ſind die ewigen Mahner, die Stimmen unſeres nationalen Gewiſſens, das uns ſtändig antreibt, unſere Pflicht zu tun.

Die Mütter, die Trauer um ihre verlorenen Söhne tragen, mögen beruhigt ſein. Sie haben ihre Kinder nicht umſonſt unter Schmerzen geboren und unter Sorgen erzogen. Sie führten als Männer und Helden das ſtolzeſte und tapferſte Leben, das ein Sohn des Vaterlandes führen kann, und krönten es mit dem heroiſcheſten Abſchluß, mit dem man es überhaupt zu Ende zu bringen vermag: Sie opferten ſich, damit wir im Lichte ſtehen. Es liegt allein an uns, ob dieſe große Hingabe ihren tiefſten Sinn erhält. Auf ſie paßt das Wort Hölderlins:

„UND SIEGESBOTEN KOMMEN HERAB: DIE SCHLACHT IST UNSER!
LEBE DROBEN, O VATERLAND, UND ZÄHLE NICHT DIE TOTEN!
DIR IST, LIEBES, NICHT EINER ZUVIEL GEFALLEN."

Das iſt eine harte und tapfere Lehre des Krieges, die erſt in einem höheren Sinne Troſt und Stärke geben kann.

Gerade darum ſchließen wir die Eltern, Frauen und Kinder unſerer gefallenen Helden in dieſer Stunde am dankbarſten in unſere Herzen ein. Sie ſollen die Vollendung deſſen erleben, wofür ihre Söhne, Mütter und Väter ſtarben, und darin den wohltuendſten Troſt empfangen.

Ein Band der Liebe umſchlinge uns in dieſer Stunde. Über Zeit und Raum hinweg reichen wir uns die Hände, ſo weit voneinander und doch einander ſo nahe. Umfangen von der hohen Nacht der klaren Sterne ſchauen wir gläubig und voll Vertrauen in die Zukunft. Das freie kommende Jahrhundert ſtrahlt uns, wie der Dichter ſagt, in königlicher Ferne an. Es fordert Kampf und Opfer von uns. Aber eines Tages wird es ſich uns beugen. Das iſt nur noch eine Sache der Zeit und der Geduld, des Mutes und des Fleißes, des Glaubens und des Vertrauens, der Stärke unſerer Seelen und der Tapferkeit unſerer Herzen.

DR. GOEBBELS
AM WEIHNACHTSABEND 1942

"Sie opferten sich, damit wir im Lichte stehen"
Goebbels-Rede von 1942 im Original-Schriftsatz, in: Deutsche Kriegsweihnacht, 1944[14]
(mit Zitat aus Hölderlins "Der Tod fürs Vaterland")

"Von den Toten, die Gast bei der Sippe sind, spricht die alte Sitte, in der Heiligen Nacht Speise und Trank auf Tisch oder Fenster für sie zu stellen, und davon spricht auch das eine Licht, das wir neben den vielen anderen, zum Gedenken der toten Ahnen, an unserem Baume entzünden.
(…)
Daheim am alten Heldenmal stellte man schlichte eichene Totenbretter für sie auf. Grüne Kränze, schneebedeckt, schmückten sie. Am Heiligen Abend brannte ein zartes Lichtlein davor. Da kamen mit einem Male wieder die Kinder, entzündeten ihre Windlichter an dieser Flamme der Toten des Krieges und trugen das Feuer heim für den Weihnachtsbaum. Es war, als ob sie in ihren Händen der toten Soldaten Unsterblichkeit hintrugen in das werdende deutsche Leben."

Hans Strobel,
in: Weihnacht 1943[15]

Um Weihnachten 1942 endete die Zeit der Siegesmeldungen im Kessel von Stalingrad.
Mit der Bombardierung deutscher Städte erhielt selbst das Wort "Christbaum" eine neue, unheilvolle Bedeutung: So nannten die Menschen die Leuchtraketenbündel am Himmel, die von den Alliierten als Zielmarkierung für ihre Bombergeschwader abgefeuert wurden[19]. Das "Lametta" dazu fand man auf den Straßen und Feldern – aus der Luft abgeworfene Stanniolstreifen, die deutsches Radar stören sollten.

Aus der einst so fröhlichen Familienfeier wurde immer mehr ein düsteres Heldengedenken.
Die Brauchtums-Gestalter der nationalsozialistischen Weihnacht erfanden auch dazu wieder entsprechende "Traditionen" und Rituale: weihnachtlich geschmückte Gräber, am Weihnachtsbaum eine besondere Kerze und ein symbolisch gedeckter Platz am Tisch für die toten Soldaten[15].

Im Kalender *"Vorweihnachten"* von 1943 gipfelte diese Interpretation des Festes auf dem Blatt zum 23. Dezember in dem pathetischen Gedicht von der *"Heimkehr der toten Soldaten"* (siehe nebenstehende Seite).

"Lichtersprüche"
Kalender "Vorweihnachten", 1943[8]

Einmal im Jahr, in der heiligen Nacht,
verlaſſen die toten Soldaten die Wacht,
die ſie für Deutſchlands Zukunft ſtehen.
Sie kommen ins Haus, nach Art und Ordnung zu ſehn,
Schweigend treten ſie ein in den feſtlichen Raum —
den Tritt der genagelten Stiefel, man hört ihn kaum —
ſie ſtellen ſich ſtill zu Vater und Mutter und Kind,
aber ſie ſpüren, daß ſie erwartete Gäſte ſind:
Es brennt für ſie eine rote Kerze am Tannenbaum,
es ſteht für ſie ein Stuhl am gedeckten Tiſch,
es glüht für ſie im Glaſe dunkel der Wein.
Und in die Weihnachtslieder, gläubig und friſch,
ſtimmen ſie fröhlichen Herzens mit ein.
Hinter dem Bild im Stahlhelm dort an der Wand
ſteckt ein Tannenzweig mit ſilbernem Stern.
Es duftet nach Tannen und Äpfeln und Mandelkern.
Und es iſt alles wie einſt — und der Tod iſt ſo fern. —
Wenn dann die Kerzen am Lichtbaum zu Ende gebrannt,
legt der tote Soldat die erdverkruſtete Hand
jedem der Kinder leiſe aufs junge Haupt:
„Wir ſtarben für euch, weil wir an Deutſchland geglaubt."
Einmal im Jahr, nach der heiligen Nacht,
beziehen die toten Soldaten wieder die ewige Wacht.

Thilo Scheller

23 Noch 1 Tag bis Weihnachten

"Gedicht von der toten Soldaten Heimkehr"
Kalender "Vorweihnachten", 1943[8]

"Deutsche Weihnacht an allen Fronten"

Titelblatt der "Neuen Illustrierten Zeitung", 1943

Mythos "Soldatenweihnacht"

Für die deutsche Öffentlichkeit inszenierten die Berichterstatter der Propaganda-Kompanien *“Deutsche Weihnacht an allen Fronten”.* Aufwendige Bildreportagen zeigten Weihnachten bei den Fallschirmjägern und bei der Flak, im U-Boot und an Bord deutscher Kriegsschiffe (vgl. dazu [20–27]). Die Motive glichen zwar denen des Ersten Weltkriegs, doch nun waren sie ganz im Stil nationalsozialistischer Ästhetik gestaltet: Perfekt ausgeleuchtet und bis ins Detail arrangiert zeigten sie fröhliche Männer in weihnachtlich geschmückten Unterständen, beim Auspacken der Feldpostpäckchen oder beim gemeinsamen Musizieren.

Wichtigstes Requisit dabei war wieder einmal der Weihnachtsbaum. Wie ein Hoheitssymbol wurde er in den besetzten Gebieten auf öffentlichen Plätzen aufgestellt. Und wo keine Nadelbäume zur Verfügung standen, ließ man ihn medienwirksam aus der Heimat einfliegen.

Doch im Verlauf des Krieges wurde das Datum “Weihnachten” ein immer kritischeres für die Kampfmoral und den Durchhaltewillen der deutschen Soldaten. Die Verantwortlichen in der Heeresführung antworteten darauf mit einer besonders intensiven Betreuung. Dazu zählten gemeinsame Weihnachtsfeiern der “Kameradschaft”, eine großzügige Bescherung der Soldaten und speziell für sie zusammengestellte Weihnachtsliteratur (vgl. dazu [30–32]).

Viele Truppenteile gaben auch eigene, besinnliche Gedenkschriften mit Beiträgen der Soldaten und ihrer Vorgesetzten heraus (vgl. dazu [33–36]). Sentimentale Gefühle wurden darin nicht etwa als “unsoldatisches Verhalten” unterdrückt, sondern stattdessen geschickt in die Propaganda mit eingeflochten: Gerade diese Weihnachtsstimmung, so argumentierten zahlreiche Ansprachen und Appelle an die Soldaten, sei Ausdruck des “deutschen Wesens”, das es in diesem Krieg gegen alle Feinde zu verteidigen galt.

“Der Weihnachtsmann kommt mit der Ju 52. Für die Angehörigen unserer Fliegerhorste an der Küste werden die Weihnachtsbäume und Pakete auf dem Luftweg befördert, denn Weihnachten ohne ein grünes Bäumchen, das kommt auch im Dünensand nicht in Frage.”

in: Der Adler, 1939 [28]

“Die Liebesgaben aus der Heimat liegen auf dem Tisch, der Bunker ist mollig warm, bei einem Mühle-Spiel, bei Büchern und Zigaretten verbringen unsere Männer von der Flak ihren heiligen Abend.”

in: Der Adler, 1939 [28]

“Für die Flamen und Wallonen ist der Brauch des Weihnachtsbaumes, wie wir ihn in Deutschland kennen, fremd. Im historischen Rathaus von Gent haben deutsche Soldaten ihren Weihnachtsbaum aufgestellt, und voller Bewunderung stehen flämische Mädchen dabei.”

in: Illustrierter Beobachter, 1940 [29]

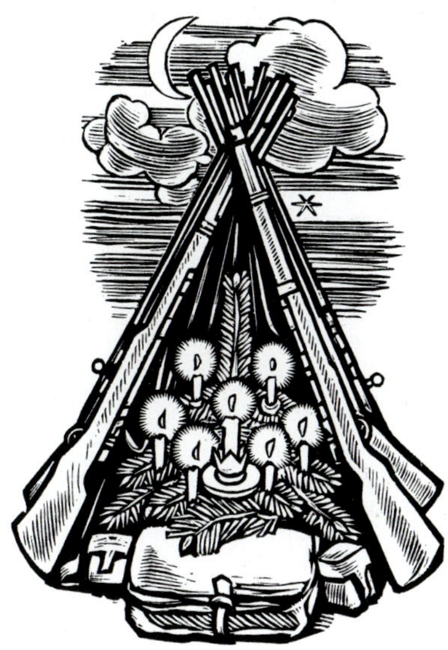

TITELMOTIV DER SOLDATENBLÄTTER FÜR FEIER UND FREIZEIT, 1940 [30A]

“Weihnachten, durch das Luk eines U-Boots gesehen”
Titelblatt der Zeitschrift “Die Wehrmacht”, 1939

"Gestern am Heiligabend ging unser Chef um 17 Uhr durch sämtliche Stellungen und wünschte jedem einzelnen ein frohes Weihnachtsfest, um 23 Uhr kam er zurück. Ihr würdet bestimmt staunen, wenn ihr einmal in ein Erdloch sehen würdet, aber in jedem Bunker ist ein kleines Tannenbäumchen. Dann ließ unser Chef uns um 23 Uhr in seinen Bunker rufen, da begann für uns die Weihnachtsfeier. Zuerst machte er mir eine Überraschung und gratulierte mir zum Obergefreiten, dann wurde ein Weihnachtslied gesungen und anschließend hielt der Chef eine kleine Ansprache.

Dann begann für uns die Bescherung: Jeder bekam 1 Flasche Sekt, 1 Flasche Rotwein, zu 4 Mann 1 Flasche Likör und zu 2 Mann noch eine Flasche Wodka, dann weiter jeder sein Weihnachtspäckchen, in diesem waren 30 deutsche Zigaretten, 1 Tafel Schokolade, 1 Notizbuch, 5 Rollen Drops, 3 Äpfel, 1 Kerze und ein ganzer Haufen zu knabbern, dann noch ein Kartenspiel, ein anderer hatte dafür eine Pfeife und ein dritter wieder etwas anderes, dazu noch jeder ein Ende Wurst und noch eine Dose italienische Kirschen und wir Melder bekamen vom Chef noch jeder 24 Zigaretten, also ein guter Gabentisch, nicht wahr?

So feierten wir denn am Heiligabend noch bis 3 Uhr nachts, aber getrunken werden durfte nur wenig, weil jeder bestraft wurde, der sich einen antrank. In der vordersten Front hatten wir sogar einen großen Weihnachtsbaum ins Freie gestellt, die Kerzen standen in Flaschen und die Russen werden bestimmt Augen gemacht haben, als sie das gesehen haben, denn geschossen haben sie nicht darauf."

Authentische Schilderung einer Weihnachtsfeier an der Front, aus einem Brief des Soldaten Willi Abel an seine Familie, Weihnachten 1941 [37]

WEIHNACHTSFEIER AN BORD EINES DEUTSCHEN KRIEGSSCHIFFES IM SÜDATLANTIK, 1941 [38]

Soldat vor Weihnachtsbaum

in: Soldatenblätter für Feier und Freizeit, 1943 ▸30D

"Keine Stunde gibt es, die uns Deutsche so in ihren Bann zieht, wie die Weihnacht. Harte Männer fordert der Krieg, und je härter das Schicksal den Einzelnen in die Zange nimmt, umso weiter ist er entfernt von jeder Rührseligkeit. Und doch schämt sich auch der kühnste Draufgänger seiner Empfindungen nicht, die beim Kerzenlicht in ihm mächtig werden, ja manchem geht in der Besinnlichkeit dieser Stunden wie ein großes Ahnen die Kostbarkeit dessen auf, was er als Soldat schon hundert Mal mit seinem Leben verteidigen half: das deutsche Gemüt, die deutsche Seele, der deutsche Mensch, das deutsche Volk. (...) Und wenn etwas den Abstand deutlich werden lässt, den unsere Heimat, unser Volk, den deutschen Menschen von allen trennt, die uns das Lebensrecht streitig machen, dann ist es die feierliche Stille, die tiefe Innerlichkeit, die in der Weihnacht auch im härtesten deutschen Soldatenherzen aufquillt. (...)

Gewiss hadern wir in mancher Stunde mit dem Schicksal, dass uns auch zum schönsten Fest des Jahres aus der Mitte unserer Familien nahm, doch jeder opfert die beglückende Freude dieses Tages gern in der Gewissheit, denen zu Hause auch im Kriege die erhabene Ruhe der Weihnacht zu sichern. Wer gäbe nicht sein Letztes, wenn durch sein Opfer Braut und Frau, den Kindern und Eltern und allen Verwandten, wenn er dem ganzen deutschen Volke für die Zukunft den Frieden sichern könnte – und auch ein Weihnachtsfest so voller Glanz und Freude, wie er es jetzt selbst entbehrt. (...)

So feiern wir das dritte Weihnachtsfest im Kriege. Wenn wir in der Heiligen Nacht die erhabene Schönheit der deutschen Weihnacht spüren und schmerzlich vermissen, wenn wir im geschmückten Tannenbaum und dem von ihm ausgehenden Zauber die Tiefe unseres deutschen Wesens erkennen und schätzen lernen und sich an den Lichtern ein gerechter Soldatenzorn entfacht, zu zerschmettern, was sich unserem Volke und seinem Frieden in den Weg stellt, dann haben wir, wie bescheiden auch immer der äußere Rahmen sei, das Kriegsweihnachtsfest richtig gefeiert."

in: Luftflotte West, S. 5–6,
Weihnachten 1941

"Das muss ein jeder sich sagen, der heute draußen, fern der Heimat, Weihnachten begeht: was würde uns ein Weihnachten nützen und erfreuen können, wenn wir alle Weihnachtsfeste der Zukunft und unsere Heimat und alles, was wir lieben, um dieses einen Festes willen verlieren müssten? Denn darüber besteht kein Zweifel: Wenn wir nicht mit eisernem Willen und mit unbeugsamer Härte diesen Gang des Kampfes durchhalten, so ist uns alles verloren. Dann: Weihnachten, ade! Und für alle Zeiten! Denn ob die Bolschewisten unsere Heimat überfluten und ihre seltsamen Bräuche bei uns einführen würden mit Zwangsarbeit und allen anderen Einrichtungen ihres Paradieses, oder ob die Engländer und Amerikaner über uns kämen, mit wohlorganisierter Ausbeutung und jahrelanger Besetzung, mit Zerstückelung und Zerfleischung unseres Vaterlandes: das würde sich im Erfolge gleich bleiben. Wie sie gesonnen sind, zeigen ja ihre Angriffe auf unsere Städte, in deren verkohlten Mauern das Weihnachtsfest auch nicht eben angenehm zu feiern ist, auch wenn es durchaus den Kulturabsichten unserer Gegner entspricht.

Nein, weniger denn je haben wir im fünften Kriegsjahr, unter den fünften Kriegsweihnachtskerzen Grund zur Sentimentalität. Gewiss, niemandem soll es verwehrt sein, sich aus tiefstem Herzen nach Frau, Kind, Geliebter, Vater, Mutter und Frieden zu sehnen – aber niemand kann sich einer Täuschung darüber hingeben, dass ein viel größerer Schmerz ihm und allen anderen drohen würde, stünde er nicht hier oder dort an der Front: der Schmerz nämlich, alles das, was ihm lieb und teuer ist, ein für allemal zu verlieren. (...) Fröhliche Weihnachten denn, Kameraden! (...) Wir wollen guten Mutes für diese unsere Weihnachtskerzen weiterkämpfen, und daran denken, dass uns alles und jedes Weihnachtsfest verloren wäre, wenn wir missmutig darüber nörgeln würden, dass es auch anders sein könnte. Und wenn wir nun unsere alten Weihnachtslieder singen, so wollen wir uns darauf besinnen, dass es die Lieder unserer Heimat sind, die wir nur ganz gewinnen oder ganz verlieren können. Dann werden sie auch beim fünften Kriegsweihnachtsfest fröhlich und kräftig klingen."

in: Luftflotte Süd, 8. Folge, S. 5,
vom 24. Dezember 1943

Weihnachtsbaum-schmuck für Soldaten
in: Soldatenblätter für Feier und Freizeit, 1942[30c]

"Was der Kompaniechef ausspricht, dass sie hier feiern müssen, damit Weihnachten für alle Zeit in Deutschland das Fest der Familie und der Kinder bleiben könne, ist ihnen in den langen Monaten des Kampfes mit der bolschewistischen Barbarei zur Überzeugung geworden. Große Worte macht keiner darum, aber jeder weiß es eben, dass hier erst endgültig die bolschewistische Gefahr beseitigt sein muss, ehe er seinem Kind wieder selbst in Ruhe den Tannenbaum schmücken kann."

in: NS-Frauenwarte, Dezember 1942[39]

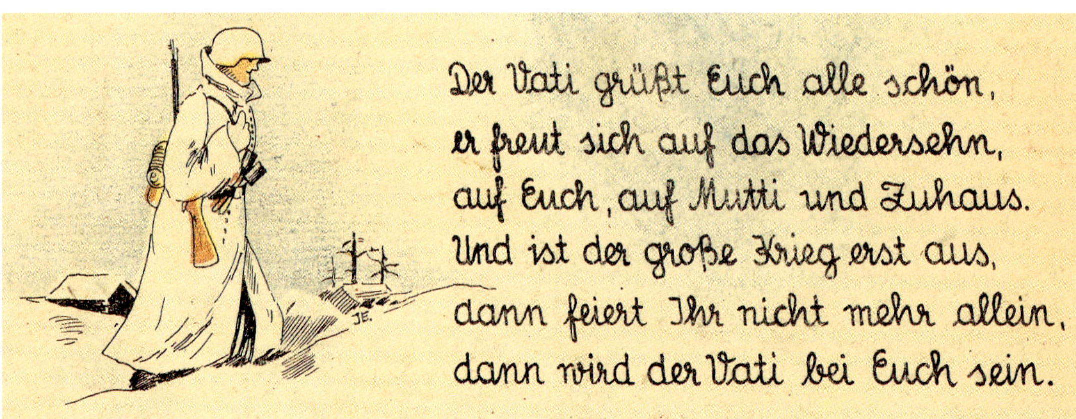

Ausschnitt aus einem Weihnachts-Bilderbuch für Soldatenkinder, 1943[40]

Das Oberkommando des Heeres ließ 1942 vom Heimatwerk Sachsen sogar bunte Anhänger für den Weihnachtsbaum entwerfen. Als Ausschneidebogen wurden sie dem Dezemberheft der *"Soldatenblätter für Feier und Freizeit"* beigeheftet[30c]. Die betont heiteren Motive sollten optimistisch stimmen und an die Familie zu Hause erinnern. Die Botschaft war eindeutig:
"Ihr kämpft, damit Eure Kinder auch in Zukunft Weihnachten feiern können!"

Vom *"Erschließen eines neuen Lebensraumes im Osten"* war zu diesem Zeitpunkt schon längst nicht mehr die Rede. Angesichts der immer aussichtsloseren Kriegslage rückte stattdessen die *"Verteidigung der Heimat"* in den Mittelpunkt der weihnachtlichen Propaganda: *"Unser Kampf gilt dem Schutz von Mutter und Kind"* war die neue Legitimation dafür, dass dieser Krieg überhaupt geführt wurde.

Für die Familien zu Hause erwuchs daraus die moralische Verpflichtung zur uneingeschränkten Unterstützung der Front:
"Auch dafür, dass wir dieses Fest behalten und gestalten dürfen, stehen unsere Soldaten die Wacht!"[14]

Feldpostkarte, 1942[30c]
(mit Motiv vom Ausstellungsplakat "Weihnachten in dunklen Zeiten")

"Unser Kampf gilt dem Schutz von Mutter und Kind", WHW-Annonce, 1944

"Das stille Bild der Weihnacht: die Mutter und das Kind auf ihrem Schoß – dieses alte deutsche Bild geht wiederum hinaus nach Osten und Westen. In Nord und Süd wächst es aus den Soldatenherzen auf, und nur härter schließt die Faust sich um das Gewehr, nur schärfer ist der Blick nach vorn gerichtet! Denn dieses Bild erfüllten deutschen Friedens ist Auftrag, ist Verpflichtung, es zu schützen!"

Wolfgang Jünemann, in: Deutsche Kriegsweihnacht, 1943, S. 99[14A]

Titelblatt der Zeitschrift "Deutsche Kriegsopferversorgung", 1936

Und wieder senkt sich eine stille Nacht
auf weites Land mit ihren dunklen Schwingen,
und wieder werden Kinderstimmen singen
und Kinderaugen staunen in der Kerzenpracht.

Und wie im Frieden liegt das Heimatland!
Noch keinem Feinde ist es je gelungen,
daß er in unsre Heimat eingedrungen,
weil Deutschlands Wehrmacht auf der Wache stand,

und weil die Heimat mit der Front vereint
bei Tag und Nacht ihr Bestes hat gegeben!
Wir wissen, daß wir unsern Sieg erleben,
so sicher, wie die Sonne wieder scheint.

Nicht jeder kann daheim sein, Kamerad,
für die geliebte Heimat gilt's zu wachen.
Uns aber dankt glückſel'ges Kinderlachen –
dafür, Kameraden, sind auch wir Soldat!

UNTEROFFIZIER FRITZ A. KÖRBER

IN: SOLDATENBLÄTTER FÜR FEIER UND FREIZEIT, 1941 [▸30B]

7. Weihnachten an der Heimatfront

Zelle 264 b

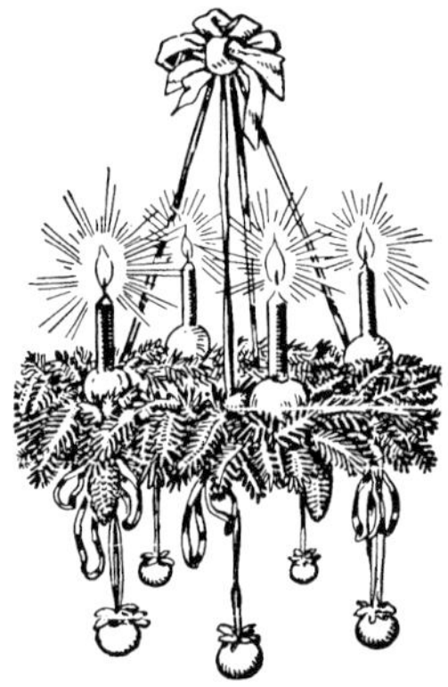

NS Frauenschaft der Ortsgruppe Siegestor

Hauptstadt der Bewegung im Dezember 1940

An das Mitglied Fr. Meyer Leopoldstr. 38/2

Liebe Kameradin!

Wir laden Sie diesmal besonders herzlich zu unserer „Vorweihnachtlichen Feierstunde" ein, die am Sonntag den 15. Dez. pünktlich nachm. 3 Uhr in der Gaststätte „Großer Wirt" stattfindet. Es wird gebeten eine halbe Stunde früher zu kommen; Familienangehörige, Kinder ab 5 Jahren und Gäste sind von Herzen willkommen.

Bei der Feier wirken mit:

Kammersängerin Frau Gabriele Englerth, HJ. und BDM.

Diese Feierstunde soll uns durch ihre Darbietungen für Stunden über den Alltag hinausheben und uns neue Kraft geben, tapfer und glaubensvoll das schwere Ringen des Vaterlandes in vollstem Vertrauen auf den Führer durchzuhalten.

Heil Hitler!

Marga Gruber
k. Frauenschaftsleiterin
und Führerin
des Deutschen Frauenwerkes

Die Einladung bitten wir am Saaleingang abzugeben.

Einladung zu einer Weihnachtsfeier der NS-Frauenschaft, 1940

Weihnachten an der Heimatfront

Dem "deutschen Soldaten" als Idol der Kriegspropaganda entsprach die "deutsche Mutter" auf Seiten der Heimatfront. Doch das nationalsozialistische Idealbild der nicht berufstätigen, treusorgenden Ehefrau und Mutter inmitten einer harmonischen Familie hatte mit der Realität während des Krieges nicht mehr viel gemeinsam.

Zu der Angst um die Männer an der Front kamen die vielfältigen Belastungen des Alltags, die es nun – auf sich allein gestellt – zu meistern galt: die Erziehung der Kinder, die Versorgung alter und kranker Familienangehöriger, Versorgungsengpässe bei Lebensmitteln, Kleidung und Brennstoffen, die Nächte im Luftschutzkeller, ausgebombt werden und darüber hinaus noch zusätzliche Arbeitsverpflichtungen, etwa in der Rüstungsindustrie oder für das Rote Kreuz.

Angesichts dieser Situation befürchtete das Regime nicht ohne Grund, dass sich die Frauen gerade zur Weihnachtszeit wieder stärker den Kirchen zuwenden könnten, um dort Trost und Hilfe zu finden. Eine positive, festliche Stimmung aufrecht zu erhalten war deshalb das oberste Ziel der Propaganda. Als moralisches Druckmittel dienten dabei vor allem die Kinder. Ihnen zuliebe sollten die Mütter nicht nur alle Entbehrungen geduldig auf sich nehmen, sondern ihnen auch so lange wie möglich die Fassade einer "heilen Welt" erhalten.

"Mögen Krieg und Vernichtung heute in der Welt toben, mag jeder in Deutschland, ob Mann oder Frau, sich panzern müssen bis ans Herz mit Härte und dem Willen, diesen Kampf bis zum Sieg zu bestehen – unsere Kinder sollen dieses deutscheste aller Feste so schön und innig feiern wie nur möglich. Um unsere Kinder führen wir diesen Krieg, für sie ertragen wir Entbehrungen und Gefahr, ihre Augen aber sollen in dieser Weihnachtszeit hell bleiben und lachen in Erwartungsfreude und Weihnachtsglück. (...)

Wenn in den meisten Familien der Vater jetzt im Felde steht, wenn oft sogar das eigene Heim verlassen werden musste in der Not des Krieges, ja selbst dann, wenn der Tod mit harter Hand schmerzliche Lücken in die Familie gerissen hat – die deutsche Mutter wird dennoch schützend ihre Hand halten über Kinderfreude und Kinderland in dieser Weihnachtszeit. Das stille und oft sorglose Glück ihrer Kinder ist ja für jede Mutter selbst, aber zugleich auch für den Mann an der Front das schönste Weihnachtsgeschenk."

in: Kalender "Vorweihnachten", 1943*1

"Liebe deutsche Mutter!
Die harte Zeit des Kampfes für die Zukunft deiner Kinder macht es dir nicht einfach, ihnen eine schöne Vorweihnachtszeit zu schenken. (...) Unser Kampf geht ja auch um das Weiterbestehen der innigen und heiligen deutschen Familiengemeinschaft, und wie tief sie ist, hängt doch ganz und gar von dir, der Mutter, ab."

in: Kalender "Vorweihnachten", 1942*1

"Als ihr der Ostwind hart den ersten nahm,
da sagte sie: Noch hab' ich ihrer zwei.
Und als die Kunde von dem zweiten kam,
da sprach sie: Hatte ich nicht ihrer drei?
Doch als der dritte in die Kugel lief,
da hielt sie zitternd in der Hand den Brief
und schwieg.
Dann sah sie auf, in ihren Tränen groß,
und sprach: Noch einen trage ich im Schoß.
Mit dem besiege ich den Krieg."

Gedicht zum Muttertag,
in: NS-Frauenwarte, 1941,
zitiert nach*39

"Für unsere Soldaten – Weihnachtspakete des BdM"
in: Deutsche Kurzschrift-Illustrierte, 1939

Zwischen Angst und Zuversicht – Feldpost im Dienst der Propaganda

Das wichtigste Bindeglied zwischen Front und Heimat war die Feldpost – nicht umsonst wurde ihr gerade zur Weihnachtszeit von offizieller Seite aus besondere Beachtung geschenkt. Obwohl die Flut der Briefe und Päckchen quer durch den Kontinent eine enorme logistische Aufgabe darstellte[2], hieß die Parole: *“Kein deutscher Soldat soll Weihnachten ohne ein Päckchen aus der Heimat verbringen”*[3]. Ganz offensichtlich versprach sich die Heeresleitung davon einen positiven Einfluss auf die Truppenmoral und den Durchhaltewillen an der Front.

In den Illustrierten und Familienzeitschriften zeigten Bildergeschichten Schritt für Schritt, wie ein solches Paket fachgerecht gefüllt und auf den Weg gebracht wurde (vgl. dazu[4–6]). Empfehlenswerte “Liebesgaben” waren z.B. Dauerwurst und Konserven, Zigarren oder Tabak, Selbstgestricktes wie Socken, Schal und Pulswärmer, Süßigkeiten sowie Lektüre in Form kleiner, handlicher “Feldpostausgaben”[7,8].
Die kleinen Geschenke sollten Freude bereiten und eine willkommene Abwechslung in den soldatischen Alltag bringen. Auf keinen Fall durfte jedoch der Eindruck entstehen, die Soldaten litten unter mangelnder Versorgung und hätten nicht genug zu essen[9]. Deshalb waren Größe und Anzahl der zu verschickenden Pakete streng limitiert, was wiederum den Erfindungsgeist der Absender herausforderte[10].

So stellte eine Besucherin der Ausstellung *“Weihnachten in dunklen Zeiten”* ein besonderes Exponat als Dauerleihgabe zur Verfügung: Eine kleine Backform im Format 15x9x3 cm, die sich ihre Mutter extra hatte anfertigen lassen, um darin kleine Kuchen für den Ehemann und den Bruder in Russland zu backen – so passten sie ganz exakt in ein Feldpostpäckchen der damaligen Zeit[11]. Auch die Industrie entdeckte die Feldpost als Marktlücke: *“Darüber freut sich der Soldat”* versprachen Zeitungsinserate und empfahlen u.a. Mundwasser, Hustenbonbons und Fußpuder zur Weitersendung an die Front (vgl. dazu[12–16]).

Das Oberkommando des Heeres hatte ein Nummernverfahren ausgearbeitet, das die Feldpost-Anschrift vollkommen tarnte:

> *“Sendungen an Soldaten dürfen nur Dienstgrad und Namen des Empfängers sowie die fünfstellige Feldpostnummer seiner Einheit tragen.”*

Feldpostvorschrift Nr. 54, 1938[2]

FELDPOST-ANSCHRIFT

In der Regel durfte ein Feldpostpäckchen bis 1 kg schwer sein – für Sendungen in entlegene Kriegsgebiete galten jedoch Beschränkungen:

> *“Um überhaupt ein Feldpostpäckchen erhalten zu können, bekamen die Soldaten Zulassungsmarken. Ein solches Feldpostpäckchen durfte nur 100 g schwer sein und hatte die Abmessungen 15,5 x 9,5 x 3 cm. Zu Weihnachten füllte meine Mutter für ihre Brüder in Russland, Polen, Norwegen und auf Kreta diese Päckchen mit sehr trockenem, dünn geschnittenen Schinken. Was sollte man bei 100 g sonst schicken? Für meinen Schwager Heinrich Brune war ein Feldpostpäckchen mit 100 g Spritzgebäck gefüllt und erreichte ihn erst drei Tage vor Ostern.”*

Erinnerung von Anni Berief-Wiesing, zitiert nach[10]

DIVERSE ANZEIGEN FÜR FELDPOST-GESCHENKE ▸12–16

Den Lieben
in der Heimat!

Recht schönen Dank für Eure Gaben.
Ich hatte viele Freud' damit,
Ihr sollt die schönsten Grüße haben
Und obendrein dies Feldpostlied!

Wie es mir ginge, wollt Ihr wissen?
Und ob ich etwas nötig hab'?
Wir haben niemals darben müssen,
Ich habe alles, und nicht knapp!

Ob wir im Bunker oder Graben
Die Pflicht erfüll'n mit Herz und Hand,
So lang wir Euch im Rücken haben,
Kann ruhig sein das Vaterland!

Laßt nur die Feinde droh'n und zetern,
Die Leier ist schon ziemlich alt,
Wir lauern hier mit Donnerwettern
Und alles andre läßt uns kalt.

Sonst hätten wir Euch nichts zu sagen,
Nur eines: grüßt mir Kind und Frau,
Und meckert nicht an trüben Tagen,
So will's der Führer ganz genau!

FELDWEBEL D. GLASSNER

"Soldatendank"
in: Soldatenblätter für Feier und Freizeit, Kriegsweihnachten 1940[*9]

"Weihnachtsfeldpost rechtzeitig abschicken!"
in: Illustrierter Beobachter, 15. Jahrgang, Heft 50, 1940, S. 1360

(...) Wenn Du auch dieses Jahr wieder nicht an diesem schönsten und innigsten unserer Feste bei uns sein kannst, so weißt Du doch, mein Liebster, dass all meine Gedanken und liebsten Wünsche gerade an diesem Abend bei Dir sind, und wenn ich in die hellen Augen unseres Kindes sehe, dann ist darin Dein Herz auch bei uns! Und trotz unserer Trennung wird uns beiden gerade in diesem Jahre wohl der tiefste Sinn der Weihnacht doppelt klar werden, ist er doch in unserem Bübchen für uns lebendig geworden. Wenn wir beide getrennt durch Tausende von Kilometern die Weihnachtskerzen anzünden in diesem Jahr, dann sind unsere Herzen eins im Bewusstsein, dass so in diesen Kerzen die Winternacht erhellt wird, und nach dem harten Kampf mit all seinen Opfern der Sieg unser sein wird!

Fiktiver Brief einer Ehefrau an die Front, 1943[19]

Mein lieber Vati –
schade, dass du weggemusst hast, wo jetzt Weihnachten kommt. Ich ärgere mich, dass ich ein so kleiner Junge bin und nicht mitfahren kann. Die Mutti sagt, sie wäre froh, wenn ich da bin. Wenn sie beim Roten Kreuz ist, kann ich ihr zu Hause helfen. Gestern haben wir einen schönen Weihnachtsbaum gekauft. Ob du auch einen hast? Sag' mal, Vati, ob ich wohl einen Säbel bekomme und der Heinz einen Helm? Aber dann spielen wir Soldaten und wenn du wiederkommst, musst du uns zeigen wie man es richtig macht. Das wäre prima. Lieber Vati – grüße alle da draußen von mir und denkt am Weihnachtsabend an mich.
Dein Jürgen.

Fiktiver Brief eines Kindes an den Vater, 1940[20]
(siehe auch Original-Schriftsatz auf S. 149)

(...) Du bist auch Soldat, wie ich es war, mein Junge, und wirst es auch nicht schwerer tragen als ich damals. Mutter war besonders fleißig in dieser Zeit; ich habe sie wenig gesehen, denn jeden Abend war sie im Frauenwerk, Päckchen packen und Pantoffel für die Lazarette nähen. Ja, mein Junge, die ganze Heimat ist nur für Euch da, nicht nur in Gedanken, sondern in allem, was getan und geschafft wird. (...) Viel Arbeit haben wir ja mit allem, aber wir sind gesund und es geht uns gut. Not braucht keiner zu leiden. Mutter erinnert immer an die Zeit des Weltkrieges, als sie nicht wusste, womit sie die fünf hungrigen Mäuler satt machen sollte. Wie anders ist es doch heute, trotz der Einschränkungen auf vielen Gebieten, die aber zu der Not jener Zeit in gar keinem Verhältnis stehen. (...) Denn diese Zeit müssen wir durchkämpfen, wir Eltern zu Hause und ihr Jungen da draußen, geschenkt bekommen wir Deutsche nichts. Dass unser Opfer in keinem Verhältnis zu dem Euren steht, das ist mal klar, mein Junge, und darum wollen wir an diesem Weihnachtsabend mit doppelter Liebe an Euch da draußen denken. Auf ein frohes Wiedersehen hofft
Dein Vater

Fiktiver Brief eines Vaters, 1943[19]

Der Vater ist im fernen Land.
Wir haben Grüße ihm gesandt.
Wir gaben gerne ihm das Beste,
er soll sich freu'n am Weihnachtsfeste.
Ein Päckchen, sei's auch noch so klein,
bringt Freude jedem, der allein.
Der Kerzenschein macht jeden reich.
Ihr liebt den Vater und er euch.

in: Deutsche Jugendburg, 1940[5]

Kein noch so wertvolles Geschenk ersetzte jedoch die persönlichen Zeilen an den Ehemann, Vater oder Sohn in der Ferne. Wer befürchtete, nicht die richtigen Worte dazu zu finden, konnte sich an den vielen beispielhaft abgedruckten Briefen orientieren (vgl. dazu ‣17–22).
Trübsinnige Gedanken hatten darin keinen Platz – es galt, Zuversicht auszustrahlen.

Besonders überzeugend gelang dies wohl den Kindern, wenn sie in ihrer unbekümmerten Art dem "lieben Vati" von ihren kleinen Erlebnissen des Alltags berichteten. Hier entdeckten die Propagandisten der Heimatfront wieder einmal das Potenzial der kleinsten Volksgenossen.
Im Deutschunterricht ließ man gleich klassenweise Briefe an den *"lieben unbekannten Soldaten"* schreiben, die dann z.B. den Weihnachtspäckchen der NSDAP-Ortsgruppen beigelegt wurden‣23.
Denn sogar für die alleinstehenden Soldaten wurde gesorgt: um sie kümmerten sich die Frauenorganisationen und der Bund deutscher Mädel.

Feldpostbrief an den Onkel
Kalender "Vorweihnachten", 1943‣1

Neue Illustrierte
Nr. 51
1939
Wochenbeilage der
Zeitzer Neueste Nachrichten

"Das Weihnachtspaket für den Vater an der Front"
in: Neue Illustrierte, Nr. 51, 1939

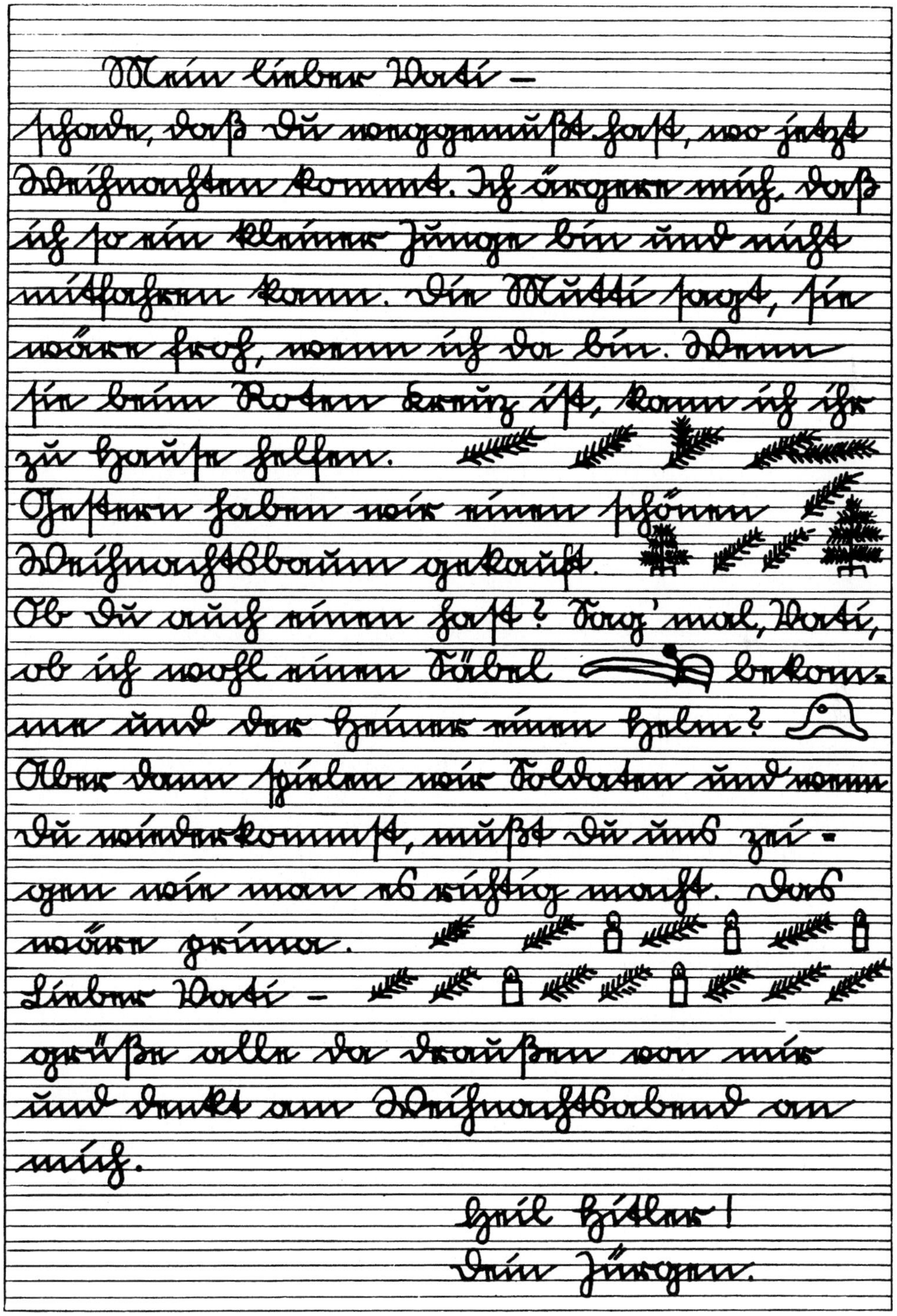

Mein lieber Vati –
schade, daß Du weggemußt hast, wo jetzt
Weihnachten kommt. Ich ärgere mich, daß
ich so ein kleiner Junge bin und nicht
mitfahren kann. Die Mutti sagt, sie
wäre froh, wenn ich da bin. Wenn
sie beim Roten Kreuz ist, kann ich ihr
zu Hause helfen.
Gestern haben wir einen schönen
Weihnachtsbaum gekauft.
Ob Du auch einen hast? Sag' mal, Vati,
ob ich wohl einen Säbel bekom-
men und der Heinz einen Helm?
Aber dann spielen wir Soldaten und wenn
Du wiederkommst, mußt Du uns zei-
gen wie man es richtig macht. Das
wäre prima.
Lieber Vati –
grüße alle da draußen von mir
und denkt am Weihnachtsabend an
mich.

Heil Hitler!
Dein Jürgen.

"Mein lieber Vati"
in: Soldatenblätter für Feier und Freizeit, Kriegsweihnachten 1940[*20]
(Transskription siehe S. 146, unten links)

Auf dem Heimabend. Mit Musik packen sich die Feldpostgrüße noch einmal so schnell und schön

Die Mädel wissen die Feldpost-Nummern ihrer Soldaten auswendig. Sie schreiben ihnen ja oft

Liebespäckchen für die Front

Jedes Päckchen wird mit Tannenzweigen geschmückt

Es macht Spaß, solche Feldpostpäckchen hinauszusenden. Die Soldaten werden sich freuen

So, nun kann das Päckchen verschnürt werden. Alles ist sorgsam gepackt

Zwei Mädel bringen die Päckchen zur Post. Von dort aus gehen sie dann hinaus ins Feld und bereiten Weihnachtsfreuden

"Liebespäckchen für die Front"

in: Deutsche Jugendburg A – Bilderzeitschrift für die Jüngsten, Nr. 3, Dezember 1940[6]

"Es klopft. Wir öffnen. Rektor Besken steht vor uns, um uns die freudige Mitteilung zu machen, dass wir Mädel der 8. Klasse einen Weihnachtsbrief an unsere Olper Soldaten schreiben dürfen. Ja, der beste soll sogar im 'Panneklöpper' gedruckt werden. (...) Nun begann in den nächsten Tagen das Wetteifern unter den 45 Mädeln; denn für jedes war es doch Ehrensache, den besten Brief zu haben, den alle Olper Soldaten lesen sollten, und ich will ganz ehrlich sein, jedes Mädchen war stolz darauf, seinen Namen gedruckt in der Soldatenzeitung zu sehen."

Aufsatz von Margret B., 1942[23]

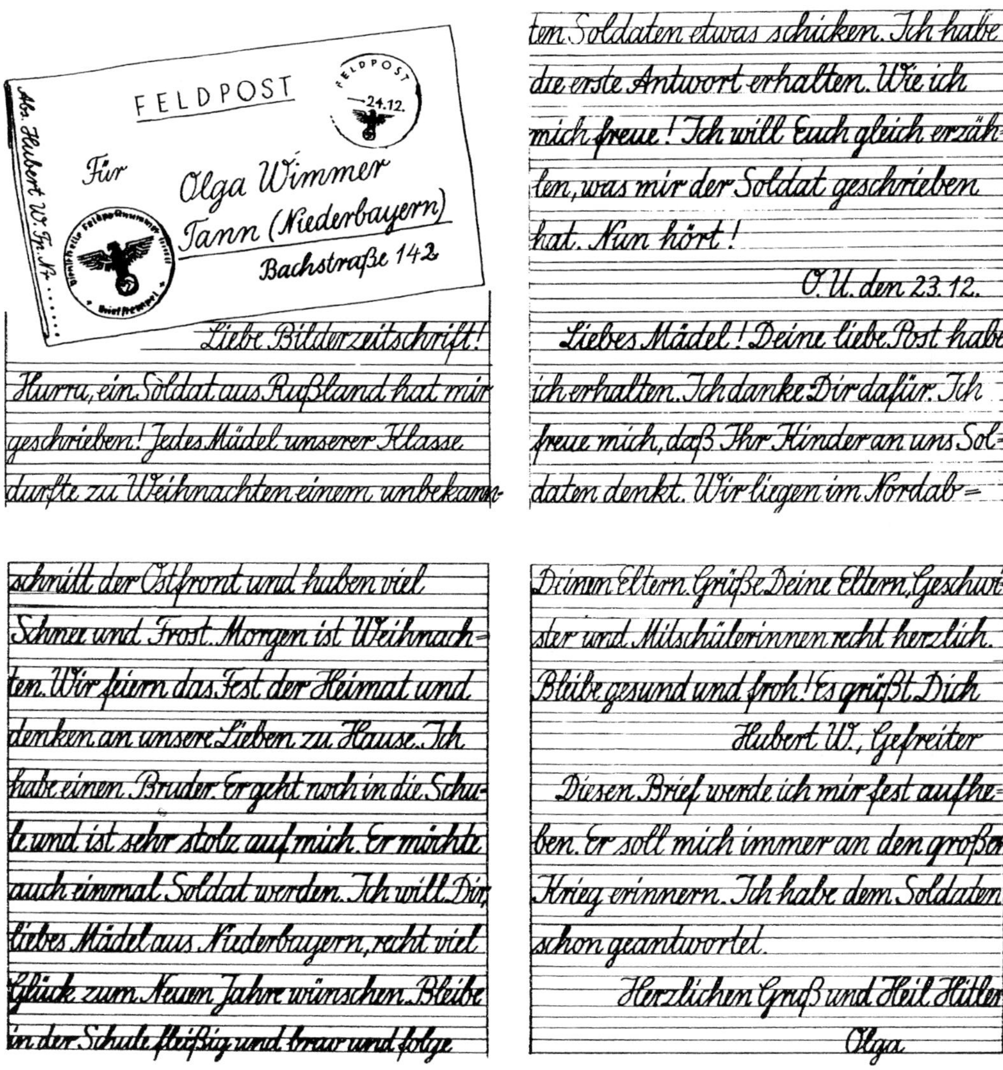

Liebe Bilderzeitschrift!
Hurra, ein Soldat aus Rußland hat mir geschrieben! Jedes Mädel unserer Klasse durfte zu Weihnachten einem unbekannten Soldaten etwas schicken. Ich habe die erste Antwort erhalten. Wie ich mich freue! Ich will Euch gleich erzählen, was mir der Soldat geschrieben hat. Nun hört!

O.U. den 23.12.

Liebes Mädel! Deine liebe Post habe ich erhalten. Ich danke Dir dafür. Ich freue mich, daß Ihr Kinder an uns Soldaten denkt. Wir liegen im Nordabschnitt der Ostfront und haben viel Schnee und Frost. Morgen ist Weihnachten. Wir feiern das Fest der Heimat und denken an unsere Lieben zu Hause. Ich habe einen Bruder. Er geht noch in die Schule und ist sehr stolz auf mich. Er möchte auch einmal Soldat werden. Ich will Dir, liebes Mädel aus Niederbayern, recht viel Glück zum Neuen Jahre wünschen. Bleibe in der Schule fleißig und brav und folge Deinen Eltern. Grüße Deine Eltern, Geschwister und Mitschülerinnen recht herzlich. Bleibe gesund und froh! Es grüßt Dich

Hubert W., Gefreiter

Diesen Brief werde ich mir fest aufheben. Er soll mich immer an den großen Krieg erinnern. Ich habe dem Soldaten schon geantwortet.

Herzlichen Gruß und Heil Hitler!

Olga

Feldpost für Olga Wimmer

in: Deutsche Jugendburg A – Bilderzeitschrift für die Jüngsten, 1943[24]

"Ich habe ihn gerade erwischt, wie er mit dem brennenden Christbaum ohne jede Abblendung nach drunten wollte …!"[25]

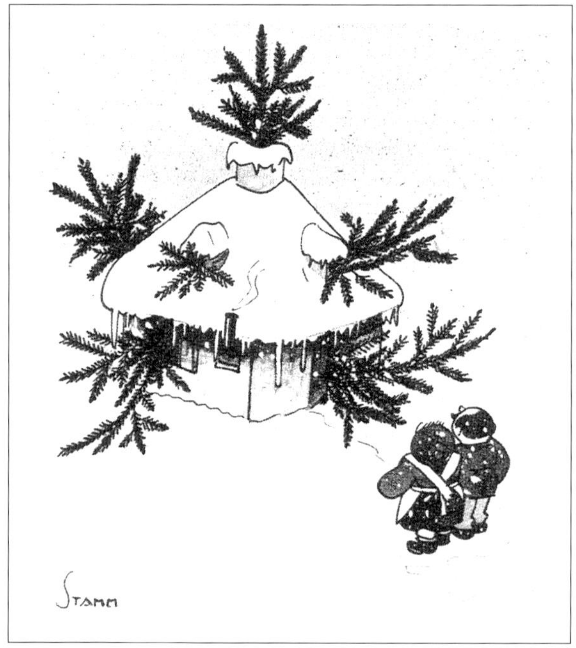

"Immer musst du den Baum erst kaufen, wenn alle kleinen Bäume weg sind! Wie machen wir's denn nun mit der Verdunkelung?"[25]

"Da muss bei der Verdunkelung der Weihnachtsmann die Hausnummern verwechselt haben …"[25]

"Verdunkelung" und "Kohlenklau" – Kriegsweihnachten in Witz und Karikatur

In den Zeitungen und Illustrierten sollten lustige "Cartoons" dabei helfen, kriegsrelevante Informationen bekannt zu machen, sowie Ängste und Bedrohungen zu thematisieren und zu verarbeiten (vgl. dazu ▸25–30). Zur Weihnachtszeit ergab sich der Humor solcher Zeichnungen aus dem offensichtlichen Gegensatz zwischen dem Idealbild vom Fest des Lichtes und des Überflusses und der Realität, wie sie sich z.B. in "Verdunkelung" und "Bezugsscheinen" darstellte:
"Humor ist, wenn man trotzdem lacht."

Außerdem machten die Zeichnungen unmissverständlich klar, dass die Spielregeln des deutschen Kriegsalltags für jedermann ohne Ausnahme galten – selbst das Christkind und der Weihnachtsmann hatten sich strikt daran zu halten. Da konnte es auch schon einmal vorkommen, dass der Weihnachtsmann infolge der Verdunkelung die Gabentische verwechselte. Und ohne Bezugsschein war es selbst für himmlische Gabenbringer unmöglich, eine neue Krawatte zu organisieren. Ebenso wurde das "Hamstern" von Vorräten als unsoziales Verhalten gegenüber der Volksgemeinschaft gewertet.

"Wie sauber Du das Lametta über die Äste hängst!" – "Tja, ich hänge ja auch bei der Nachrichtentruppe die Drähte über die Bäume!" ▸29

Mit spöttischer Selbstironie kommentierten die Zeichner aber auch das häufige Auftreten des sogenannten *"Kohlenklaus"* – einer Fantasiegestalt, mit deren Hilfe die Bevölkerung zu Sparmaßnahmen angehalten werden sollte. In kleinen, aber eindrucksvollen Rechenbeispielen führte er den Deutschen vor Augen, wie viel Brennstoff der Nation z.B. durch zugige Fenster und undichte Ofenrohre verloren ging, also somit dem *"Kohlenklau"* zum Opfer fiel. Der struppige Bart und ein großer Beutesack waren sein Markenzeichen, was am Jahresende durchaus zu Verwechslungen führen konnte.

Soldaten auf Weihnachtsurlaub waren ebenfalls ein beliebtes Thema der Karikaturisten – so manche lustige Situation entstand aus dem Aufeinandertreffen von militärischen und zivilen Denk- und Verhaltensweisen. Indirekt warb man so um Verständnis für die Heimkehrer, denen die Umstellung auf das Familienleben für meist nur kurze Zeit auch erhebliche Schwierigkeiten bereitete.

Kritik am Regime gab es nur selten einmal, wenn die eine oder andere Zeichnung durch die Maschen der Zensur rutschte – etwa, wenn 1944 als "letztes Aufgebot" selbst der Weihnachtsmann zum Volkssturm eingezogen wurde.

"Ja, da schau hear! Weihnachtsmann, ham's di jetzt an zum Volkssturm einzoga?" – "Klar, dia holen doch au jeda. Drum hab i au heit mei Panzerfaust mitgnomma!" ▸30

"Er hat sich eine Krawatte gewünscht. Soll er haben! – Aber wo steckt bloss die Kleiderkarte?" ▸25

Kartenstelle, 24. Dezember: "Lassen Sie man ruhig den Quatsch, Herr! Sie sind heute schon der dritte, der mit 'nem alten Stiefel und der doofen Maske hier versucht, die Weihnachtsstimmung auszunützen ..." ▸26

"Mach dir nichts draus, Oskar, die haben bestimmt Schnee gehamstert ..." ▸27

"KINDER, WAS HABEN WIR GELACHT! DER CHEF KOMMT MIT'M SACK AUF'M BUCKEL
UND WATTE IM GESICHT ALS KNECHT RUPRECHT PERSÖNLICH
ZU UNSERER KLEINEN WEIHNACHTSFEIER IM BETRIEBSKINDERGARTEN,
BAUT SICH VOR DEN DREIKÄSEHOCHS AUF UND FRAGT MIT TIEFER STIMME:
'WER BIN ICH?', DA BRÜLLT DIE GANZE BANDE:
'KOHLENKLAU, KOHLENKLAU ...' " ▸28

▸28

Anzeige "Dujardin"
in: Das Illustrierte Blatt, Nr. 51, 1940[32]

"Geschenke aus Resten" – Der Gabentisch in Kriegszeiten

Im Verlauf des Krieges wurden immer mehr Firmen gezwungen, ihre Produktion einzustellen oder für den Rüstungsbedarf zu arbeiten. Nach einer Verordnung des Reichskommissars für Rüstung und Kriegsproduktion vom 21. August 1944 betraf dies sogar die Hersteller von Spielzeug und Christbaumschmuck[▸31]. Anstelle von Weihnachtskugeln wurden nun Flakscheinwerfer verspiegelt, anstelle von Holzspielzeug z.B. Munitionskisten gezimmert.

In den Zeitschriften erschienen seltsame Anzeigen: Sie warben für Geschenke, die es eigentlich schon gar nicht mehr gab. Ob "Dujardin"-Weinbrand oder "Stricker"-Fahrräder – wenigstens die Markennamen sollten sich den Menschen für die Zeit nach dem Krieg einprägen (vgl. dazu[▸32–35]).

Auf ihren Heimabenden bastelten Hitlerjugend, Bund deutscher Mädel und das NS-Frauenwerk gemeinsam Weihnachtsgeschenke. Von offizieller Seite wurden solche Aktivitäten gefördert – sie stärkten das Gemeinschaftsgefühl und lenkten die Menschen für einige Stunden vom traurigen Kriegsalltag ab.

Vor allem die Mütter bewiesen viel Improvisationstalent, um ihren Kindern doch noch die eine oder andere Weihnachtsüberraschung zu bereiten: kaputtes Spielzeug wurde heimlich repariert, die alte Puppenstube neu eingerichtet oder aus einem abgetragenen Mantel warme Kinderkleidung geschneidert[▸36].

ANZEIGE "STRICKER-RÄDER"
IN: DIE WEHRMACHT, NR. 26, 1941[▸33]

Vor Weihnachten

Abends, wenn schon alle schlafen,
surrt noch immer die Maschine,
fliegt noch immer hell die Nadel
für die Puppe Melusine.
Und die Puppe Melusine
wird zu Weihnacht Herta heißen,
wird mit neuen blonden Locken
und mit Seidenroben gleißen.
Keiner wird sie noch erkennen,
und sie wird sich nicht verraten,
denn sogar die neuen Augen
sind ganz wunderhübsch geraten.

in: Weihnacht 1943[▸37]

GESCHENKE AUS RESTEN: PUPPENWAGEN UND STECKENPFERD

Brigitte findet Rat

Ihr Sprößling wünscht sich zu Weihnachten einen warmen Winteranzug mit langen Sporthosen. Neuer Stoff steht nicht zur Verfügung, wohl aber ein alter Mantel. Der kleine Ultra-Schnitt KK 1839 in Größe 3, 5, 7 ist hierfür günstig. Die Uebersicht zeigt, wie man die Schnitteile auf den zertrennten Mantel auflegt. Achten Sie darauf, daß die Beinkleider gestürzt aufgelegt sind, damit die kleineren Schnittteile noch daneben abfallen. Der obere Beinkleidrand liegt also am unteren Mantelrand.

KK 1839

Sie suchen ein Weihnachtsgeschenk, das nichts kostet? Zerschneiden Sie doch alte Strumpflängen spiralförmig in schmale Streifen und häkeln Sie eine Einholetasche. Die erfreut jede Hausfrau.

Schnitte zu allen Abbildungen sowie zu einem Morgenrock, Bettjäckchen und Herrenwäsche nebst Hausjoppe auf dem Bogen.

"Brigitte findet Rat"
in: Das Blatt der Hausfrau, Dezember 1943[36]

"Überall in den deutschen Gauen sind Jungen und Mädel eifrig bemüht, den Ausfall der Spielzeugfirmen, die für den Rüstungsbedarf arbeiten, wettzumachen, damit von ihnen zum Weihnachtsfest alle Soldatenkinder beschenkt werden können."

in: Neue Illustrierte Zeitung, Nr. 50, 1942

"So zaubern überall im Reich die Mädel aus unscheinbaren Resten, Kisten und Leisten reizende Dinge, die Kinderherzen beglücken."

in: Neue Illustrierte Zeitung, Nr. 50, 1943

BdM-Mädel bastelt für Weihnachten, mit Zitaten aus der "Neuen Illustrierten Zeitung"

"Geschenke zum Basteln"
in: Kalender "Vorweihnachten", 1943[*1]

So backen wir gut mit wenig Fett!

Napfkuchen mit Quark

Zutaten: 125 g Butter, 200 g Zucker, 2 Päckchen Dr. Oetker's Vanillinzucker oder 1 Fläschchen Dr. Oetker's Backöl Zitrone, 2 Eier, 250 g Quark, 350 g Weizenmehl, 1 Päckchen Dr. Oetker's „Backin", 75 g Mandeln, 75 g Rosinen.

Zubereitung:

Die Butter rührt man mit dem Zucker und dem Gewürz schaumig, fügt den abgelaufenen, durch ein Sieb gestrichenen Quark hinzu und rührt etwa 10 Minuten. Dann gibt man die ganzen Eier und das mit dem „Backin" gemischte und gesiebte Mehl hinein. Zuletzt untermengt man die

“So backen wir gut mit wenig Fett!”

Rezeptheft von Dr. Oetker, 40er Jahre[44]

"Ohne-alles-mit Essig" – Die Propaganda-Weihnachtsbäckerei

"Man nehme ..." – So beginnen alle guten Rezepte zum Kochen und zum Backen. Aber im Krieg war alles anders. Auch die Weihnachtsbäckerei[38,39]. Man nehme? Woher denn? Auf Rosinen, Kakao, Zimtstangen und Zitronat konnte man getrost einmal verzichten, aber wenn selbst die Grundnahrungsmittel knapp wurden? Und wenn Kohle oder Holz für den Ofen fehlten?

Dennoch: Zur Weihnachtszeit schien für viele Parteigenossen mit ihren Durchhalte-Parolen nichts schlimmer zu sein als der Verzicht auf selbstgebackene Plätzchen zum Fest – das wäre ja fast einer Kapitulation gleichgekommen. So versorgte der "Reichsausschuss für Volkswirtschaftliche Aufklärung" die deutschen Hausfrauen mit praktischen Rezepten zum Fett-, Mehl- und Eiersparen (vgl. dazu[40–41]). Auch die Hersteller von Backzutaten reagierten mit sogenannten "zeitgemäßen" Rezepten auf die immer schlechter werdende Versorgungslage (vgl. dazu[42–45]). Dazu gab es allerlei "Tricks" für die Weihnachtsbäckerei:

- Der Teig für Plätzchen und Kuchen konnte mit geriebenen Möhren gestreckt werden.
- Für Lebkuchen und Pfeffernüsse wurde aus Buttermilch und Zucker ein "Kunsthonig" gekocht.
- In der Festtagstorte steckte "falsches Marzipan" – aus Kartoffelmasse mit Bittermandelaroma!
- Und anstelle von Zitronat empfahl man in kleine Stückchen geschnittenen Kürbis.

"Das Backen in Kriegszeiten ist eine Aufgabe, die unsere wackeren Hausfrauen auch diesmal meistern werden. Die Frage: 'Soll man heute überhaupt backen?' ist schon durch die Erfahrungen des Weltkrieges unbedingt zustimmend beantwortet worden. Gerade in Zeiten des Mangels kann die Hausfrau durch einfache, aber wohlschmeckende Gebäcke die so sehr erwünschte Abwechslung schaffen."

aus einem Rezeptheft von Dr. Oetker, um 1940[43]

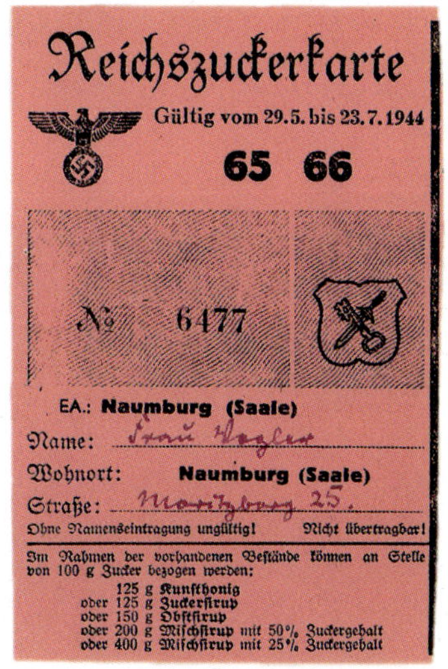

Reichszuckerkarte
Gültig vom 29.5. bis 23.7.1944
65 66
№ 6477
EA.: Naumburg (Saale)
Name:
Wohnort: Naumburg (Saale)
Straße:
Ohne Namenseintragung ungültig! Nicht übertragbar!

Im Rahmen der vorhandenen Bestände können an Stelle von 100 g Zucker bezogen werden:
125 g Kunsthonig
oder 125 g Zuckersirup
oder 150 g Obstsirup
oder 200 g Mischsirup mit 50% Zuckergehalt
oder 400 g Mischsirup mit 25% Zuckergehalt

Reichs-Zuckerkarte

"Die deutsche Hausfrau sieht sich in dem Lebenskampf des deutschen Volkes plötzlich in die vorderste Linie der Abwehrschlacht gestellt. Die Lebensmittelkarten gewährleisten ihr den Bezug von Lebensmitteln, die ausreichend sind, um ihre Familie und sich gesundheitsgemäß zu ernähren. Wenn wir das in der richtigen Weise tun, dann haben wir bereits eine große Schlacht für unser deutsches Volk an der Blockadefront gewonnen."

aus einem Rezeptheft der neuform GmbH, um 1940[42]

Bürgerliches Kochrezept

"Man nehme die Fleischkarte, wälze sie in der Eierkarte und brate sie in der Butterkarte schön braun. Die Kartoffelkarte und die Gemüsekarte werden gekocht, und die Mehlkarte hinzugesetzt. Um schnell und intensiv zu kochen, lege man die Kohlenkarte und Spirituskarte darunter und zünde sie an. Als Nachtisch brühe man die Kaffeekarte auf und füge die Milchkarte hinzu. Feinschmecker lösen die Zuckerkarte darin noch auf. Nach dem Essen wäscht man sich mit der Seifenkarte und trocknet sich an dem Bezugsschein."

Glosse eines unbekannten Verfassers, 40er Jahre[46]

Auf einfache Art kann man aus folgenden Zutaten einen "Kunsthonig" herstellen, den man genau wie Sirup oder Honig verwenden kann:
½ Liter Buttermilch,
250g Zucker,
etwas Zimt oder Vanillezucker
werden unter Rühren 20–30 Minuten gekocht.
Man erhält etwa 300g fertigen Honig.

Reichsausschuss für Volkswirtschaftliche Aufklärung, um 1940 [40]

"Ohne-alles-mit Essig"

In einem Kohleherd, der im Haus von Freunden stand, backten wir "Knusperplätzchen". Das Kriegsrezept sah ein Ei vor, das man durch Milch ersetzen konnte, die Milch ließ sich durch Magermilch ersetzen; als auch die verbraucht war, nahmen wir Wasser; der Zucker wurde durch braunen Rohzucker, dann durch Süßstoff ersetzt, das weiße Weizenmehl durch graues Roggenmehl, unersetzlich blieb der Löffel Essig als Treibstoff. Später nannten wir dieses Gebäck "Ohne-alles-mit Essig".

Christine Brückner,
in: Weihnachten 1945 –
Ein Buch der Erinnerungen [47]

Graupen-Krokant

1 Esslöffel Zucker,
½ Esslöffel Rollgraupe,
1 kleine Messerspitze Fett,
Aroma nach Belieben,
1 kleine Prise Salz.
Alle Zutaten mischen, unterrühren, solange kochen, bis die Karamellmasse anfängt zäh zu werden. Rasch auf ein befeuchtetes Papier streichen, nach dem Erkalten auseinanderbrechen.

in: Reese-Weihnachtsrezepte [45]

Falsche Marzipankartoffeln

4 Esslöffel Puderzucker,
4 Esslöffel Grieß,
1 kleine Pellkartoffel,
2 Esslöffel Wasser,
etwas Bittermandelaroma.
Wasser, Grieß und die geriebene Kartoffel eben aufkochen lassen, abgekühlt mit Zucker verkneten, formen und in Kakaopulver wälzen.

in: Wir backen für
Feldpostpäckchen, 1942 [48]

Maisgrieß-Makrönchen

1 Ei,
1–2 Esslöffel Wasser,
100g Zucker,
1 Päckchen Vanillin-Zucker,
etwas Bittermandelaroma,
1 Prise Salz,
100g Maisgrieß,
100g Mehl,
1 Teelöffel Backpulver.
Eigelb und Wasser schaumig rühren, Gewürze, Grieß und das mit Backpulver gesiebte Mehl unterrühren. Zuletzt den Eischnee unterheben. Kleine Häufchen auf vorbereitetes Blech setzen, bei Mittelhitze ca. 25 Minuten backen.

in: Reese-Weihnachtsrezepte [45]

- *Ein Ei lässt sich in vielen Fällen durch einen Löffel Milch ersetzen.*
- *Zitronensaft ist durch ein wenig Rhabarbersaft zu ersetzen.*
- *Man spart Butter, Fett oder Margarine, wenn man die Hälfte der vorgeschriebenen Butter durch die gleiche Menge geriebener, am Tag zuvor gekochter Kartoffeln ersetzt. Man kann auch Quark oder saure Milch verwenden und dadurch etwa die Hälfte der Butter oder Margarine sparen.*

Ratschläge vom "Reichsausschuss für Volkswirtschaftliche Aufklärung" [41]

Mit der Plätzchenbäckerei sollte "Normalität" signalisiert werden, und das nicht nur an der Heimatfront: Als unverzichtbarer Bestandteil eines jeden Feldpostpäckchens sollten die Lebkuchen und Spekulatius fröhliche Stimmung und Zuversicht bis in die Schützengräben tragen[48]. Wenn zu Hause noch gebacken wurde – dann konnte doch alles noch gar nicht so schlimm sein!

Plätzchen-Form "Eisernes Kreuz"

Anzeige für "Milei"
in: Die Wehrmacht, Nr. 26, 1941[49]

Schachtel für Plätzchenformen mit Feldpost-Motiv und der Aufschrift: "Willst du grosse Freude machen, schicke selbstgeback'ne Sachen"

8. Weihnachten zwischen Kapitulation und Wirtschaftswunder

Holzschnitt "Weihnachten 1947" ▸14

"Vorüber ist nicht vorbei" – Weihnachten nach 1945

Dezember 1945: Der Krieg war zu Ende; trotzdem war die Stimmung in Deutschland alles andere als weihnachtlich. Amerikanische Beobachter berichteten ihren Dienststellen, dass auf Seiten der Bevölkerung weder Euphorie über die Beendigung des Krieges herrsche, noch Abneigung oder gar Widerstand gegen die Besatzer – stattdessen Apathie und Resignation[1].

Es schien, als ob die Menschen die Botschaft "Friede auf Erden" erst langsam wieder begreifen lernten. Aber wie sollte man auch Weihnachten feiern angesichts der schrecklichen Bilanz dieses von Deutschland verschuldeten Krieges: Die Zahl von ca. 50 Millionen Kriegstoten ist für den Verstand unfassbar[2,3], ebenso wie die grausame Gewissheit, dass 6 Millionen Juden von der Vernichtungsmaschinerie des Dritten Reiches brutal ermordet worden sind.

Dazu kam die Verzweiflung über die eigene trostlose Situation. Nahezu jede Familie hatte Angehörige verloren, 11 Millionen Väter, Brüder, Ehemänner waren vorerst in Kriegsgefangenschaft[3]. Besonders schlimm war die Situation in den ausgebombten Städten: Millionen Menschen waren obdachlos, in den Trümmern gab es keine Elektrizität, Lebensmittel waren streng rationiert. So war das erste Weihnachtsfest im Frieden überschattet von der bangen Frage: Wie können wir überleben?

Vielleicht hätte Weihnachten 1945 ein Anlass sein können zum Innehalten, zum Nachdenken über Fragen nach Schuld und persönlicher Verantwortung, wie es einzelne mutige Stimmen forderten[4]. Doch die öffentliche Auseinandersetzung hierüber blieb weitgehend aus.
Die Gedanken der Menschen kreisten um die Sicherung der einfachsten existenziellen Bedürfnisse. Zahlreiche autobiografische Aufzeichnungen über Weihnachten 1945 berichten immer wieder von den gleichen Herzenswünschen in Erinnerung an die erste "Friedensweihnacht": Ruhe, Wärme, Essen[5].

Auch Weihnachten 1946 erlebten viele Deutsche noch trostloser als in den Kriegsjahren zuvor: Es war der härteste Winter seit langer Zeit. Angesichts dieser Not erklärte Kardinal Frings, der Erzbischof von Köln, es in seiner Silvesterpredigt 1946 sogar für erlaubt, Lebensnotwendiges zu nehmen, wenn es weder durch Arbeit noch durch Bitten zu bekommen sei. So manches Zimmer wurde da zum Fest mit "gefringsten" – also geklauten – Kohlen beheizt. Wer nichts zum Heizen fand, verbrachte Weihnachten angezogen im Bett oder in einer der öffentlichen Wärmestuben.

"Wenn von den Opfern des Zweiten Weltkriegs gesprochen wird, so ist von vielen Millionen die Rede: Von Millionen Gefallener, Gefangener, Vermisster, von Millionen Ermordeter, Ausgebombter, Geflüchteter. So wichtig es ist, dass wir uns diese Zahlen immer wieder in Erinnerung rufen, so sehr macht mich die Anonymität der blanken Ziffern betroffen. Die Zahlen auszusprechen ist allzu leicht. Das von jedem Einzelnen dieser Millionen Erlittene zu benennen, ist nicht möglich. Wir können uns das Geschehene nur durch Beispiele vergegenwärtigen."

Eva Berthold, 1981[3]

"Ich habe niemals deutlicher als in diesen Monaten um Weihnachten 1945 herum die Wahrheit erfahren, wie sehr die Umwelt das Bewusstsein bestimmt, oder um es drastischer und mit Bert Brecht zu sagen, wie sehr das Fressen vor der Moral kommt. Besitz wurde mit Händen und Klauen verteidigt, Wohnraum wurde nur unter äußerstem Druck freigegeben. (...)
Vor diesem Hintergrund wurde Weihnachten gefeiert, kam der Advent und schließlich der Heilige Abend. Wiederum: Niemals in meinem Leben habe ich so deutlich erfahren, wie unabhängig von Besitz und Sicherheit, ja geradezu als eine Art Gegenwelt zu dem Rennen und Laufen um Essen und Schlafen, die Weihnachtsgeschichte unmittelbar und fast wörtlich verständlich wurde ..."

Erinnerung von Pfarrer Heinrich Albertz, zitiert nach[6]

Wenn ich zurückdenke, herrschte bei mir
das Gefühl vor: Es ist Frieden, endlich
– und wir sind noch einmal davongekommen.

✦

Weihnachten 1945
war für uns am wichtigsten:
Keine Bombenangriffe mehr –
das war unbeschreiblich schön!

✦

Am wichtigsten war für uns alle,
dass wir wieder beisammen waren.

✦

Die Stimmung war durch die Situation
meiner Eltern, die darüber schwiegen,
was sie durchgemacht hatten
und die sich mit den Verlusten nicht
abfinden konnten, sehr bedrückt.

✦

Wenn ich an Weihnachten 1945 denke,
kommen mir so viele Erinnerungen,
dass ich nicht weiß, wo ich beginnen soll.
Lange Zeit habe ich sie verdrängt,
weil unsere Kinder diesen Zeitabschnitt
einfach nicht nachvollziehen können.

✦

Vater hatte Löcher in einen Besenstiel
gedreht und Tannenäste eingesteckt.
Die Mutter hatte Baumschmuck gehäkelt.

✦

Für das Fest
wurde Wochen vorher gespart.

✦

Geschenke waren notwendige
selbstgeschneiderte Kleidung.
Spielsachen gab es keine.

✦

Ich erinnere mich an eine Puppenstube
aus einer Apfelsinenkiste.

✦

An dieses Weihnachtsfest habe ich
die schlimmsten Erinnerungen.
Meine Mutter und ich hatten gerade erfahren,
dass mein Vater in einem
russischen Lager verstorben war.
Ich möchte nicht mehr daran denken.

Erinnerungen an Weihnachten 1945,
zitiert nach[5]

Tauschgeschäfte waren oft die einzige Möglichkeit, ein Weihnachtsgeschenk zu besorgen.[7]

Der Weihnachtsbaum ließ Kinderaugen wieder strahlen.[7]

Weihnachten 1945

"Das deutsche Volk wird heute das Weihnachtsfest in einer Freudlosigkeit feiern müssen, wie sie so dunkel und allgemein noch nie in der Geschichte über uns eingebrochen ist: Hunderttausende werden hungern an diesem Tag; Hunderttausende werden frieren; (...) dort im Osten werden sich die Millionen Ausgestoßener um die spärlichen Feuer drängen, an denen der Elendszug für eine Nacht haltmachen mag, und uns, die wir noch eine Heimat haben, wird dieses Bild vor Augen treten und unserer Freude die Unbefangenheit nehmen. Da werden böse Gedanken uns umschleichen und sich uns um billigen Preis anbieten, Gedanken, die uns einen Schuldigen suchen helfen sollen, auf dass es uns leichter werde, uns selbst angesichts dieser düsteren Wirklichkeit zu ertragen, die zu meistern uns nur dann möglich scheint, wenn wir selber nur Opfer und nicht Urheber dieses Gestern und Heute sind.
[Sie] werden raunen, dass wir dies alles dem Hitler verdankten, der uns gezwungen und belogen habe, und der SS, für die nun wir, die Schuldlosen, unverdient büßen müssten. Wie wohl wird es einem dabei, sich nur als Objekt zu wissen und wie leicht lässt sich so in Erbitterung aufheben, was in der einzelnen Brust ausgetragen werden müsste, bis es reif geworden ist, sich in neue Glaubenskraft zu verwandeln: das ahnende Wissen um die eigene Schuld, um deine und meine Schuld. (...) Dies sollten wir an diesem Weihnachtsfest bedenken, dann werden wir die Schuld an seiner Lichtlosigkeit nicht bei dem jeweils 'anderen' suchen und nähren, was uns krank gemacht hat – den Un-willen, frei zu sein. Frei macht aber nur die Einsicht, dass die Schuld, die wir beim andern suchen, unsere eigene ist. (...) Denn was hülfe uns auf die Dauer jeder wirtschaftliche und sonstige Wiederaufbau, wenn er erfolgte ohne sichtbaren Ausdruck dafür, dass Ursachen zu verantworten sind (...). Seien wir – du und ich – frei auch hier, treten wir zur Schar derer, die guten Willens sind, dann werden wir, in unseren Bereichen wenigstens, dem Frieden auf Erden eine Stätte bereitet haben!"

Carlo Schmid, damals Landesdirektor für Kultus, Erziehung und Kunst in der französischen Besatzungszone, in einem Aufsatz für die Stuttgarter Zeitung vom 23. Dezember 1945, zitiert nach*4

"Die heute viel beklagte Geschichtslosigkeit der jungen Generation ist das Resultat der Sprachlosigkeit der Älteren. Beides begann schon damals 1945, als wir unsere Vergangenheit möglichst schnell vergessen und später gegenüber der nachfolgenden Generation verschweigen wollten. Ich kann mich noch gut erinnern an diese schon bald einsetzende Nachkriegsstimmung des 'nun muss endlich Schluss sein mit der Vergangenheit'. In den 50er und 60er Jahren haben wir sie dann endgültig verdrängt. Wir fürchteten uns sehr! Teilweise bis heute.

Geschichtslosigkeit überwinden heißt also zuerst einmal Sprachlosigkeit überwinden und versuchen, die Informationslücken zwischen den Generationen zu schließen. Damit muss die ältere Generation den Anfang machen. Das Projekt dieses Buches: das Jahr 1945 und sein arm-glückseliges Weihnachtsfest beschreiben zu lassen, erschien mir hierfür ein guter Anfang zu sein, um unsere Sprachlosigkeit und damit im Sinne der Weihnachtsbotschaft unsere Furcht zu überwinden und zur Friedens- und Versöhnungsfähigkeit beizutragen. Deshalb habe ich meine Weihnachtsgeschichte 1945 aufgeschrieben."

Hildegard Hamm-Brücher, 1981, in: Weihnachten 1945 – Ein Buch der Erinnerungen*6

Cable address: PARCELUS, New York — Telephone: HAnover 2 - 6484-5

C A R E

COOPERATIVE FOR AMERICAN REMITTANCES TO EUROPE, INC.

(A NON-PROFIT CORPORATION)

50 BROAD STREET, NEW YORK 4, N. Y.

Executive Director
PAUL COMLY FRENCH

OFFICERS

President
MURRAY D. LINCOLN
Cooperative League U. S. A.

Vice Presidents
IRVING ABRAMSON
National CIO Community Services Committee

NATHANIEL H. EVANS
American Friends Service Committee

ALEXANDER LANDESCO
American Jewish Joint Distribution Committee, Inc.

HERBERT LYTLE
Church World Service, Inc.

HENRY MULLER
Unitarian Service Committee

JOSEPH ROVENSKY
American Relief for Czechoslovakia, Inc.

MATTHEW WOLL
Labor League for Human Rights, AFL

Secretary
THOMAS KEOGH
War Relief Services — National Catholic Welfare Conference

Treasurer
HAROLD S. MINER
Congregational Christian Service Committee

Dieses Paket ist eine Gabe von einem Freund in Amerika.

Es kommt zu Ihnen von CARE (Konsumverein fuer Amerikanische Sendungen nach Europa). CARE ist eine guarantierte, uneigennuetzige Unternehmung, die in Amerika gegruendet wurde, um Amerikanern den einfachsten und sichersten Weg zu bieten, Nahrungsmittel und Kleidung an Freunde und Verwandte in kriegsbeschaedigten Laendern zu schicken.

Ihr Freund in Amerika, der Ihnen dieses Paket sandte, hat schon eine Bestaetigung erhalten mit der Mitteilung, dass die Sendung an Sie unterwegs ist. Es ist sehr wichtig, dass Sie die dem Paket beiliegende Empfangsbestaetigung unterzeichnen, damit Ihr Freund ueber den Empfang benachrichtigt wird. Ein Brief von Ihnen wuerde ebenfalls hoechst willkommen sein, da Ihr Freund sich um Sie sorgt und gern von Ihnen hoeren wuerde.

CARE, das Unternehmen, das es Ihrem Freund ermoeglichte, Ihnen dieses Paket zu senden, wurde im November 1945 von renommierten Religions- Arbeits- Konsumvereins- und Wohltaetigkeitsgesellschaften in Amerika gegruendet. Als uneigennuetzige Gesellschaft ist CARE ausschliesslich darin interessiert, Amerikanern zu dem sichersten und billigsten Weg zu verhelfen, Freunden und Verwandten in Europa Hilfe zu leisten. Um das zu ermoeglichen, kauft CARE in grossen Mengen, leitet die Verpackung und versendet die Pakete in grossen Frachtladungen. Da Einkauf, Verpackung und Versand auf diese Weise verbilligt sind, koennen die Amerikaner groessere Mengen von Nahrungsmitteln und Kleidungsstuecken fuer den Preis von $10 verschicken, als das auf irgendwelchen andern Wegen moeglich waere.

CARE versorgt nur solche Laender, die CARE-Pakete zollfrei und tariffrei zulassen und den Empfaengern dafuer nichts von ihren Rationen abziehen. Dieses Paket darf Ihnen keinerlei Unkosten machen. Es ist ein Geschenk von Amerika, darum darf man nicht von Ihnen verlangen, dass Sie fuer den Empfang desselben etwas von Ihren Zuteilungen aufgeben.

Wir hoffen von ganzem Herzen, dass dieses Paket Ihr Vertrauen in die Zukunft verstaerkt.

Paul Comly French

Paul Comly French
Leitender Direktor,

MEMBER AGENCIES

American Aid to France, Inc.; American Baptist Relief; American Friends Service Committee; American Jewish Joint Distribution Committee, Inc.; American Relief to Austria, Inc.; American Relief for Czechoslovakia, Inc.; American Relief for Poland, Inc.; Brethren Service Committee; Church World Service, Inc.; Congregational Christian Service Committee; Committee on Christian Science Wartime Activities of The Mother Church; Cooperative League of the U. S. A.; General Conference of Seventh-Day Adventists; Greek War Relief Association, Inc., U. S. A.; International Rescue and Relief Committee, Inc.; Labor League for Human Rights, AFL; Mennonite Central Committee; National CIO Community Services Committee; Paderewski Testimonial Fund, Inc.; Save the Children Federation, Inc.; Tolstoy Foundation, Inc.; Unitarian Service Committee; United Lithuanian Relief Fund of America, Inc.; United Ukrainian American Relief Committee; United Yugoslav Relief Fund of America; War Relief Services—National Catholic Welfare Conference; Y. W. C. A.—World Emergency and War Victims Fund.

Dieser Brief der Organisation CARE war jedem ihrer Pakete beigelegt.

Wie schon zuvor während des Krieges sollten Lebensmittelmarken die Versorgung der Bevölkerung sichern. Doch oft genug waren die darauf angegebenen Waren trotzdem nicht erhältlich.

So wurden die Zutaten für das "Weihnachtsessen" meist schon Wochen vorher mühsam zusammengespart, bei "Hamsterfahrten" eingetauscht oder auf dem Schwarzmarkt "organisiert". Ansonsten blieben nur die örtlichen "Sonderzuteilungen" an Lebensmitteln als kleiner Lichtblick am Weihnachtsfest.
In einer Stadt beispielsweise wurden zu Weihnachten 1947 zusätzlich ausgegeben: 250 Gramm Zucker, 125 Gramm Marmelade, eine Flasche Wein, 20 Gramm Tabak für Männer und 1 Kerze für jedes Kind[7].

Ganz Glückliche konnten sich sogar über den Erhalt eines CARE-Pakets freuen – insgesamt fanden rund 10 Millionen Pakete dieser amerikanischen Hilfsorganisation im Nachkriegsdeutschland ihre dankbaren Abnehmer. Von einer wirklichen "Friedensweihnacht" sprachen viele Deutsche erstmals wieder 1948. Durch die Währungsreform im Sommer hatte sich die Versorgungslage inzwischen spürbar verbessert.
Zum ersten Mal nach langer Zeit blickte man wieder hoffnungsvoll in die Zukunft.

Lebensmittelkarte, Dezember 1949

CARE-Paket mit Original-Inhalt (Sammlung Weihnachten Rita Breuer)

Christkind macht alles neu

Mein Seil ist nicht mehr ganz.
Dem Schäflein fehlt der Schwanz.
Das Auto läuft so schwer.
Mein Häschen hüpft nicht mehr.
Am Roller brach ein Rädchen.
Ganz leer ist unser Lädchen.
Mein Püppchen schläft nicht ein.
Zum Bauen fehlt ein Stein.
Der Bär verlor den Kopf.
Beim Kochen fiel ein Topf.
Im Büchlein fehlen Seiten.
Klein Hänschen kann nicht reiten;
sein Pferdchen wackelt sehr.
Das und noch vieles mehr
von unsern schönen Sachen
kann's Christkind wieder machen.

in: Meine liebe Fibel, 1950*8

"Not macht erfinderisch" hieß es auch für den weihnachtlichen Gabentisch. In der Ausstellung *"Weihnachten in dunklen Zeiten"* dokumentieren zahlreiche Exponate den Ideenreichtum der Nachkriegszeit: ein Adventskalender aus Packpapier, ein grob geschnitztes Pferdchen aus einem alten Besenstiel, Laubsäge-Anhänger als Schmuck für den Weihnachtsbaum, ein "Christkind" aus Lumpen, Weihnachtskarten und Sterne mit aufgestreutem Glimmer aus zermahlenen Glasscherben.

Auch in den ersten Schulfibeln der Nachkriegszeit war Bescheidenheit bei den Weihnachtsgeschenken angesagt. Anstelle von neuen Spielsachen gab es zunächst einmal "Repariertes" – denn das Christkind machte "alles neu" *8. Als zeitgenössische Kinderwünsche nannten die Schultexte zudem Äpfel und Nüsse, Bauklötze und Bilderbücher, Schaukelpferd, Schlittschuhe, Sparbüchse, Puppenstube und Eisenbahn.

Geschenke aus Resten
(Sammlung Weihnachten Rita Breuer)

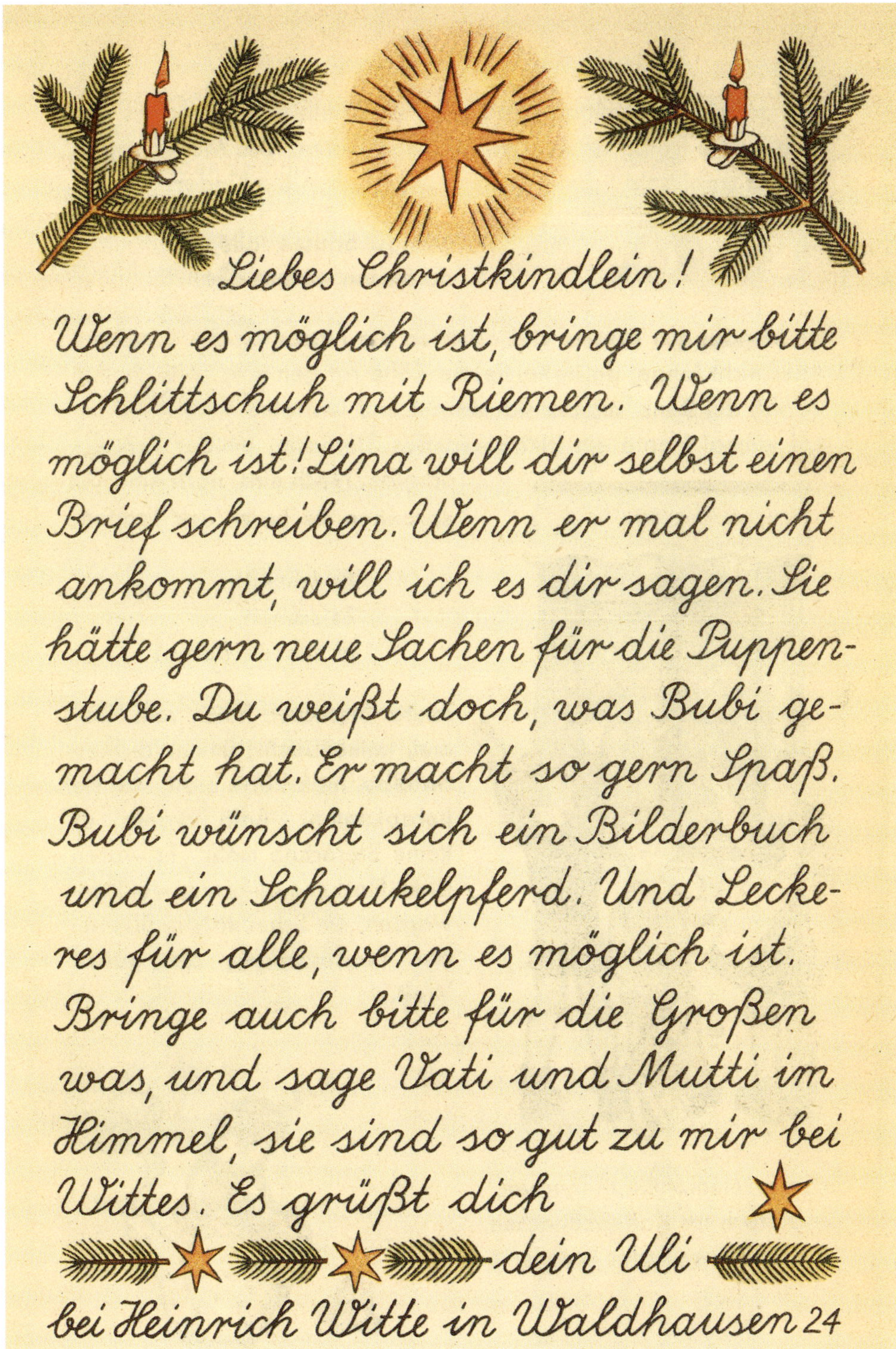

Liebes Christkindlein!
Wenn es möglich ist, bringe mir bitte Schlittschuh mit Riemen. Wenn es möglich ist! Lina will dir selbst einen Brief schreiben. Wenn er mal nicht ankommt, will ich es dir sagen. Sie hätte gern neue Sachen für die Puppenstube. Du weißt doch, was Bubi gemacht hat. Er macht so gern Spaß. Bubi wünscht sich ein Bilderbuch und ein Schaukelpferd. Und Leckeres für alle, wenn es möglich ist. Bringe auch bitte für die Großen was, und sage Vati und Mutti im Himmel, sie sind so gut zu mir bei Wittes. Es grüßt dich
dein Uli
bei Heinrich Witte in Waldhausen 24

Wunschzettel "Liebes Christkindlein!"
in: Aschendorffs Fibel, 1951[9]

Ein Tannenkränzlein, grün und fein;
darinnen brennen vier Lichterlein.
Das erste sagt: Macht euch bereit,
es naht die sel'ge Weihnachtszeit!
Das zweite: Werdet lieb und gut;
was euch die Mutter sagt, das tut!
Das dritte: Betet alle fromm,
dass gern das Christkind zu euch komm!
Das vierte zeigt dem Kindelein
den Weg in unser Herz hinein.

in: Meine liebe Fibel, 1950[8]

O du liebes Jesuskind,
lass dich vielmals grüßen!
Alle Kinder, die hier sind,
fallen dir zu Füßen.
All um deine Liebe bitten,
die so viel für uns gelitten.
Schenk uns deine Liebe!

in: Meine liebe Fibel, 1950[8]

Christkindelein, Christkindelein,
komm doch zu uns herein,
mach unsre Herzen fromm und rein,
lass uns im Himmel bei dir sein.

in: Aschendorffs Fibel, 1951[9]

In den meisten westdeutschen Schulbüchern der Nachkriegszeit wurde Weihnachten wieder eindeutig als christliches Fest gefeiert und dargestellt. Vergessen waren Schimmelreiter und Sinngebäck, Julleuchter und Sonnwendfeier. Im Mittelpunkt des weihnachtlichen Geschehens stand ohne Zweifel wieder die Krippe mit dem Jesuskind – wenn auch aus heutiger Sicht reichlich "zuckersüß" geraten. Mit den übertrieben gefühlsbetonten Darstellungen waren die verantwortlichen Pädagogen offensichtlich von einem Extrem direkt in das andere gefallen.
Schließlich entdeckten auch die ersten Industriefirmen die Heilige Familie als "Werbeträger" – überaus erfolgreich half sie vor allem beim Verkauf von Margarine[10]. Immerhin verdankten nicht wenige Familien dieser Aktion ihre allererste Hauskrippe Marke "Fri-Homa" oder "Ei-fein", auch wenn diese schon bald den gestiegenen Ansprüchen nicht mehr genügte.

Mutter Maria, wir bitten dich sehr:
gib uns nur einmal das Christkindchen her!
Wir wollen es wiegen, wir wollen es tragen
und ihm viel Gutes und Schönes sagen
und immer fromm und artig sein:
Musst uns nur einmal das Christkindchen leihn!

in: Meine liebe Fibel, 1950[8]

"Jesulein"
in: Aschendorffs Fibel, 1951[9]

"Zum Einkaufen geschickt zu werden, war damals eine lästige Pflicht. Nachdem es aber beim Kauf von einem Pfund Margarine ein kleines, weißes Figürchen als Geschenk dazu gab, konnte die Margarine gar nicht schnell genug aufgebraucht sein. In dem Schuhkarton, den die Verkäuferin uns Kindern zum Aussuchen über die Theke reichte, waren ja noch so viele herrliche Figuren. (...) Und dann tauchten eines Tages, zu Beginn des Winters, auch Krippenfiguren in der Schachtel auf. Wir Kinder tauschten untereinander Rezepte aus, wie man die weißen Figuren bunt malen konnte. Und als dann zu Weihnachten die Krippe unter dem Tannenbaum stand, hatte das Fest einen weiteren Glanzpunkt erhalten.

Es war die Zeit der frühen fünfziger Jahre, der Beginn des deutschen Wirtschaftswunders. (...) Unsere Sammelobjekte waren Kaufanreize in einem Wettbewerb, der mit harten Bandagen geführt wurde. Uns Kinder interessierte dieser 'Zugabekrieg' nicht – wir genossen die Flut der Sammelfigürchen und waren schließlich traurig, als Mitte der 1950er Jahre plötzlich alles vorbei war: Ein Gerichtsurteil hatte den 'Zugabekrieg' beendet – zur großen Enttäuschung von uns Kindern."

Erinnerung von Karl Heinz Engemann,
in: Die Weihnachtskrippe, 1988[10]

Margarine-Figuren als Christbaumschmuck

Krippe aus Margarinefiguren, 50er Jahre
(Sammlung Weihnachten Rita Breuer)

Das Fernsehprogramm vom 24. Dezember 1954[11]

ZAUBERFENSTER ZUR WELT

Sie hören und sehen

Vom NWDR:
12.30—ca. 13.30 Weihnachtsbescherung des Bundeskanzlers Dr. Adenauer für die Waisenkinder des evangelischen Kinderheims Probsthofen in Niederdollendorf bei Königswinter

Vom Südd. Rundfunk:
20.00 Das geistliche Wort zum Heiligen Abend
Es spricht: Landesbischof D. Martin Haug
20.10 Altdeutsche Weihnachtsbilder
20.20 Vom Himmel hoch, da komm ich her
Weihnachtl. Bräuche aus unserem Land
Ein Filmbericht
Regie: Franz Peter Wirth
20.40 Der Weihnachtsgast
Ein Weihnachtsspiel von Josef Martin Bauer nach Motiven
Fernsehbearbeitung: von Charles Vildrac
Mitw.: Wolfgang von Hebenstreit, Ruth Haehnle, Karl Bock u. a.
Regie: F. P. Wirth
21.20—22.00 Musik zur Heiligen Nacht

Vom franz. Fernsehen:
23.50—1.00 „Alle Länder schauen das Heil unseres Gottes"
Mitternachtsmesse aus der Kathedrale Notre Dame - Paris

Anzeige für ein Fernsehgerät "Nora", 1957[12]

"Mancher Bundesbürger hat in diesem Jahre ausgesprochenes Pech gehabt: er hat die langersehnte Fernsehtruhe nicht mehr bekommen. Und zum Weihnachtsfest sollte sie doch die große Überraschung für die ganze Familie werden. In vielen Orten Westdeutschlands waren die Fernsehgeräte kurz vor dem Fest restlos ausverkauft. Pech, nicht wahr? Unglaublich, dass so etwas passieren kann – sagt der Enttäuschte. Heutzutage sollte so etwas doch nicht möglich sein. Heutzutage müsste doch alles da sein, was das Herz sich wünscht …"

in: Deutscher Hausfreund Illustrierte, Nr. 51, 1957[7]

"Wenn ich nicht so einen Weihnachtsbaum bekomme, freue ich mich gar nicht auf Weihnachten!", 1957[12]

"Hätten Sie nicht was Besseres, vielleicht in Eiche oder Mahagoni?", 1951[13]

REWE-WEIHNACHTSPROSPEKT, 1963

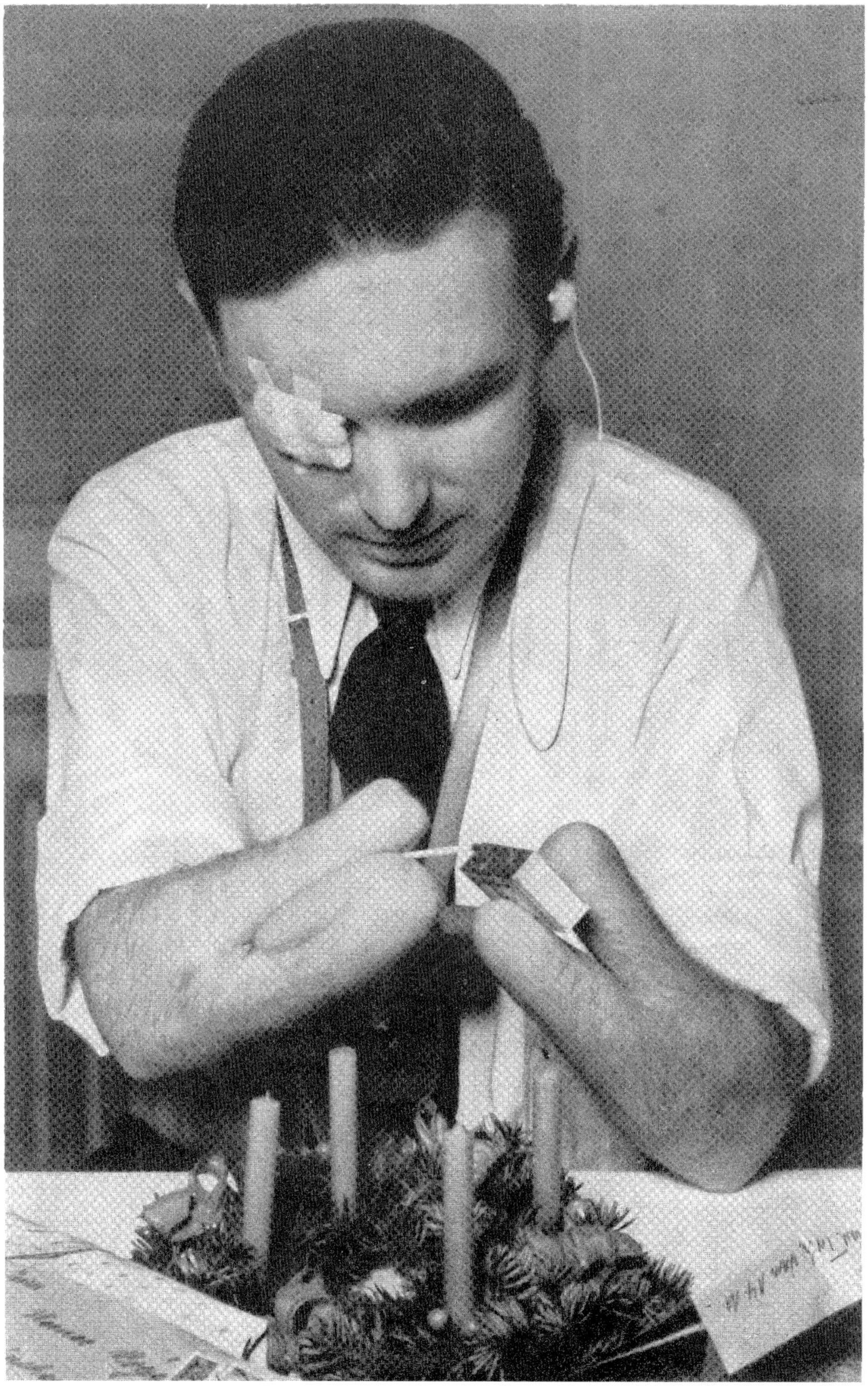

Kriegsversehrter zündet Kerzen am Adventskranz an*[15]

"Draußen vor der Tür" – Weihnachten im Abseits

Nach der Währungsreform prägten die rasch wachsenden Ansprüche der Deutschen auch die Gestaltung des Weihnachtsfestes. Doch nicht alle fanden ihren Platz in dieser sich so schnell entwickelnden Gesellschaft. Gelegentlich erinnerte gerade zu Weihnachten die eine oder andere wohlgemeinte Reportage an diejenigen, die das Fest "im Abseits" erlebten‣[15]. Dazu gehörten z.B. viele Kriegsversehrte, denen die Rückkehr ins "normale Leben" auf Dauer versagt blieb. Auch die Ungewissheit über das Schicksal der deutschen Kriegsgefangenen in der Sowjetunion warf lange Jahre einen Schatten auf das liebste Fest der Deutschen‣[16]. Ende 1949 durften zwar die meisten Überlebenden von ehemals 2,3 Millionen deutschen Kriegsgefangenen die Sowjetunion verlassen. Die letzten 8.877 sogenannten "Spätheimkehrer" wurden allerdings erst nach Adenauers Besuch in Moskau 1955 freigegeben‣[17]. Doch die jahrelange Haft unter schwierigsten Bedingungen hatte Spuren hinterlassen. Nicht allen gelang die Wiedereingliederung in Familie, Berufsleben und Gesellschaft. Auch später bangten viele Familien weiter um ihre Angehörigen: Noch 1965 war das Schicksal von 1,2 Millionen vermissten Menschen völlig ungeklärt‣[17].

Ein besonderes Kapitel Nachkriegsweihnachten dokumentiert auch das kleine unscheinbare, auf billigem Papier gedruckte *"Christmas Songbook"*‣[18], 1947 herausgegeben vom Christlichen Verein Junger Männer (YMCA). Es richtete sich an die sog. "Displaced Persons of Germany". So nannten die Alliierten die nach Deutschland verschleppten, ehemaligen Zwangsarbeiter des nationalsozialistischen Regimes – bei Kriegsende ca. 11 Millionen Menschen aus rund 20 Nationalitäten. Doch nicht alle konnten problemlos in ihre Heimat zurückgeführt werden: Die unsichere politische Situation in Osteuropa, die Westverschiebung Polens und die sowjetische Annektierung des Baltikums zwangen auch zu Weihnachten 1947 noch ca. 1,2 Mio. Menschen in notdürftige Lager. Ihnen sollte dieses Büchlein Trost und Hoffnung geben: mit Weihnachtsliedern in den Sprachen von Estland, Lettland, Litauen, Polen, Jugoslawien und der Ukraine.

Verlobung an Weihnachten?

Hans M. aus Braunschweig schreibt:
"Seit einem halben Jahr kenne ich ein Mädchen von 21 Jahren. Sie verkehrt schon längere Zeit in meinem Elternhaus und fühlt sich wie ein Glied der Familie. Wir haben uns sehr lieb, und sie möchte, dass wir uns Weihnachten verloben. Es wäre auch alles schön und gut; denn bei meinen 26 Jahren bin ich durchaus in der Lage, eine Familie zu gründen. Nun aber kommt der Haken, eine für mich sehr peinliche Sache: Ich habe im Kriege eine schwere Fußverletzung erlitten und hässliche Narben an beiden Füßen. Das fällt sonst nicht auf, ich fürchte aber, dass meine Freundin sich daran stoßen könnte. Nun könnte ich das alles vor der Hochzeit verschweigen, kann es aber mit meinem Gewissen nicht vereinbaren. Ich fürchte nur, wenn ich meiner künftigen Verlobten alles sage, werde ich sie und ihre Liebe verlieren. Bitte, geben Sie mir einen Rat! Ich möchte keine Unüberlegtheit begehen."

Barbara antwortet:
"Mein Rat ist sehr einfach: Sprechen Sie sich mit Ihrer Freundin offen aus und fürchten Sie nicht, dass Sie durch Ihr Gebrechen (ein Wort, das in Ihrem Fall schon zu hart klingt) in den Augen Ihrer zukünftigen Verlobten herabgesetzt werden. Ich kenne zahlreiche Kriegsverletzte, die viel schlimmer daran sind als Sie und doch sehr glückliche Ehen führen. (...) Das Mädchen liebt Sie doch in Ihrer Wesensart, also so, wie Sie charakterlich sind. Das wäre ja eine traurige Liebe, die infolge eines kleinen 'Schönheitsfehlers' wankend würde. Sollte das tatsächlich der Fall sein, so hätten Sie an solcher Frau nichts verloren und sollten ihr keinesfalls nachtrauern. Ich nehme aber sicher an, dass Ihre Befürchtungen grundlos sind und Ihre gemeinsame Zukunft sich harmonisch und glücklich gestalten wird. Also sprechen Sie sich ruhig aus!"

---

in: Hören und Sehen, Heft 51, 1954

Zeichnung der Zeit

SO VIELE FEHLEN NOCH

Zum achten Male brennen die Lichter am Weihnachtsbaum, zum achten Male, seit der Krieg zu Ende ging. Achtmal schon sangen die Menschen „Friede auf Erden . . .“ Sie freuen sich, daß sie der Hölle entronnen sind und beten zu Gott, daß sie nie wieder kommen möge. Und sie denken dabei an jene Weihnacht vor acht Jahren, damals, als es nur in wenigen Familien ein Fest der Freude war. Damals, als kaum ein Lichtstrahl die Dunkelheit unseres Daseins erhellte. Es ist besser geworden. Wir leben wieder, und der Krieg ist in weite Ferne gerückt. Man darf sich wieder am Glanze des Lichterbaumes und am Feste des Friedens freuen . . . und vergißt dabei leicht jene 99 000 Menschen, für die der Krieg noch nicht zu Ende ist, die heute, acht Jahre nach Kriegsende, ihr Dasein hinter Stacheldraht verbringen. In 99 000 Familien ist „Einer“ noch nicht zurückgekehrt, 99 000 Frauen und Mütter sind am Weihnachtsabend mit ihren Gedanken weit weg, dort, wo der Stacheldraht die Letzten dieses Krieges einsperrt, dort, wo der Schlüssel des Wärters in der Zellentür rasselt. Über 1,3 Millionen Familien feiern heute ihr Weihnachtsfest und wissen nicht, ob der Sohn, der Mann, der Vater überhaupt noch lebt. Vermißt ! Sie alle sollen gerade an Weihnachten unvergessen sein, sie sollen der bittere Wermutstropfen im Feste der Freude bleiben, der daran erinnert, daß es Menschen gibt, die heute noch unter den Auswirkungen einer Zeit leiden, an der wir glimpflich vorbei gekommen sind.

Frankfurter Illustrierte

51

"So viele fehlen noch"
in: Frankfurter Illustrierte, 1952[16]

"Die Baracke hatten wir, wo es nur ging, mit Tannenzweigen geschmückt, und sogar einige Kerzen waren aufgetrieben worden für den kleinen Weihnachtsbaum. Das alles war nicht ohne Widerspruch geschehen.
Die russische Lagerleitung hatte es zwar genehmigt, aber unter den Kameraden selbst regten sich heftige Stimmen dagegen, ja einer bat mich sogar auf die flehentlichste Weise, in diesen Tagen doch ja jede Erinnerung an Weihnachten zu unterlassen: 'Nur nicht daran denken, nur nicht daran denken, das ist die einzige Art, wie ich es überstehen kann; wenn ihr eine Feier macht, halte ich's nicht mehr aus und hänge mich auf!'
Er hing sich nicht auf; sicher nicht nur, weil er im entscheidenden Augenblick zu feige dazu war, sondern weil er das weihnachtliche Licht, das in der Finsternis leuchtet, zu Gesicht bekommen hatte. Nicht 'nicht daran denken', sondern mit aller Kraft daran denken, – das hatte uns der Heilige Abend gelehrt."

Helmut Gollwitzer, 1945[*19]

"Manchmal hatten wir früher etwas verächtlich über die üblichen Weihnachtslieder gesprochen, über ihre Süßlichkeit und Gefühlhaftigkeit jener vielgesungenen 'Stille Nacht' und 'O du fröhliche'. Nun aber bat ich ihnen manche Verurteilung ab und war froh, dass wenigstens sie noch unserem Volk als Gemeingut erhalten geblieben sind.
Nicht nur, weil sie jetzt, als wir sie sangen, mit einem Schlage die Hässlichkeit der Baracke verwandelten und uns in die ferne Heimat verzauberten und auch die, die sich bitter dagegen gesträubt hatten, in die Stimmung des Weihnachtszimmers hereinnahmen.
Aber jene Lieder brachten doch nicht nur 'Stimmung', sondern sie enthielten auch die große Verkündigung: 'Christ, der Retter ist da!' – 'Welt ging verloren, Christ ward geboren' – '... da uns schlägt die rettende Stund, Christ, in deiner Geburt', auch uns hier in dieser Baracke."

Helmut Gollwitzer, 1945[*19]

"Stille Nacht, Heilige Nacht"
Weihnachtspostkarte
aus amerikanischer Kriegsgefangenschaft

"Der Heilige Abend 1945 war ein absoluter Tiefpunkt meiner Gefangenschaft. Wir waren müde und hungrig. Wir lagen deprimiert auf unseren Pritschen. Einer von unseren Leuten fing an 'Stille Nacht, heilige Nacht' zu singen. Im ersten Moment war alles ganz ruhig. Es rührte sich keiner. Und dann flogen Holzscheite, Kochgeschirr und Stiefel in seine Richtung. Er hörte sofort auf. Ich glaube, ich war sicherlich nicht der einzige, der an dem Abend heimlich in seine Decke hineingeweint hat."

Erinnerung von Hermann Schmidt, zitiert nach: Berthold, Kriegsgefangene im Osten, 1981[*3]

"Lagerweihnacht"
in: Reform-Rundschau, Nr. 12, 1953

"Christmas Songbook",
1947 [18]

"Nehmt uns auf für eine Weile! Wir haben kein Dach mehr über dem Kopf. Rückt ein wenig zusammen und lasst uns teilhaben an dem, was euch geblieben ist in diesem furchtbarsten aller Kriege!"

Zeitgenössische Illustration aus einem Kinderbuch, 1949 ►25

"Kein Platz in der Herberge"

Im Nachkriegsdeutschland gab es eine Gruppe von Menschen, für die die Weihnachtsgeschichte eine besondere Aktualität erhielt: 12 Millionen Deutsche fanden auf ihrer Flucht aus dem Osten oft genug "keinen Platz in der Herberge".
Für die Medien, die sich des Themas annahmen, lag es zu Weihnachten geradezu auf der Hand, das Schicksal der Vertriebenen mit der Herbergssuche der "Heiligen Familie" oder ihrer späteren Flucht nach Ägypten (vgl. Matthäus 2, 13–15) gleichzusetzen[20]. Doch trotz der z.T. sehr engagierten Berichterstattung wurde es von Jahr zu Jahr schwieriger, die Wirtschaftswunder-Generation für dieses Thema zu sensibilisieren.

Von den Betroffenen wurde der Verlust der Heimat gerade an Weihnachten besonders schmerzlich empfunden – kaum eine andere Zeit im Jahr ist so eng verknüpft mit dem charakteristischen Brauchtum einer bestimmten Landschaft oder Region. Vielen war es ein Anliegen, diese Traditionen zu bewahren und zu pflegen. So gab z.B. das Nordrhein-Westfälische Arbeits- und Sozialministerium über viele Jahre hinweg ein Weihnachtsheft "für die Vertriebenen, Flüchtlinge und ihre Helfer" heraus[21]. Auch die Vertriebenenverbände und jeweiligen Landsmannschaften erkannten in der gemeinsamen Erinnerung an Weihnachten "daheim" eine gute Gelegenheit zur Stärkung des Gemeinschaftsgefühls und als Aufhänger zur Werbung für die "eigene Sache" (vgl. dazu[22–24]).

"Es ist eine wichtige Aufgabe, das, was wir von der Weihnacht in Ostdeutschland wissen, in jedem Jahr zusammenzutragen, damit es nicht verloren gehe. (...) Wir wollen nicht nur den Vertriebenen und Flüchtlingen die heimatliche Weihnacht wieder lebendig werden lassen, wir wollen auch versuchen, die weihnachtlichen Überlieferungen Ostdeutschlands dem Westen des Vaterlandes nahe zu bringen."

Johann Platte, Arbeits- und Sozialminister des Landes Nordrhein-Westfalen, zu Weihnachten 1955[21A]

"Als ich auf dem Bahnhof in Friedland stand, an dem gleich ein Transportzug mit Spätaussiedlern ankommen sollte, überfiel mich plötzlich der Gedanke: was wird mit ihnen zu Weihnachten sein? (...) Die Sensation ist längst schon gestorben. Der Westen will vergessen, was vor zwölf Jahren geschah. Das Radio meldet die Ankunft der Züge – aber wer hört schon hin? Das alles geschieht unendlich weit ab von unserm Bewusstsein."

Harald von Koenigswald, in einem Weihnachtsheft des Nordrhein-Westfälischen Arbeits- und Sozialministeriums, 1957[21B]

*"Es ist in diesem Jahre schwerer als in den vergangenen Jahren, diesem Weihnachtsheft ein hoffnungsfreudiges und zukunftgläubiges Vorwort voranzustellen. Ich weiß, dass eine solche Feststellung bei manchem Bundesbürger einen mehr oder minder lauten Protest auslösen wird. Für viele ist diese Welt in Ordnung, wenn ihre 'Welt', wenn ihre Lebensverhältnisse befriedigend geregelt sind. Alles andere interessiert nur am Rande, wenn überhaupt. Mit solchem Maßstab gemessen, ist es überflüssig und bösartig, weil es die gute Stimmung beeinträchtigen könnte, festzustellen, dass die Welt besonders in diesem Jahr eher ruheloser als friedlicher und friedfertiger geworden ist. (...)
Woche für Woche strömen Tausende aus Mitteldeutschland und aus den unter polnischer Verwaltung stehenden deutschen Ostgebieten nach Westdeutschland. Abwanderung und Rückkehr in das freie Westdeutschland, Torschlusspanik und Flucht vor dem Kerker formierten den Strom der Hunderttausenden im Jahre 1957. Immer schwerer gelingt es, diesen Strom ohne Pannen und ohne offene Konflikte auf die Länder und Gemeinden zu verteilen. Immer länger wird der Lageraufenthalt für die eintreffenden Flüchtlinge und Rücksiedler und immer schwerer die Unterbringung in menschenwürdigen Wohnraum. Die Schwierigkeiten sind größer, der Wille und die Möglichkeiten zum Helfen sind geringer geworden."*

Heinrich Hemsath, Arbeits- und Sozialminister des Landes Nordrhein-Westfalen, zu Weihnachten 1957[21C]

Es begab sich aber zu der Zeit . . .

(Lukas II/1)

. . . es begab sich aber in unseren Tagen,
In den Tagen einer beispiellosen Verwirrung,
Da die Windrose verblüht schien,
Da Orient und Okzident voneinander
geschieden waren . . .
Es begab sich in unseren Tagen,
Daß die Frucht einer Liebe in einem
liebeleeren Land gedieh,
Und daß diejenigen, die geliebt hatten,
Das Kind, das geboren werden sollte,
Zum Haß hätten erziehen müssen
(Die Eltern hießen Marja oder Marusja
Und Jussuf oder Josef oder Sepp —
genau wie bei uns!).

*

. . . es begab sich aber in unseren Tagen,
Daß diese Eltern viel Leid erfahren hatten —
Deswegen wünschten sie,
Ihr Kind möchte in Freiheit geboren werden;
Es kam ihnen nicht auf sich selbst an.

5 MEHR

Fotoserie "Es begab sich aber zu der Zeit ..." [20]

Denn sie hatten den Unsegen der Tyrannei
Am eigenen Leib gespürt —
Es kam ihnen auf die Zukunft
Und auf das Wohlergehen des Kindes an,
Das noch nicht geboren worden war . . .

*

Deswegen machten sie sich auf,
Um aus dem Lande zu fliehen,
Aus dem sie stammten,
Deswegen liefen sie durch den Sumpf
Und über die Pfade, die lange nicht mehr
begangen worden waren
(Es sei denn, daß das Wild hier flüchtig schritt . . .),
Deswegen gehörten sie plötzlich
zu der unabsehbaren Zahl,
Die aus Flüchtenden addiert wird,
Auch solchen, die den Zwang hassen
Und die Unterdrückung verabscheuen,
Aus solchen, die sich aufgegeben haben
Und nichts erwarten und erhoffen:
Nicht Mitleid, nicht Liebe, nicht Hilfe —
Sondern nur Menschlichkeit!

*

Sie liefen über die Wildwechsel,
Sie wichen dem Stacheldraht aus und den Minen,
Sie versuchten, den Maschinengewehren zu entgehen
Und ihrer Saat von Tod.

Keine Herberge nahm sie auf,
Niemand hörte sie an —
„Zum Lager!" sagten die, die geborgen waren,
Und im Lager fanden sie eine Lagerstatt,

FOTOSERIE "ES BEGAB SICH ABER ZU DER ZEIT ..." ‣20

Bei den Entrechteten, bei den Geschundenen,
Bei denen, die nichts mehr haben als die Erinnerung. –
Dort wurde das Kind geboren,
Und alle sagten:

„Es soll eine bessere Zukunft haben,
Es soll glücklicher sein als wir,
Denn dieses Kind wird eine Aufgabe haben,
Die nur in der Freiheit erfüllbar ist . . .“

7

FOTOSERIE “ES BEGAB SICH ABER ZU DER ZEIT ...” [20]

Sie helfen dem Christkind.

Einmal sagte die Mutter: Das Christkind hat es in dieser Zeit schwer. Es sind so viele Flüchtlinge und arme Kinder da. Die wollen auch gern schöne Sachen haben. Da müssen wir dem Christkind helfen. Sucht mal bei euren Spielsachen, was ihr findet. Das wollen wir dann dem Christkind für die Armen schenken. Lina sagte: Ich weiß schon, Mutter. Ich gebe meine Puppe Bärbel her. Die kann schlafen, und man kann sie kämmen.

Lina lief und holte sie. Aber o Schreck — da ging ein Ärmchen ab! Was nun? Nein, schlechte Sachen gebe ich dem Christkind nicht, dachte Lina. Sie sagte nichts. Aber sie holte Susi — ihre liebe, liebe Susi. Uli brachte seine neue Flöte. Bubi sein Osterhäschen. Da freute sich die Mutter über ihre Kinder.

Ochs und Eselein.

Die Oma erzählte: Das Christkindchen war noch nicht auf der Welt. Aber Maria und Josef waren schon in dem Stall und warteten. Der Wind blies durch die Bretter. O weh, sagte Josef, da wird das Christkind frieren. Maria sagte: Ich werde es fest in den Arm nehmen, ganz fest und warm.

"Sie helfen dem Christkind"
in: Aschendorffs Fibel, 1951[9]

"Weihnachten daheim" –
Deutsche Kirche und Schule in Malinowka im Cholmer Land[21D]

"Wenn wir an die Planung unserer weihnachtlichen Vorhaben herangehen, dann muss an erster Stelle die Überlegung stehen, wie wir eine Erlebnisgemeinschaft schaffen können. Bastelstunden sind eine der ersten und besten Möglichkeiten, Backnachmittage oder -abende eine andere. Die so gewachsenen Gemeinschaften werden auch nach der Weihnachtszeit zusammenbleiben wollen und gerne weitere Aufgaben übernehmen."

✦

"Wir sollten daher zu Beginn der Weihnachtszeit einen netten Brief an unsere Mitglieder verschicken. Dieser Brief sollte auf einem etwas besseren Papier abgezogen und vielleicht auch mit einer kleinen Zeichnung geschmückt werden. [Er] sollte möglichst persönlich gehalten sein. Von einem 'Rundschreiben' fühlt sich keiner besonders angesprochen. Der Text sollte nicht vor Heimweh triefen, sondern eher nach den Grundsätzen der Werbung aufgebaut sein."

✦

"Heimatpolitik ist gut und notwendig – sie muss sein. Heute mehr denn je. Doch alles zu seiner Zeit. Der Nikolaus mit dem Vereinsabzeichen an der Mütze und dem Wappen der Landsmannschaft auf der Brust ist eine bedauernswert lächerliche Figur."

✦

"Heimatliches lässt sich einbauen, ohne dass wir viel darüber reden. Die plötzlich aufsteigende Erinnerung, die durch ein Lied oder durch ein Gedicht, durch einen Strohstern oder durch ein Plätzchen geweckt wird, ist wertvoller als eine ungeschickte 'heimatliche Einlage'. Eine Anmerkung wie z.B. 'das schmeckt/klingt/sieht aus wie zu Hause' oder 'das kenn ich von zu Hause' bietet einen guten Ansatzpunkt."

"Jede deutsche Landschaft hat ihre speziellen Weihnachtsgebäcke. Vom Vanillekipferl des Sudetenlandes bis zum Königsberger Marzipan spannt sich ein weiter lukullischer Bogen. Warum also nicht einmal den Deutschen Osten auf den Bunten Teller oder den bunten Teller aus dem Deutschen Osten? Hierbei spricht man so unwillkürlich viel Heimatliches an."

✦

"Es gibt zur Umrahmung eine ganze Reihe sehr schöner Weihnachtsgeschichten, die die Weihnacht im deutschen Osten zum Thema haben oder aber zur Weihnacht gerade die enge Verbundenheit zwischen Ost und West betonen. Darüber hinaus können sie von fast jeder Landsmannschaft eigene Sammlungen von Weihnachtsgeschichten und Weihnachtsgedichten erhalten."

✦

"Bei allen weihnachtlichen Vorbereitungen darf nicht vergessen werden, dass unsere Pakete rechtzeitig auf den Weg nach Mittel- und Ostdeutschland gehen."

Vorschläge aus einem internen Arbeitsbrief des Bundes der Vertriebenen zur Advents- und Weihnachtszeit, 60er Jahre*[24]

9. Zwischen Konsum und "Kaltem Krieg" – Weihnachten im geteilten Deutschland

"Grossväterchen Frost und Schneeflöckchen"
in: Friede schafft der Mensch allein, DDR 1958[1]

"Friede schafft der Mensch allein" – Weihnachten im Sozialismus

Auch in der sowjetischen Besatzungszone und späteren DDR feierten die Deutschen Weihnachten. Und wie schon so oft in diesem Jahrhundert stand das Fest wieder einmal im Mittelpunkt diverser Manipulationen. In der atheistischen Weltanschauung des Marxismus-Leninismus war kein Platz für christliches Gedankengut. Der Titel eines in der DDR verbreiteten Buches mit Erzählungen, Liedern und Gedichten zur Weihnachtszeit brachte das auf die einfache Parole: *"Friede schafft der Mensch allein!"*[1].

Die Staatsführung der DDR erkannte sehr wohl, dass dieses Fest, dem selbst die Nationalsozialisten im Kern nichts anhaben konnten, nicht einfach ersatzlos aus dem Kalender gestrichen werden durfte. Versuche, Weihnachten mit dem russischen Jahresabschlussfest, der "Jolkafeier", gleichzusetzen und den Weihnachtsmann zum "Großväterchen Frost" umzufunktionieren, scheiterten jedoch. So blieb Weihnachten auch im "real existierenden Sozialismus" ein traditionelles Fest der Familie mit Kinderbescherung unter dem Lichterbaum.

"Chöre und Laienspielgruppen der Betriebe bereiten für ihre Arbeitskollegen einen Weihnachtsabend vor; in Altersheimen und Krankenhäusern zeigen Kulturgruppen ihr Können; auch in den Bauernstuben der LPG's will man zu Weihnachten eine frohe Stunde verbringen;
in den Kulturräumen der Nationalen Volksarmee und der Volkspolizei üben unsere Soldaten für diesen Abend Rezitation und Gesang; die Jugend und die Frauen gestalten in ihren Organisationen eine weihnachtliche Feier ...
Und wie sehr ist zu dieser Zeit das Gemüt unserer Kinder bewegt! In Schulen, Kindergärten und Klubräumen der Jungen Pioniere – überall ist man auf seine Weise auf Geben und Freudebringen aus."

in: Wunderweiße Nacht,
DDR 1958, S. 5[3]

"Wusstet ihr schon, dass bei unseren sowjetischen Freunden in der letzten Dezemberwoche das 'Jolkafest' beginnt? 'Jolka' – das bedeutet Tannenbaum. Der Höhepunkt dieses Festes wird zu Silvester gefeiert. Alles strömt in die vielen Klubhäuser, Schulen, Pionierpaläste und Kulturpaläste, um sich zu fröhlichen Stunden unter dem Tannenbaum zu vereinen. Theaterstücke werden aufgeführt, in deren Mittelpunkt die symbolischen Märchenfiguren des reichen Märchen- und Sagenschatzes der Sowjetunion stehen. Dann aber taucht das 'Väterchen Frost' auf, bärtig, im Pelz und mit dem Sack voller Geschenke. Ein in Weiß gekleidetes Mädchen mit vielem Silberschmuck begleitet ihn, das 'Schneeflöckchen'. (...)
Doch nicht nur in den Konzertsälen und Arbeiterklubs, auch in den Hausgemeinschaften und Familien wird tüchtig gefeiert. Auch dort erscheint 'Väterchen Frost' mit seiner Begleiterin, erkundigt sich nach dem Benehmen der Kinder und Erwachsenen, spricht Lob und Tadel aus und packt schließlich die mitgebrachten Gaben aus. So hat sich das 'Jolkafest' die Herzen der Sowjetmenschen erobert."

in: Wir feiern Weihnachten,
DDR 1955, S. 32–33[2]

"Mancherlei gilt es zu bedenken und zu besorgen, wenn ihr eine wirklich gelungene und erlebnisreiche Weihnachtsfeier durchführen wollt. (...)
Da werdet ihr euch im herrlichen Jugendklubhaus treffen, (...) hier wieder werdet ihr euch mit Freunden unserer Kasernierten Volkspolizei treffen. Betriebsgruppen aus der Industrie werden mit den Jungen und Mädchen unserer Landwirtschaftlichen Produktionsgenossenschaften in den vielen neuen Dorfklubhäusern Weihnachten oder Silvester feiern und auch in unseren großen Kulturpalästen wird überall Freude und bunter weihnachtlicher Trubel anzutreffen sein."

in: Wir feiern Weihnachten,
DDR 1955, S. 23[2]

DDR-Definition des Weihnachtsfestes, 1959[4], zitiert nach[5], und die entsprechende grafische Umsetzung:

"Die Betriebe des Volkes bereiten gemeinsam mit den Massenorganisationen unseren Kindern ein schönes, erlebnisreiches Weihnachtsfest. Sie werden beschert, und das wichtigste dabei sind Theateraufführungen, Darbietungen der Tanz- und Musikgruppen und die Spiele der Kinder selbst, wobei ihnen lustige Verkleidungen viel Spaß machen."

"FRÖSI"-WEIHNACHTSKALENDER
(UMZUG DER JUNGEN PIONIERE)
60ER JAHRE

PREIS 0,50 DM
Fröhlich sein und singen
16
23
24
17
14
22
18
13
21
12
THEATER
19
20
HO Bockwurst

Ein "Bunter Teller" zu Weihnachten

DDR, 60er Jahre

Weihnachtsveranstaltungen für FDJ-Gruppen

1. Winterlied	Armin Müller Günter Fredrich *Seite 9*
2. Hinein!	Hansgeorg Stengel *Seite 35*
3. Die Weihnachtsgans Auguste	Friedrich Wolf *Seite 106*
4. Friede schafft der Mensch allein	Rudi Raupach *Seite 250*
5. Deutschland – ein Wintermärchen	Heinrich Heine *Seite 55*
6. Eine Scheibe Brot als Weihnachtsgeschenk	Rudolf Wunderlich *Seite 213*
7. Stille Nacht, heilige Nacht	Wolfgang Langhoff *Seite 204*
8. Friedensweihnacht	Erika Engel Hans Naumilkat *Seite 144*
9. Wir lieben den Frieden	Erich Brehm *Seite 60*
10. „Kalte" Fragen – am warmen Ofen zu lösen	*Seite 267*
11. Mastgans und Pute	*Seite 105*
12. Der Ostwind pfiff sein Winterstück	Kuba *Seite 218*
13. Freude soll sein	Anneliese Paul Günter Fredrich *Seite 284*
14. Worin unsre Stärke besteht	Wolfgang Seifert *Seite 245*
15. Der neue Stern	Erich Weinert *Seite 220*
16. Er leuchtet überall auf Erden	Erich Weinert Siegfried Köhler *Seite 222*

Programm-Vorschlag für eine FDJ-Weihnachtsfeier
in: Friede schafft der Mensch allein, DDR 1958*1

Ausschnitt aus einem "Frösi"-Weihnachtskalender (Riesenrad mit 26 Türchen)

DDR 1963

Auf alle christlichen Elemente wurde jedoch rigoros verzichtet. In den Zeitschriften zum Jahresende dominierten stattdessen verschneite Winterlandschaften, erzgebirgische Volkskunst und die bunte Welt der auch in der DDR sehr beliebten Weihnachtsmärkte. In Abgrenzung zu den christlichen Adventskalendern gab z.B. die Pionierzeitung *"Fröhlich sein und singen"*, kurz *"Frösi"* genannt, 1963 einen sogenannten "Jahresschluss-Kalender" heraus. Er umfasste auch nicht 24, sondern 26 "Türchen", die in der Zeit vom 6. bis 31. Dezember geöffnet werden sollten.

In 4 Jahrzehnten DDR verschwanden nach und nach viele weihnachtliche Bräuche, die in dem weitgehend protestantischen Gebiet ohnehin nie so ausgeprägt waren wie in anderen Teilen Deutschlands. Mit Thüringen und dem Erzgebirge waren allerdings zwei Regionen unter sowjetischen Einfluss gelangt, die seit Generationen durch Glasbläserei und Kunsthandwerk besonders eng mit der Weihnachtszeit verbunden waren. Gläserner Christbaumschmuck aus Lauscha ging einst um die ganze Welt – die volkseigenen Betriebe hatten es schwer, an alte Glanzzeiten anzuknüpfen. Zwar wurde auch weiterhin Baumschmuck nach traditionellen Formen und Motiven hergestellt, daneben kamen aber auch DDR-typische neue Varianten auf den Markt, wie z.B. Schneekristalle und Lampions aus billiger "Plaste".

Mehr Glück hatten dagegen die Nussknacker und Räuchermännchen, die Schwibbögen und die prächtigen Pyramiden mit ihren drehbaren Flügelrädern – diese weltbekannten Holzarbeiten aus dem Erzgebirge prägten auch in der DDR das Bild des Weihnachtsfestes. Ihnen kam zugute, dass sie nicht als christliche Tradition, sondern als jahrhundertealte Volkskunst angesehen wurden.

Als Geschenke waren die Handarbeiten aus dem Erzgebirge hochbegehrt, vor allem, wenn man den Verwandten im Westen zu Weihnachten etwas "ganz Besonderes" schicken wollte. Dabei überstieg die Nachfrage bei weitem das Angebot. Wer ahnte schon, dass die in der DDR so schwierig zu beschaffenden Schnitzarbeiten zur gleichen Zeit auch die Weihnachtsmärkte in der Bundesrepublik eroberten: Fast die gesamte Jahresproduktion des Seiffener VEB "Spiel- und Kulturwaren" wurde nämlich als Devisenbringer in den Westen exportiert[▸5]. Und da man in den Exportbüchern ja schlecht von "Engeln" reden konnte, erfanden die DDR-Bürokraten einen neuen Begriff dafür: die *"Geflügelte Jahresendfigur"*.

Detail einer Schachtel für "Baumschmuck aus Plaste" und dazugehöriger Beipackzettel
VEB Thür. Glasschmuck Lauscha, 80er Jahre

Baumschmuck aus Plast!

Ansprechende Form und vornehmer Effekt zeichnen ihn aus. Transportschäden sind so gut wie ausgeschlossen. Jedes einzelne Stück ist in den Bodeneinsatz des Kartons leicht eingeklemmt.

Es empfiehlt sich, den Schmuck nach dem Gebrauch wieder in den Einsatz zu stecken.

V 17 2

Postkarte, Sowjetische Besatzungszone, 1948

"Das geteilte Fest",
Schülerarbeit, ein Jahr nach dem Mauerbau
Bundesrepublik 1962*6

"Päckchen für drüben" – Weihnachtliche Propaganda in West und Ost

Der "Kalte Krieg" war selbst an Weihnachten allgegenwärtig – geschickt nutzte man in West und Ost die Weihnachtszeit zur politischen Stimmungsmache gegen das jeweils "andere" Deutschland. Ein eindrückliches Bild dieser Auseinandersetzung, das von beiden Seiten verwendet wurde, war die Gegenüberstellung zweier Symbole: Dem "Stern von Bethlehem" auf westdeutscher Seite trat der "Rote Stern" der Sowjetmacht auf der anderen Seite entgegen[1,7A].
Der Wunsch nach einer möglichen Wiedervereinigung Deutschlands wurde zwar alle Jahre wieder zu Weihnachten geäußert[8,9], doch die Realität sah deutlich anders aus. So z.B. in einem Weihnachtsheft der FDJ von 1955: Während in einem Gedicht zum Jahresende noch die Einheit Deutschlands als oberstes Ziel beschworen wurde, schilderte die Erzählung *"Weihnachtsabend an der Grenze"*, wie ein elfjähriger Junge ausgerechnet an Weihnachten eine Republikflucht vereitelte[10].

In Westdeutschland rief das "Kuratorium Unteilbares Deutschland" (KUD) ab 1958 dazu auf, am Weihnachtsabend mit brennenden Kerzen in den Fenstern Verbundenheit mit den Menschen "drüben" zu demonstrieren. Ihren Höhepunkt erreichten derartige Aktionen zu Weihnachten 1961, im Jahr des Mauerbaus. Auch in der DDR stand die Mauer im Mittelpunkt der weihnachtlichen Berichterstattung: Als "antiimperialistischer Schutzwall" garantierte sie den Weihnachtsfrieden, und Kinder dankten den Grenzsoldaten dafür mit geschmückten Bäumchen und Geschenken.
Vor allem aber bestimmten wirtschaftliche Vergleiche die Weihnachtspropaganda in West und Ost. Die Medien in der Bundesrepublik stellten das Versagen der sozialistischen Planwirtschaft fest und propagierten *"Päckchen in die Zone"*, denn *"Dinge, die im Westen schon seit langem zum täglichen Leben gehören, sind drüben heute noch vielbegehrte Seltenheit"*[11,12].
Im Gegenzug beklagte der FDGB 1953 in seiner Weihnachtsbroschüre wirtschaftliche und soziale Missstände bei den "Brüdern und Schwestern im Westen"[13].

Doch derartige Propaganda konnte angesichts des Wirtschaftswunders nicht lange überzeugen. Als der Wohlstand im Westen den DDR-Bürgern nicht länger verheimlicht werden konnte, änderte man dort die Propaganda-Strategie: Jetzt wurde zur Weihnachtszeit die westliche Konsumgesellschaft an den Pranger gestellt.

(...)
Erstes Licht, du leucht dem Frieden,
heiß ersehnt in unsrer Not.
Zweites Licht, du leucht der Freiheit!
Drittes Licht, du leucht dem Brot!
Viertes Licht, du leucht der Einheit,
Deutschlands Einheit leuchte, Licht!
Dass aus Osten und aus Westen
wieder werde ein Gesicht!
(...)

in: Friede schafft der Mensch allein, DDR 1958[8]

Neues Jahr wird Einheit bringen
Droben von dem hohen Turme
hallt der Turmuhr erster Schlag,
schwingt und weckt das Lied der Glocken,
singt in Schlaf den letzten Tag.
Schlag auf Schlag und heller Jubel
zittert oben durchs Gestühl.
Sah'n den Aufbau deutscher Städte!
Auf ihr Glocken! Auf zum Spiel!
Singt den Frieden in die Lande,
mahnt's dazwischen, hell und hart,
denn noch immer ist gevierteilt,
ach, die deutsche Gegenwart!
Einheit! fordert laut der zwölfte
Schlag ins weite Land hinein.
Einheit, mahnt er, deutsche Einheit,
sie erst wird der Friede sein.
Für die Einheit Deutschlands kämpfen
ist der Deutschen höchstes Ziel!
Neues Jahr wird Einheit bringen!
Singt's und tönt's im Glockenspiel.
(...)

in: Wir feiern Weihnachten, DDR 1955[9]

"Weihnachten in Uniform" mit Soldaten der Nationalen Volksarmee
in: Friede schafft der Mensch allein, DDR 1958*1

"Viele Christbäume tragen in den Weihnachtstagen als Schmuck an ihrer Spitze einen leuchtenden Stern. In der Welt von heute droht ein anderer 'Stern' den Stern über der Krippe zu verdrängen und zu verdunkeln, der Stern auf den Türmen des Kreml. Unsere Generation ist angesichts dieser beiden Sterne in einen gigantischen Kampf des Geistes gestellt: in die Entscheidung des Glaubens an das himmlische Licht über und in der Krippe oder an das Irrlicht über dem Kreml. Von dem Stern über Bethlehem heißt es: 'Als die Weisen den Stern sahen, hatten sie eine überaus große Freude.' Der 'Stern' des Bolschewismus trieb und treibt Millionen in die Trauer der Heimatlosigkeit."

in einem Weihnachtsheft des Nordrhein-Westfälischen Arbeits- und Sozialministeriums, 1955[7A]

"Schon kreisen die Flieger Amerikas mit Waffen über den Häuptern der Menschen vieler Länder der Welt. 'Fürchtet euch nicht!' so sagte der Engel zu den Hirten. Wie aber sollen wir uns nicht fürchten, wenn seit zweitausend Jahren die Friedensbotschaft des Engels verkündet, die Menschheit aber von Schrecken zu Schrecken, von Krieg zu Krieg getrieben wird? (...)
Bis eines Tages nach dem Stern von Bethlehem ein anderer Stern aufging, der rote Stern der befreiten Arbeiter und Bauern in Russland! (...) 'Fürchtet euch nicht – aber kämpft', das Friedensmanifest jener Nachkommen der Hirten auf dem Felde, die die Sache des Friedens in ihre eigenen Hände genommen und auf einem Drittel der Erde den ewigen Frieden verwirklicht haben. (...) Der Friede, liebe Freunde, liegt nicht als ein Geschenk unter dem Christbaum, er will erkämpft und errungen sein!"

in: Friede schafft der Mensch allein, DDR 1958, S. 147[1]

"Es war Heiligabend. Die Baracke der deutschen Grenzpolizei duckte sich tief in den flimmernden Schnee. (...) Als sich am Abend die Genossen der Dienststelle in ihrem Kulturraum unter dem Weihnachtsbaum versammelten, öffnete sich die Tür und der Gefreite schob einen elfjährigen Jungen vor sich her in das Zimmer. 'Das ist der Bruder des Genossen Jensen, er hat zur Festnahme eines Agenten beigetragen.'
Die Grenzpolizisten klatschten Beifall und riefen anerkennende Worte. (...) Voll heißer Freude spürte Kurt Jensen, dass er in einer großen Familie zu Hause war."

aus der Erzählung "Weihnachtsabend an der Grenze", in: Wir feiern Weihnachten, DDR 1955[10]

"Aber können wir denn Weihnachten feiern, können wir fröhlich sein und singen, während unser ganzes Denken und Fühlen doch tief beeindruckt ist von den erschütternden Ereignissen der letzten Wochen? (...) Inzwischen ist jedem besonnenen Menschen klargeworden, dass die ungarische Tragödie zum dritten Weltkrieg geführt hätte, hätte nicht die Sowjetunion hier ein gebieterisches Halt ausgesprochen. (...) Um so mehr wollen wir uns gerade zu Weihnachten, dem Fest des Friedens, über jeden auch scheinbar kleinen Erfolg in dem großen Ringen um den Frieden freuen. (...) Hunderttausende deutsche Mütter und Väter bewegt gerade in diesen Weihnachtstagen die Frage: Wird unser Junge nächstes Jahr noch bei uns sein oder werden wir Weihnachten 1957 allein erleben müssen? Denn die Regierung Adenauer hat die allgemeine Wehrpflicht wieder eingeführt und will die westdeutsche Jugend trotz ihrer ablehnenden Haltung in die NATO-Kasernen zwingen. (...) Deshalb kann man nicht zulassen, dass in der Bundesrepublik die Wehrpflicht eingeführt wird, dass SS-Führer über hoffnungsvolle deutsche Jugend wieder Kommandogewalt erhalten und dass die Bundesrepublik in dem NATO-Pakt verbleibt, den die Mitgliedsmächte dazu benutzen, um für ihre eigensüchtigen wirtschaftlichen und militärischen Interessen die Welt an den Rand eines neuen Weltkriegs zu führen."

in: Ausschuss für Deutsche Einheit (Hrsg.): Die Weihnachtszeit ist da, DDR 1956[14]

Unbeanstandet kann dieses Paket in die Ostzone gehen und dort Freude bereiten. Es ist nicht schwerer als 7 kg und der Wert der darin enthaltenen „Handelsware" übersteigt nicht 20 DM. Schuhe und Unterwäsche sind getragen, Kaffee und Rauchwaren sind versteuert. Und alle Dinge werden „drüben" dringend gebraucht.

Denkt an die „drüben"!

Dinge, die im Westen schon seit langem wieder ganz selbstverständlich zum täglichen Leben gehören, sind „drüben" — in der sowjetischen Besatzungszone — heute noch eine vielbegehrte Seltenheit. Für ein Weihnachtspaket ist es zwar schon spät, aber ganz bestimmt noch nicht zu spät. Angenehme Überraschungen sind auch nach den Festtagen willkommen. Sie sollen „drüben" wissen, daß wir sie nicht vergessen haben. Wer keine Verwandten oder Bekannten in der Ostzone hat, aber trotzdem ein Paket schicken möchte, kann durch die bekannten westdeutschen Hilfsorganisationen jederzeit die Adressen von Bedürftigen erfahren.

Was muß man beachten?

Päckchen und Pakete nach der Ostzone unterliegen seit dem 1. April 1951 der Zollkontrolle. Sie können Ihre Sendung beim zuständigen Postamt aufgeben. Die Postämter sind angewiesen, alle Pakete an das in ihrem Bereich bestehende Postzollamt weiterzuleiten, wo sie einer zollamtlichen Überprüfung unterzogen werden. Sie können ein Päckchen (bis zu 2 kg, gewöhnlich oder eingeschrieben) oder Pakete (bis zu 7 kg) aufgeben. Wenn Ihr Paket Handelsware enthält (alles, was handelsmäßig verkauft oder getauscht werden kann, z. B. Lebensmittel, fabrikneue Gebrauchsgegenstände und Textilien usw.), dann müssen Sie zusätzlich folgende Bestimmungen beachten:

1. Der Inhalt der Sendung darf einen Gesamtwert von DM 20.— nicht übersteigen.
2. Sie können monatlich nur ein Paket an den gleichen Empfänger (Familie oder Einzelperson) absenden.
3. Die Höchstmenge für eine Sorte beträgt 2 kg und darf nicht überschritten werden.

Nicht als Handelsware gelten: Gebrauchte Gegenstände, getragene Kleidungsstücke usw.

Nur in diesem Falle kann die Wertgrenze von DM 20.—, nicht aber das Höchstgewicht von 7 kg überschritten werden. Es empfiehlt sich daher, Mischpakete, d. h. eine Zusammenstellung verschiedener Waren, zu schicken. Ab 2. Januar 1952 ist ein Inhaltsverzeichnis für alle Sendungen in die sowjetische Besatzungszone erforderlich, das mit dem Paket am Postamt abgegeben werden muß. Die Versendung unversteuerter ausländischer Waren (amerikanische Zigaretten, amerikanischer Dosenkaffee u. dgl.) ist nicht zulässig. Bei den vom Zollamt vorgenommenen Stichproben werden solche Güter beschlagnahmt. Der Absender hat mit einer Strafe in vierfacher Höhe des hinterzogenen Steuerbetrages zu rechnen.

ANZEIGE "DENKT AN DIE DRÜBEN!"
IN: HEUTE, NR. 152, 1951*11

ANZEIGE "SOWJETZONE WEIHNACHTSPAKETE"
IN: HÖREN UND SEHEN, HEFT 51, 1954*12

"Wir in der DDR werden unter dem Weihnachtsbaum an unsere Brüder und Schwestern im Westen unserer Heimat denken, die noch nicht immer ein frohes Fest feiern können, weil der Vater vielleicht schon drei Jahre arbeitslos ist und der Sohn in die Fremdenlegion gepresst wurde."

in einer Broschüre des FDGB zu Weihnachten 1953*13

West-Weihnachtsmanns Weh-Weh

„Na, Kinder, nun ist ja bald wieder Weihnachten. Wer kann uns mal erzählen, wie der Weihnachtsmann aussieht – du, Fritzchen?" „Ja, Frollein. Er hat 'nen langen Bart. Und, und, und er ist ganz doll erkältet."

„Erkältet? Aber Fritzchen, wie kommst du denn darauf?"

„Na ja, Frollein, als mein Papa gestern vom Stempeln kam, sagte er: „Diesmal wird uns der Weihnachtsmann was husten!"

Hans Spicker

WITZ "WEST-WEIHNACHTSMANNS WEH-WEH"
IN: WIR FEIERN WEIHNACHTEN, DDR 1955, S. 49*2

Dresden, Dezember 1953

*"Kiefern als Weihnachtsbäume.
Jeder zehnte Baum, den die 'volkseigenen' Christbaumhändler anbieten, ist eine Kiefer. Wenn ich mir eine Kiefer für das Fest kaufen muss, so gehört das zum Bild. Tannen, Fichten waren schnell ausverkauft. Diese Kiefer ist ein Symbol … Ich lief durch den zum Teil erneuerten Zwinger, trat endlich hinaus auf den Postplatz. Pappkulissen, vom Regen aufgeweichte rote und schwarzrotgoldene Fähnchen – wie zum Jahrmarkt angesteckt. Drüben das HO-Warenhaus, wegen Überfüllung gesperrt. 'Hohe Kinderschuhe nicht vorhanden' – ein Schild. Ein anderes Schaufenster mit Präsentkörben für 20 bis 80 Mark. Der Inhalt unappetitlich zusammengeworfen, aber immerhin: eine Zitrone, eine Apfelsine, ein Glas Mirabellen, Pfefferkuchenherzen aus Pulsnitz, eine kleine Dauerwurst, eine russische Krabbenkonserve, eine kleine Flasche Wodka, paar Kekse, Pudding und ein Beutel Geleefrüchte – alles für 20 Mark. Mir fällt wieder, immer wieder auf: kein Fett, keine Butter, kein Fleisch … Aber alles mit roten Fähnchen garniert, im Hintergrund ein Foto des Diktators: Walter Ulbricht … Im Westen das 'Deutsche Wunder', im Osten das 'Deutsche Elend'. Und keine Hoffnung, dass das Wunder dem Elend helfen könnte …"*

Auszüge aus Christian Wulffen: Mitteldeutsches Tagebuch, zitiert in den Weihnachtsbüchern des Nordrhein-Westfälischen Arbeits- und Sozialministeriums, 1956 und 1962[7B,C]

Der Brief aus dem Westen

Verschneit war das Häusel, und Mutter und Vater hatten auf die Feiertage gerüstet. In der Kammer waren die Betten frisch bezogen, für alle Fälle: wenn dor Gung e ham komme sollt. — Sie warteten beide auf eine Nachricht vom Sohn, der schon viele Jahre im Westen war. Da brachte der Briefträger die lang erwartete Post, und mit Freude begann der Vater vorzulesen:

Ihr Lieben zu Hause!

Vielen Dank für Euern Brief, wir freuen uns, daß es Euch gesundheitlich wieder besser geht. Und satt zu essen habt Ihr auch, wie Vater schreibt. Nun, was wollt Ihr mehr. Auch bei uns geht das Leben seinen gewohnten Gang. Ilse und ich arbeiten von früh bis spät und für die Kinder bleibt wenig Zeit. Sonnabend wird der Wagen geputzt und sonntags fahren wir raus ins Grüne. Ilse hat jetzt auch den Führerschein gemacht und fährt so gern Auto, daß es meist ein paar Kilometer werden. Letzte Woche haben wir uns einen neuen Fernseher gekauft, einen Farbfernseher, daß ist das Neueste und Modernste, was es bei uns gibt. Er hat 1400 Mark gekostet, und ich muß wieder einige Überstunden machen, daß wieder Geld reinkommt. Ja, auch bei uns ist das Leben nicht so leicht, wie Ihr das da drüben manchmal denkt. Ilse will noch 5 Jahre arbeiten, dann ist sie 20 Jahre in der Firma und bekommt noch eine schöne Prämie und die wollen wir doch noch mitnehmen. Den Kindern geht es auch gut, Beate macht Tanzstunde und Klaus-Dieter hat wieder ein neues Fahrrad bekommen, mit dem alten wollte er nicht mehr fahren. Jetzt zur Weihnachtszeit sind die Schaufenster wieder so voll, und man weiß gar nicht, was man schenken soll, das solltet Ihr einmal sehen. Wir haben Euch diese Woche Euer jährliches Weihnachtspaket geschickt, hoffentlich kommt alles gut an. Für Vater haben wir die teuersten Zigarren gekauft und für Mutter eine schöne Handtasche, und für ein paar gute Näschereien und Kaffee haben wir auch gesorgt. Nun noch etwas, wenn Ihr uns was schickt, schickt keine Stollen, wir kaufen hier unsere immer in einer feinen Konditorei, da sind sie besser geformt, und wenn Besuch kommt, kann man auch davon anbieten. Und Weihnachtszeug aus Holz haben wir auch genug, wir stellen garnicht mehr alles auf, es sind solche Staubfänger und Ilse kommt doch nur sonnabends zum putzen. So, liebe Eltern, bleibt schön gesund und verlebt Weihnachten recht schön, wir sind froh, wenn die vielen Feiertage wieder vorbei sind mit all dem Trubel. Herzliche Grüße, Paul, Ilse und Kinder.

Da war es ganz still in der Stube, und die Alten waren allein.

"Der Brief aus dem Westen"
(im Original-Schriftsatz), 1969, in[15]

Titel "Garstige Weihnachtslieder", 1969 [16A]

"Protest statt Fest" – Das Anti-Weihnachten der '68er

Im Verlauf der 60er Jahre wuchs in der Bundesrepublik die Kritik an den seit Jahrzehnten tradierten Werten in Staat und Gesellschaft immer stärker an und entlud sich schließlich 1968 in den Studentenunruhen und Aktionen der "Außerparlamentarischen Opposition". Gerade das "gutbürgerliche" Weihnachtsfest mit seinen Idealen von "heiler Welt" und "Familienidylle" geriet in diesem Konflikt der Generationen unweigerlich zwischen alle Fronten.

Mit der Umdichtung beliebter und allseits bekannter Weihnachtslieder griffen "linke" Autoren und Liedermacher ein Stilmittel auf, das schon in den 20er Jahren von den Arbeiterdichtern wirkungsvoll in Szene gesetzt worden war.
Am verkaufsoffenen Samstag vor Weihnachten in den Einkaufsparadiesen vorgetragen, konnten diese Parodien durchaus ein größeres Publikum erreichen.
Die Texte wurden darüber hinaus auch in gedruckter Form zum Verkauf angeboten‣[16,17], z.B. unter dem Titel *"Garstige Weihnachtslieder"*.
Als zusätzliche Provokation zeigte dieses Heft schon auf dem Titel keine vertraute Krippenszene, sondern stattdessen Jesus Christus als "Revolutionär" mit Dornenkrone – die Ähnlichkeit zu den Darstellungen des Guerillaführers Che Guevara ist dabei unverkennbar.

Im Kreuzfeuer der Kritik standen Konsumdenken und Großfinanz, die Moralvorstellungen der Katholischen Kirche, die unbewältigte Nazi-Vergangenheit und der "ausbeuterische" Umgang mit der Dritten Welt. Vor allem der Vietnam-Krieg stand im krassen Gegensatz zu der eigentlich doch zentralen Botschaft des Weihnachtsfestes "Friede auf Erden".
Eine brauchbare Alternative, wie Weihnachten stattdessen gefeiert werden könnte, hatten die 68er aber ebenso wenig anzubieten. Dem Phänomen "Weihnachten" konnten auch sie sich nicht völlig entziehen: Am Ende fand der deutsche Weihnachtsbaum selbst in alternativen Kommunen noch seinen Platz‣[21].

Morgen kommt der Weihnachtsmann,
kommt mit seinen Gaben:
Goldnes Armband, goldne Clips,
Socken, Oberhemden, Schlips,
Schnäpschen, Bierchen, Weihnachtsschwips
will man schließlich haben.

Dieter Süverkrüp, zitiert nach‣[16B]

Billige Nacht, eilige Nacht!
Ratenkauf, leichtgemacht
durch der Engel Alleluja.
Die gehören zum Werbe-Etat.
Denn der Vater im Himmel
ist Präsident vom Konzern.

Dieter Süverkrüp, zitiert nach‣[16B]

Wilde Nacht, streikende Nacht!
Eines Tags, nicht ganz sacht,
pfeifen wir auf die Gnade der Herrn,
übernehmen mal wir den Konzern
und die Führung im Staate.
Das wird ein Weihnachtsfest wer'n!

Dieter Süverkrüp, zitiert nach‣[16B]

Es wird für uns eine Zeit ankommen,
da schaffen wir eine Einigkeit.
Unterm Stern, der leise fällt,
baun wir schon eine andre Welt.

Uwe Wandrey, zitiert nach‣[16B],
mit Originalillustration "Mercedes-Stern"

Lasst uns froh und munter sein,
sperrt die alten Nazis ein!
Schuldig, schuldig, tralaralara
trotzdem sind sie noch alle da.

Gruppe "Die Conrads", zitiert nach[16B]

Alle Jahre wieder kommt das nächste Kind,
weil wir arm und gläubig, gut katholisch sind.

Agnes Hüfner, zitiert nach[16B]

O Nixon, reiß die Hölle auf:
Napalm, herab vom Himmel lauf.
Ihr Bomber, startet von Guam,
segnet das Volk von Vietnam.

Peter Schütt, zitiert nach[16B]

"Während der Weihnachtsfeiertage ist es in Berlin wie im Vorjahr zu mehreren Zwischenfällen gekommen, die von jugendlichen Demonstranten ausgelöst worden sind. Sowohl der Gottesdienst am Heiligen Abend wie auch die Mitternachtsmette wurden in der Kaiser-Wilhelm-Gedächtniskirche gestört. Vor Beginn der Predigt wünschten am Nachmittag plötzlich einige Jugendliche zu diskutieren. Sie traten vor den Altar und erklärten, eine Gruppe junger evangelischer Christen in Berlin habe der Gemeinde etwas zu sagen, während zur gleichen Zeit andere Demonstranten vor dem Altar ein Transparent mit der Aufschrift 'Ihr Heuchler' entfalteten. Der Pfarrer ließ die Kirchenbesucher, unter ihnen Bischof Scharf, darüber abstimmen, ob sie eine Diskussion wünschten. Als dies mit Mehrheit abgelehnt wurde, wurden die Jugendlichen unter Protestrufen anderer Gottesdienstteilnehmer zum Ausgang gedrängt. Der Pfarrer bat anschließend in seiner Predigt um Verständnis und sagte, das Weihnachtsfest sei 'kommerzialisiert' und viele Christen hätten diese Entwicklung schon seit langer Zeit mit Sorge beobachtet."

Frankfurter Allgemeine Zeitung,
27. Dezember 1968, zitiert nach[20]

"Um die Weihnachtsfresserei hatten wir Tage vorher erbittert diskutiert. Und darüber, ob ein Weihnachtsbaum gekauft werden sollte. Für jeden von uns war mit dem ominösen Datum 24. Dezember ein Stück Familie wieder lebendig geworden: die unerträglich verlogene Sentimentalität dieser häuslichen Weihnachtsfeiern – aber auch die kindliche Sehnsucht nach Geborgenheit und Liebe.
Je nachdem, welche Seite dieser ambivalenten Einstellung vorherrschte, waren die einzelnen für oder gegen gemeinsames Festessen gewesen. Marion und Eberhard schwebte eine gewaltige Fressorgie vor, etwa so wie in Buñuels Film Viridiana – eine chaotische Vernichtung weihnachtlicher Gefühlsseligkeit und Innerlichkeit. Eike wollte eine besinnliche Gesprächsrunde, in der man hätte nachdenken können, und Dagmar wünschte unbedingt einen Tannenbaum. Sie hatte mit den Kindern zusammen einen Baum gekauft. Und Eberhard meinte, wenn schon Baum, dann müssten die Kinder auch damit machen dürfen, was sie wollten, z.B. ihn zerhacken oder durch die Wohnung schleifen und Dagmar hatte ein bisschen geweint. Das Ding stand jetzt im Kinderzimmer, und die Kinder hatten anscheinend kein Bedürfnis, den Baum zu zerstören."

Aufzeichnungen der Kommune II, 1970,
zitiert nach[21]

Advent, Advent,
ein Kaufhaus brennt.
Erst eins, dann zwei,
dann drei, dann vier,
dann stehn die Bullen vor der Tür.

✦

Weihnachtsmännerbärten traut ihr –
auf Studentenbärte haut ihr!

✦

Christ der Retter ist da.
Auf der Durchreise.
Nur drei Tage.

Szene-Sprüche[18]

1. Einführung

Empfehlenswerte Literatur zum Thema

▸ 1 Weber-Kellermann, Ingeborg: Das Weihnachtsfest – Eine Kultur- und Sozialgeschichte der Weihnachtszeit, 232 S., Verlag C.J. Bucher, München und Luzern (1978, 1987) ISBN 3-7658-0273-5
Bis heute ein wichtiges Standardwerk zur Geschichte des Weihnachtsfestes mit zahlreichen Quellen und Illustrationen, leider nur noch antiquarisch oder über Leihbibliotheken erhältlich.

▸ 2 Foitzik, Doris: Rote Sterne, braune Runen – Politische Weihnachten zwischen 1870 und 1970, 276 S., Internationale Hochschulschriften, Band 253, Waxmann Verlag, Münster (1997) ISBN 3-89325-566-4
Hervorragende Arbeit zum Thema, zugleich Dissertation der Autorin an der Universität Bremen, 1994 (leider ohne Abbildungen).

▸ 3 Faber, Richard und Gajek, Esther (Hrsg.): Politische Weihnacht in Antike und Moderne – Zur ideologischen Durchdringung des Fests der Feste, 306 S., Verlag Königshausen & Neumann, Würzburg (1997) ISBN 3-8260-1351-4
Eine Sammlung von 13 akademischen Aufsätzen aus den Fachbereichen Theologie, Literaturwissenschaft, Politologie, Kulturwissenschaft und Volkskunde. Aufgrund des anspruchsvollen fachsprachlichen Niveaus nur für die Klassen 11–13 zu empfehlen.

▸ 4 Abresch, Werner: Fest-Beleuchtung – Der Deutschen liebste Feier, Weihnachten, 153 S., Boss-Verlag, Kleve (1990) ISBN 3-89413-270-1
Eindrucksvolle Sammlung von zeitgenössischen s/w-Fotografien aus dem Zeitraum 1890–1990.

▸ 5 Jochens, Birgit: Deutsche Weihnacht – Ein Familienalbum 1900–1945, 85 S., Nicolaische Verlagsbuchhandlung, Berlin (1996) ISBN 3-87584-603-6
Kommentierte Sammlung von s/w-Fotografien eines Berliner Ehepaares.

▸ 6 Bouchette, Gretel (Hrsg.): Bruchstücke – Friedensweihnacht 1945, 183 S., Omnis Verlag, Berlin, 1. Auflage (1999) ISBN 3-933175-12-7 (erhältlich über Gretel Bouchette, Brienner Str. 9, 10713 Berlin)
Eine Sammlung von 85 autobiografischen Erinnerungen an Weihnachten 1945.

▸ 7 Casdorf, Claus Hinrich (Hrsg.): Weihnachten 1945 – Ein Buch der Erinnerungen, 241 S., Athenäum Verlag, Königstein / Taunus (1981) und Deutscher Taschenbuch Verlag, München (1984) ISBN 3-423-10342-6
Autobiografische Beiträge von 24 Prominenten, u.a. Heinrich Böll, Christine Brückner, Hildegard Hamm-Brücher und Siegfried Lenz.

▸ 8 Jens, Walter (Hrsg.): Es begibt sich aber zu der Zeit – Texte zur Weihnachtsgeschichte, 489 S., Fischer Taschenbuch Verlag, Frankfurt am Main (1993) ISBN 3-596-11491-8
Eine hervorragende Zusammenstellung, sehr umfangreich und dennoch preisgünstig, bietet eine Fülle anspruchsvoller Texte für den Unterricht in Religion, Deutsch und Literatur.

Anmerkungen / Quellenangaben

▸ 9 Weber-Kellermann, Ingeborg: Das Buch der Weihnachtslieder, B. Schott's Söhne, Mainz, S. 186–188 (1982)

▸ 10 Grüger, Heribert und Johannes: Liederfibel 2.Teil, Kinderlieder in Bildernoten, Ostdeutsche Verlagsanstalt, Breslau, S. 39 (1930)

▸ 11 Jugendbuchlektorat des Bibliographischen Instituts (Hrsg.): Meyers Kinder-Weihnachtsbuch, Bibliographisches Institut, Mannheim, S. 88 (1968)

▸ 12 Die schönsten deutschen Weihnachtslieder – ausgewählt von Peter Alexander, Burda GmbH, Offenburg, S. 15 (1973)

▸ 13 Das große Buch der Weihnachtslieder, Delphin Verlag, München, S. 14 (1978)

▸ 14 Hansen, Walter (Hrsg.): Advents- und Weihnachtslieder – Zum Mitsingen für die ganze Familie, Lizenzausgabe des Mosaik Verlags, München, für die Bertelsmann Club GmbH, Gütersloh, S. 59, undatiert (1980er Jahre)

▸ 15 Advents- und Weihnachtslieder, Allianz Versicherung, ohne Seitenzählung, undatiert (1980er Jahre)

▸ 16 Das Altdeutsche Weihnachtsbuch, Marion von Schröder Verlag, Düsseldorf, 1. Auflage, S. 209 (1983)

▸ 17 Bald ist Weihnachten, Naumann & Göbel Verlagsgesellschaft, Köln, S. 60 (1983)

▸ 18 Weihnacht – Lieder, Gedichte, Briefe und Erzählungen aus alter Zeit, Deutscher Bücherbund, Stuttgart / München, S. 15 (1990)

▸ 19 Schott's Harmonika-Reihe 45, Carl Schneider-Kräupl (Hrsg.): Frohe Weihnachten – Eine Sammlung der schönsten Weihnachtslieder für diatonische Handharmonika, B. Schott's Söhne, Mainz, S. 14–15 (1949)

▸ 20 Edition Schott 4354, Willi Draths (Hrsg.): Unsere Weihnachtslieder, B. Schott's Söhne, Mainz, S. 21 (1961)

▸ 21 Tchibo (Hrsg.): Stille Nacht, heilige Nacht!, Tchibo Frisch-Röst-Kaffee, S. 14, undatiert (1970er Jahre)

▸ 22 Köhler, Siegfried (Hrsg.): Wenn Weihnachten ist – 15 Weihnachtslieder für Kinder, VEB Breitkopf & Härtel Musikverlag, Leipzig, 11. Auflage, S. 9 (1957)

▸ 23 Das weihnachtliche Lied, Matth. Hohner AG, Trossingen / Württ., 11. Auflage, S. 62, undatiert (1950er Jahre)

▸ 24 Rabsch, Edgar (Hrsg.), Musik – Ein Schulwerk für die Musikerziehung, Band A I/1: Musikfibel, Verlag Moritz Diesterweg, Frankfurt am Main, 5. Auflage, S. 29 (1961)

▸ 25 Brock, Rut und Rudolf (Hrsg.): Wunderweiße Nacht, Henschelverlag, Berlin, 3. Auflage, S. 102–103 (1966)

▸ 26 Bernhard, Marianne (Hrsg.): Gnadenbringende Weihnachtszeit, Lizenzausgabe des Südwest Verlags, München, für die Neue Schweizer Bibliothek, S. 150–151 (1966)

▸ 27 van der Burg, Chris: Leuchte mein Stern leuchte, Lingen Verlag, Köln, S. 254 (1990)

▸ 28 Oberdieck, Bernhard: Alle Jahre wieder – Ein Weihnachtsliederbuch mit Bildernoten, ars Edition, München, ohne Seitenzählung (1995)

▸ 29 Es weihnachtet – Das große Weihnachtsbuch, Lizenzausgabe für Merit Verlag, S. 130–131 (1981)

▸ 30 Franke, Kristina (Hrsg.): Kommt, singt und klingt – Die schönsten Lieder zur Weihnachtszeit, Coppenrath Verlag, Münster, Lied Nr. 4 (1992)

▸ 31 Jung, Martina und Pachnicke, Bernd (Hrsg.): Es ist ein Ros' entsprungen – Weihnachtslieder für Singstimme und Klavier / Gitarre, Edition Peters, Leipzig, S. 59 (1988)

▸ 32 Kleines Liederbuch zur Weihnachtszeit, Verlag Heinrich Ellermann, München, S. 6 (1991)

2. Weihnachten im Ersten Weltkrieg

- ▸ 1 vgl. Berliner Geschichtswerkstatt (Hrsg.): August 1914: Ein Volk zieht in den Krieg, Verlag Dirk Nishen, Berlin (1989)
- ▸ 2 vgl. Arbeiten zur Pastoraltheologie, Band 5, Wilhelm Pressel: Die Kriegspredigt 1914–1918 in der evangelischen Kirche Deutschlands, Verlag Vandenhoeck & Ruprecht, Göttingen, Zitate siehe S. 222 und 225 (1967)
- ▸ 3 Zwischen Krieg und Frieden, Heft 10, Ernst Dryander: Weihnachts-Gedanken in der Kriegszeit, Verlag S. Hirzel, Leipzig, S. 9 und 11 (1914)
- ▸ 4 Feldgesangbuch für die katholischen Mannschaften des Heeres, Verlag der Germania, Berlin, S. 33 (1898)
- ▸ 5 Lahusen, Friedrich und Braun, Max (Hrsg.): Christbaum und Schwert – Weihnachtsbuch für Feld und Heimat, Vaterländische Verlags- und Kunstanstalt, Berlin, S. 89–94 (1915)
- ▸ 6 Fürs heil'ge Vaterland – Ein Heimatgruß an die Krieger im Feld, Verlag Martin Warneck, Berlin (1915)
- ▸ 7 Deutsche Weihnacht – Eine Liebesgabe deutscher Hochschüler, Berlin (1914)
- ▸ 8 Kriegsweihnacht 1914 – Ein Weihnachtsbuch für unser Heer und Volk, Verlag Vandenhoeck & Ruprecht, Göttingen (1914)
- ▸ 9 Heilge Nacht auf ferner Wacht – Ein Weihnachtsgruß für deutsche Krieger, Agentur des Rauhen Hauses, Hamburg, S. 27 (1914)
- ▸ 10 Treue um Treue – Ein Weihnachtsgruß an unsere sächsischen Krieger, Buchdruckerei Jos. Drotleff, Hermannstadt (1915)
- ▸ 11 Das ewig Licht geht da herein – Ein Weihnachtsgruß aus der Heimat, Ev. Preßverband, Stuttgart (1915)
- ▸ 12 Heut schließt er wieder auf die Tür zum schönen Paradeis – Ein Weihnachtsgruß für unsre Krieger, Ev. Preßverband, Stuttgart, ohne Seitenzählung (1916)
- ▸ 13 Hirtenworte an die Soldaten im Kriege, Verlag der Germania, Berlin (1915)
- ▸ 14 Ein feste Burg ist unser Gott – Für unser kämpfendes Heer, Verlag Martin Warneck, Berlin (1914)
- ▸ 15 Neumann, Felix: Weihnachten im Felde, Auszüge aus einer Illustrierten Kriegs-Chronik, ohne Verlagsangaben, S. 246–249, undatiert
- ▸ 16 Schedlich, Hajo und Oberhauser, Fred: Lieb Vaterland magst ruhig sein, Rheinsberg Verlag, München, ohne Seitenzählung (1962)
- ▸ 17 Hauptkulturamt in der Reichspropagandaleitung der NSDAP (Hrsg.): Deutsche Kriegsweihnacht, Zentralverlag der NSDAP Franz Eher Nachfolger, München, 3. Auflage, S. 41 (1943)
- ▸ 18 Weihnachten in Feindesland – Patriotisches Festspiel für Schulen und Vereine, Verlag Anton Gunz, Bergisch Gladbach, S. 7–8 (1914)
- ▸ 19 Anzeige in der Kölnischen Volkszeitung vom 22. November 1915, zitiert nach: Walz, Markus: Innovation des Weihnachtsbaumes im Kölner Raum seit 1800, in: Rheinisches Jahrbuch für Volkskunde, 25. Jahrgang, S. 85–116 (1983/84)
- ▸ 20 Witkop, Philipp (Hrsg.): Kriegsbriefe gefallener Studenten, Verlag Georg Müller, München, S. 30–31 *(Karl Aldag)*, 67–68 *(Ludwig Finke)*, 146 *(Eduard Schmieder)*, 154 *(Christian Brautlecht)*, 187 *(Richard Kutzner)* und 214 *(Ernst Dieterich)*, (1928)
- ▸ 21 Wohlfart, Roland: Der braven Kinder Weihnachtswünsche – Weihnachtsglückwunschbriefe des 19. und 20. Jahrhunderts, Museum für Deutsche Volkskunde, Berlin, S. 59 (1991)
- ▸ 22 Helfer, Luise: Neue Weihnachtskriegsgedichtchen für unsere Kinder, Verlag C.L. Krüger, Dortmund, S. 5–9 (1915)
- ▸ 23 Beckey, Heinrich (Hrsg.): Deutsche Weihnachten – Eine Festgabe für die liebe Jugend, Verlag Bischof & Klein, Lengerich i. Westf., S. 4 (1917)
- ▸ 24 Verweyen, Annemarie und Zangs, Christiane (Hrsg.): Alle Jahre wieder – Weihnachten bei Arm und Reich, Buchillustrationen aus der Arbeitsbibliothek Annemarie Verweyen, Städtisches Museum Schloss Rheydt, Mönchengladbach, S. 152 (1993)
- ▸ 25 Front und Heimat – Soldatenzeitung des Gaues Schwaben, Nr. 23, vom 18. Februar (1941)
- ▸ 26 Volkskundliche Kommission für Westfalen, Dietmar Sauermann (Hrsg.): Weihnachten in Westfalen um 1900 – Berichte aus dem Archiv für westfälische Volkskunde, Landschaftsverband Westfalen-Lippe, Münster, S. 31 (1976)
- ▸ 27 Weihnachten 1915 – Festgabe des Daheim für unsere Krieger, Verlag Velhagen & Klasing, Leipzig, S. 34 (1915)
- ▸ 28 Brües, Otto: Mein Weihnachtsbuch für Euch, Eckart-Verlag, Berlin-Steglitz, S. 25 (1939)
- ▸ 29–32 *Eine Auswahl von Kinder- und Bilderbüchern, in denen das Thema Kriegsweihnachten eine Rolle spielt:*
- ▸ 29 Anker, Hanns und Möller, Marx: Der große Krieg – Ein deutsches Volks- und Kinderbuch, Verlag A. Molling, Hannover (1914)
- ▸ 30 Rikli, Herbert: Hurra! – Ein Kriegs-Bilderbuch, Loewes Verlag, Stuttgart (1915)
- ▸ 31 Kriegskinderspende deutscher Frauen (Hrsg.): Vater ist im Kriege – Ein Bilderbuch für Kinder, Hermann Hillger Verlag, Berlin (1915)
- ▸ 32 Lorenzen, Ernst: Was der kleine Heini Will vom Weltkrieg sah und hörte, Verlag der Dürr'schen Buchhandlung, Leipzig, 2. Auflage (1917)
- ▸ 33 Gross, Claus-Peter: ... verliebt ... verlobt ... verheiratet, Verlag Willmuth Arenhövel, Berlin, S. 378–379 (1986)
- ▸ 34 Kriegsbuch für die Jugend und das Volk, Fünfter Band, Franckh'sche Verlagshandlung, Stuttgart, S. 17 (1915)
- ▸ 35 Gross-Handlung Hermann Bade, Hildesheim: Illustrierte Preisliste 4P: Spielwaren jeglicher Art, S. 30, 42, 48, 55, 97, 110, 186 und 188 (1915)

3. Die Zwanziger Jahre

- ▸ 1 Illustrirte Zeitung, Nr. 4317, Titelbild und Anzeigenteil, vom 8. Dezember (1927)
- ▸ 2 Jochens, Birgit: Deutsche Weihnacht – Ein Familienalbum 1900–1945, Nicolaische Verlagsbuchhandlung, Berlin, S. 46 (1996)
- ▸ 3 Sozialistische Erziehung, Wien, zitiert nach ▸ 4
  - A) Oktoberheft (1924)
  - B) Novemberheft (1928)
- ▸ 4 Pater Zyrill Fischer O.F.M.: Der Kampf um das Weihnachtsfest, in: Landesgemeinschaft der Krippenfreunde für Rheinland und Westfalen (Hrsg.): Die Weihnachtskrippe, 5. Jahrbuch, S. 12–22, Verlag Hermann Rauch, Wiesbaden (1929)
- ▸ 5 Mudrak, Edmund: Fest und Brauchtum im Leben des Volkes, in: Deutsche Welt – Zeitschrift des Vereins für das Deutschtum im Ausland (VDA), Heft 12, S. 456–464, Dezember (1925)
- ▸ 6 "Eine Weihnachtsbescherung für Waisen in Hamburg", Holzstich von Karl Müller, in: Die Gartenlaube (1892)

► **7** Lessen, Ludwig: Vor Jahren, S. 55–58, Nölting, Erik: Unsre Weihnacht, S. 12–15, Klaar, Ernst: Weihnacht, S. 52–53, in: Altenberger, Erich (Hrsg.): Arbeiters Weihnachten – Ein Haus- und Handbuch für freie Menschen, Verlag E. Altenberger, Waldenburg i. Schl. (1927)

► **8** Friede schafft der Mensch allein, Verlag Junge Welt, Berlin, S. 193 (1958)

► **9** vgl. Lammel, Inge: Das Arbeiterlied, Frankfurt am Main (1980)

► **10** Reihe: Neue Soziale Weihnachtsbühne, Arbeiter-Theaterverlag Alfred Jahn, Leipzig, undatiert (1920er Jahre) Liste der im Archiv der *“Sammlung Weihnachten Rita Breuer”* vorhandenen Titel (die zitierten Szenen stammen aus Nr. 8, S. 6–7 und 9):
Nr. 1, Heinrich Werner:
Der Armen Weihnachten
Nr. 2, Ludwig Hespe:
Ein Sklave des Kapitals
Nr. 3, Heinrich Werner:
Des Siegers Heimkehr
Nr. 4, Felix Renker:
Schutzhaft – Eine unterbrochene Weihnachtsbescherung
Nr. 6, Felix Renker:
Der Erwerbslosen Weihnachten
Nr. 7, Wilhelm Baumgardt:
Die Heimkehr des Rebellen am Weihnachtsabend
Nr. 8, Hans Opel:
Arbeitslos am Weihnachtsabend
Nr. 9, Walter Stratmann:
Friede auf Erden!
Nr. 11, Friedrich Bürger:
Das Fest der Liebe
Nr. 12, Heinrich Werner:
Arbeiter-Weihnachten
Nr. 16, Walter Troppenz:
... und wieder ist ein Mensch gekreuzigt!
Nr. 17, Jiři Wolker:
Die Erlösten
Nr. 19, Anna Mosegaard:
Klein Ruth
Nr. 20, Gustav Burg:
Hoheitsdünkel und Menschlichkeit

► **11** Jens, Walter (Hrsg.): Es begibt sich aber zu der Zeit – Texte zur Weihnachtsgeschichte, Fischer Taschenbuch Verlag, Frankfurt am Main, S. 227 (1993)

► **12** Bertsch, A. (Hrsg.): Freude allem Volk! – Ein Weihnachtsbuch, Verlag der Buchhandlung der Evangelischen Gesellschaft, Stuttgart, 2 Auflage, S. 19 (1908)

4. Weihnachten im Nationalsozialismus

► **1** vgl. Hofer, Walther: Der Nationalsozialismus. Dokumente 1933–1945, Fischer Bücherei, Frankfurt am Main, Zitate siehe S. 17, 20–21 und 160–161 (1957)

► **2** Illustrirte Zeitung, Nr. 4527, S. 757, vom 17. Dezember (1931)

► **3** Kolbrand, Franz: Weihnachtliches Brauchtum, S. 14–22, in: ► 26

► **4** Ibing, S.: Volksgemeinschaft, S. 41, in: ► 25

► **5** Neue Illustrierte – Wochenbeilage der Zeitzer Neueste Nachrichten, ohne Seitenzählung
A) Nr. 52 (1937)
B) Nr. 49 (1938)
C) Nr. 52 (1938)

► **6** Nationalsozialistischer Lehrerbund (Hrsg.): Hilf mit! – Illustrierte deutsche Schülerzeitung, Nr. 3, S. 66–67, Dezember / Julmond (1934)

► **7** Vobachs Familienhilfe – Praktische Familien- und Modenzeitschrift, Heft 19, Titelbild und S. 15 (1938)

► **8** Kaufhof (Hrsg.): Herzenswünsche erfüllen, Katalog mit Aufkleber auf dem Titelbild: *“Der Kaufhof ist ein arisches Unternehmen”* (1935)

► **9** Christbaumschmuck-Fabrik Oskar Köhler sen., Steinheid / Thür. Wald: Liste 138 C, Christbaumschmuck, Faltblatt, undatiert (um 1935)

► **10** Deutsche Apotheker-Zeitung, 51. Jahrgang,
A) Nr. 86, S. 1573, vom 24. Oktober (1936)
B) Nr. 89, S. 1623, vom 4. November (1936)

► **11–21** *Eine Auswahl pseudo-wissenschaftlicher Veröffentlichungen zu den angeblich “germanischen” Wurzeln des Weihnachtsfestes:*

► **11** Beilstein, Wilhelm: Lichtfeier – Sinn, Geschichte, Brauch und Feier der deutschen Weihnacht, Deutscher Volksverlag, München, 5. Auflage (1942)

► **12** Reihe: Von deutscher Art und Kunst, Erich Kulke (Hrsg.), Mappe 4, Friedrich Rehm: Weihnachten im deutschen Brauchtum, Arwed Strauch Verlag, Leipzig (1937)

► **13** Ludendorff, Erich und Mathilde: Weihnachten im Lichte der Rasseerkenntnis, Ludendorffs Verlag, München, 21.–24. Tausend (1936)

► **14** Deutschjugend Schriftenreihe 2: Fest und Brauch im Jahreslauf, Heft 2, Fritz Hugo Hoffmann: Wintersonnenwende – Julfest – Weihenachten, Verlag Pfeiffer & Co., Landsberg / Warthe, 2. Auflage, undatiert (um 1935)

► **15** Reihe: Deutsches Volkstum – Schriften für die deutsche Jugend, Heft 123: Der Winter im deutschen Volkstum, Verlags- und Lehrmittel-Anstalt F. & F. Kamp, Bochum, undatiert (1930er Jahre)

► **16** Nordlands Julfest in Glauben, Sitte und Brauch, in: Nationalsozialistischer Lehrerbund (Hrsg.): Hilf mit! – Illustrierte deutsche Schülerzeitung, Nr. 3, S. 80–81, Dezember (1933)

► **17** Schneider, Walther: Germanische Weihenacht, in: Volk und Welt – Das deutsche Monatsbuch, Verlag Volk und Welt, Hannover, Heft 12, S. 43–44, Dezember (1934)

► **18** Miethke, Helmuth: Wintersonnenwende, Weihnachtsbaum und Weihnachtsmann, in: Treuhilde – Blätter für deutsche Mädel, Verlag für soziale Ethik und Kunstpflege, Berlin, 47. Band, Nr. 5, S. 66–68, Erstes Jul (Dez.)-Heft, undatiert (1930er Jahre)

► **19** v. Elmayer-Vestenbrugg, R.: Wintersonnenwende – Sinn und Brauchtum der altgermanischen Weihe-Nacht, in: Illustrierter Beobachter, Zentralverlag der NSDAP, Franz Eher Nachfolger, München, 11. Jahrgang, Heft 51, S. 2138–2140, vom 17. Dezember (1936)

► **20** Huth, Otto: Die Wintersonnenwende und ihre alten völkischen Bräuche, in: Hauptamt für Volkswohlfahrt (Hrsg.): Ewiges Deutschland – Monatsschrift für den deutschen Volksgenossen, 3. Jahrgang, Heft 12, S. 373–374, Dezember (1938)

► **21** Kulz, Werner: Wie feierten die Germanen die Weihenacht?, in: Reichsnährstand (Hrsg.): Wochenblatt der Landesbauernschaft Sachsen, 85. Jahrgang, Nr. 52, S. 1633, vom 26. Dezember (1937)

► **22–25** *Eine Auswahl parteiamtlicher Veröffentlichungen mit Gestaltungsvorschlägen für weihnachtliche Feiern und Gruppenstunden:*

► **22** Arbeitsblätter der Reichsfrauenführung, Heft 1, Erika Semmler, Hauptabteilungsleiterin für Kultur, Erziehung und Schulung (Hrsg.): Von Art und Brauch – Weihnachtszeit, Ludwig Voggenreiter Verlag, Potsdam, 3. erweiterte Auflage (1940)

▸ 23 Reichsamt "Feierabend" KdF, Abteilung Volkstum / Brauchtum (Hrsg.): Es weihnachtet sehr, Verlag der Deutschen Arbeitsfront, Berlin, undatiert (um 1940)

▸ 24 Reichsjugendführung der NSDAP (Hrsg.): Schulungsdienst der Hitler-Jugend, Folge 4: Weihnachten, Dezember (1940)

▸ 25 Gauarbeitsgemeinschaft für Volkstumsarbeit des NS-Volkskulturwerkes, Gau Kärnten, Franz Koschir (Hrsg.): Deutsche Weihnacht, Klagenfurt (1941)

▸ 26–30 *Eine Auswahl von "Weihnachtsbüchern" mit nationalsozialistischem Gedankengut:*

▸ 26 Bolay, Karl-Heinz (Hrsg.): Deutsche Weihnachten – Ein Wegweiser für Gemeinschaft und Familie, Widukind-Verlag Alexander Boß, Berlin (1941)

▸ 27 Schnitzler, Hubert und Boß, Alexander (Hrsg.): Das Feierbuch der deutschen Sippe, Erster Teil: Spruch- und Liedgut, Widukind-Verlag Alexander Boß, Berlin, 2. Auflage (1942)

▸ 28 Hauptkulturamt in der Reichspropagandaleitung der NSDAP, Hertha Ohling (Hrsg.): Im engsten Ringe – Weg in die Weihnachtszeit, Fackelträger-Verlag, Berlin, 2. Auflage, 41.–140. Tausend (1943)

▸ 29 SS-Hauptamt (Hrsg.): Weihnacht 1943, F. Bruckmann KG, München (1943)

▸ 30 Hauptkulturamt in der Reichspropagandaleitung der NSDAP, Hermann Liese (Hrsg.): Deutsche Kriegsweihnacht, Verlag Franz Eher Nachfolger, München, 3. Auflage, S. 123 (1943)

▸ 31 vgl. Schickert, Hartmut: Der kleine wissenschaftliche Adventsbegleiter, Piper Verlag, München, Zitat siehe S. 9 (1997)

▸ 32 Hauptkulturamt in der Reichspropagandaleitung der NSDAP, Thea Haupt (Hrsg.): Vorweihnachten, Verlag Franz Eher Nachfolger, München (1942 / 1943)

▸ 33 Wir danken Dr. Dieter Klöckner, Bonn, für diese Abbildung aus dem Kalender "Vorweihnachten" mit den handschriftlichen Änderungen seiner Mutter.

▸ 34 Stengel-von Rutkowski, L.: Wir winden den Kranz, S. 14, in: ▸ 24

▸ 35 von Schmidt-Pauli, Elisabeth: Singender, klingender Weihnachtsweg – Wir feiern Advent und Weihnachten, Verlagsbuchhandlung Herder & Co., Freiburg im Breisgau, S. 1 (1934)

▸ 36 vgl. Gajek, Esther: Adventskalender, Süddeutscher Verlag, München (1988)

▸ 37 vgl. Metken, Sigrid: Sankt Nikolaus in Kunst und Volksbrauch, Carl Lange Verlag, Duisburg (1966)

▸ 38 vgl. Méchin, Colette: Sankt Nikolaus, Saarbrücker Druckerei und Verlag, Saarbrücken (1982)

▸ 39 vgl. Mezger, Werner: Sankt Nikolaus – Zwischen Kult und Klamauk. Zur Entstehung, Entwicklung und Veränderung der Brauchformen um einen populären Heiligen, Schwabenverlag, Ostfildern, 1. Auflage (1993)

▸ 40 z.B. Greif, Martin: Der Sunnwendmann, S. 119, in: ▸ 26

▸ 41 Illustration von Dorothea Kramer, S. 9, in: ▸ 28

▸ 42–46 *Eine Auswahl von Beiträgen zum Thema "Sinngebäck":*

▸ 42 Semmler, Erika: Sinnbildgebäck, S. 20–22, in: ▸ 22

▸ 43 Venatier, Hans: So feiern wir Weihnachten, S. 50–52, in: ▸ 29

▸ 44 Wir schmücken unsern Weihnachtsbaum sinnvoll, in: NS-Frauenwarte – die einzige parteiamtliche Frauenzeitschrift, 6. Jahrgang, Heft 12, S. 366–368 (1937)

▸ 45 Kapitel 14: Altgermanisches Gebäck in: Reichsinnungsverband des Bäckerhandwerks (Hrsg.): Gebäck aus deutschen Gauen, Handwerker-Verlagshaus, Berlin, S. 99–103 (1936)

▸ 46 Von Patenwecken und Festgebäck im Mittwinter, in: Deutsche Hauswirtschaft, Beilage Gaumitteilungen für Frankfurt am Main und Hessen-Nassau, Nr. 12, S. 1–2 (1938)

▸ 47–50 *Eine Literaturauswahl zum Thema "Germanische Runen und Sinnzeichen":*

▸ 47 Blachetta, Walther: Das Buch der deutschen Sinnzeichen, Widukind-Verlag Alexander Boß, Berlin (1941)

▸ 48 Thiele, Ernst Otto: Sinnbild und Brauchtum, Ludwig Voggenreiter Verlag, Potsdam (1937)

▸ 49 Schwandt, Erich: Runenzeichen – Die Bedeutung der Runen für die neue Jugend, ihre Geschichte und ihre Deutungen, Neulandhaus-Verlag Walther Tietz, Leipzig (1923)

▸ 50 Minst, K. J.: Germanische Heilsrunen, Verlag der Südhessischen Post, Heppenheim (1958)

▸ 51 A) Julbogen, Illustration von J. v. Hattingberg, Titelblatt
B) Drabsch, Gerhard: Der Weihnachtsbogen, S. 328, in: NS-Frauenwarte – die einzige parteiamtliche Frauenzeitschrift, 7. Jahrgang, Heft 11 (1938)

▸ 52 Breuer, Judith: "Weihnachten in dunklen Zeiten" – Ein Rückblick auf die Ausstellung im Alten Lyzeum in Olpe, in: Olpe in Geschichte und Gegenwart – Jahrbuch des Heimatvereins für Olpe und Umgebung e.V., 7. Jahrgang, S. 31–40 (1999)

▸ 53 Deckel eines Original-Kartons "Vokalit Weihenacht Julschmuck" (Sammlung Rita Breuer)

▸ 54 Aufnahme von Heinrich Hoffmann, S. 7, in: ▸ 30 B
(das Motiv wurde unter dem Titel "Deutsche Weihnacht" auch als Postkarte verkauft)

▸ 55 Franke, Kristina (Hrsg.): Kommt, singt und klingt – Die schönsten Lieder zur Weihnachtszeit, Coppenrath Verlag, Münster, Lied Nr. 10 (1992)

▸ 56 Die umgedichtete Version von *"Es ist für uns eine Zeit angekommen"* findet sich z.B. in:
A) Heino: Deutsche Weihnacht und festliche Lieder, Langspielplatte, EMI Electrola, C 064-29539, undatiert (1960er Jahre)
B) Künemund, Lotteliese (Hrsg.): Wenn Weihnachten ist, Carlsen Verlag, Reinbek bei Hamburg, 2. Auflage, ohne Seitenzählung (1977)
C) Zimmer, Ulrich (Hrsg.): Es ist ein Ros entsprungen – Deutsche Weihnachtslieder aus sechs Jahrhunderten, Deutscher Taschenbuch Verlag, München und Bärenreiter Verlag, Kassel, S. 174 (1981)

▸ 57 Schlüter, Frieda: Stille Nacht, S. 60, in: ▸ 14

▸ 58 Linolschnitt von Carl Heising, S. 98, in: ▸ 26

▸ 59 Scheller, Thilo: Mütterweihnacht, in: NSDAP-Ortsgruppe Olpe (Hrsg.): Der Panneklöpper Feldpostbrief, Folge 23, S. 464 (1943)

▸ 60 Rehm, Friedrich: Das Kind in der goldenen Wiege, S. 99, in: ▸ 26

▸ 61 Tschechne, Erwin: Vom Kindlein in der goldenen Wiege, S. 23a, in: ▸ 32

▸ 62 Venatier, Hans: Das Kindlein im Berg, S. 250–253, in: ▸ 28

▸ 63 Hickfang, Theo: Die goldene Wiege, S. 31, in: ▸ 29

▸ 64 Ohling, Hertha: Die Lebensmutter, S. 154, in: ▸ 28

▸ 65 Wir danken Gretel Kemper vom "Förderverein Stadtmuseum Olpe" ganz herzlich für diese sehr aufschlußreiche Postkarte.

▸ 66 NS-Frauenwarte – die einzige parteiamtliche Frauenzeitschrift, 6. Jahrgang, Heft 13, Titelbild, Neujahr (1938)

- ▸ **67** Reprint eines Katalogs der Porzellan-Manufaktur Allach, München, ohne Seitenzählung (1938)
- ▸ **68** Schornagel, Walter: Deutsche Weihnacht, S. 99, in: ▸ 27
- ▸ **69** Originaltyposkript, undatiert (um 1939)

5. Das Winterhilfswerk

- ▸ **1** vgl. Tieste, Reinhard: Spendenbelege des Winterhilfswerkes, Band 1: Reichsstraßensammlungen 1933–1945, Verlag Reinhard Tieste, Bremen, 3. Auflage (1991)
- ▸ **2** Kamp, Michael: Winterhilfswerk, in: Marski, Ulrike und Bedal, Albrecht (Hrsg.): So war's im Winter – Erinnerungen an die kalte Jahreszeit auf dem Land im schwäbisch-fränkischen Raum, Hohenloher Freilandmuseum, Schwäbisch Hall-Wackershofen, 2. Auflage, S. 133–137 (1995)
- ▸ **3** Illustrirte Zeitung, Nr. 4839, S. 934, vom 9. Dezember (1937)
- ▸ **4** Fotografie: HJ verkauft die Weihnachtsabzeichen des WHW, in: Neue Illustrierte – Wochenbeilage der Zeitzer Neueste Nachrichten, Nr. 51, ohne Seitenzählung (1936)
- ▸ **5** Die lustige Rheinfibel, Verlag L. Schwann, Düsseldorf, S. 39, undatiert (1930er Jahre)
- ▸ **6** *"Wir lesen alle zuerst vom Winterhilfswerk"*, in: Deutsche Jugendburg A – Bilderzeitschrift für die Jüngsten, Nr. 4/5, S. 7, Januar / Februar (1943)
- ▸ **7** *"Immer einsatzbereit!"*, in: Hilf mit! – Illustrierte deutsche Schülerzeitung, Nr. 4, S. 128, Januar (1938)
- ▸ **8** *"Pimpfe sammeln fürs WHW"*, in: Deutsche Jugendburg A – Bilderzeitschrift für die Jüngsten, Nr. 2, Titelbild, November (1940)
- ▸ **9** Kunzmann, E. (Hrsg.): Wir wollen rechnen! – Deutsches Rechenbuch 2. Schuljahr, Verlag G. Braun, Karlsruhe, S. 47 (1938)
- ▸ **10** Hilf mit! – Illustrierte deutsche Schülerzeitung, Nr. 2, S. 37, November (1937)
- ▸ **11** Emilie S. (Jahrgang 1922): Schulaufsatz vom 3. September (1935)
- ▸ **12** Doppelseite *"Keiner darf hungern! Keiner darf frieren!"*, in: Deutsche Jugendburg, Nr. 3, S. 16–17, Dezember (1936)
- ▸ **13** *"Kinder zeichnen das Winterhilfswerk"*, in: Mein Alles – Illustrierte Familienzeitschrift mit Versicherung, Nr. 24, S. 6 (1935)
- ▸ **14** *"So werben Kinder für die Winterhilfe"*, in: Deutscher Beamtenfreund, Nr. 25, S. 2 (1936)
- ▸ **15** in: Das Niedersachsenmädel, Beilage zu: Das Deutsche Mädel – Zeitschrift des Bundes Deutscher Mädel in der HJ, S. 3, Dezember (1938)
- ▸ **16** Parole der Woche – Parteiamtliche Wandzeitung der NSDAP, Folge 41, Oktober (1937), zitiert nach ▸ 2
- ▸ **17** Reichsjugendführung, Führerinnendienst der Hitler-Jugend (Hrsg.): Wettrüsten der Hitler-Jugend für das Kriegs-Winterhilfswerk (1941)
- ▸ **18** Anzeigen für das Kriegswinterhilfswerk, in: Zeitzer Neueste Nachrichten (1944–1945)

6. Weihnachten im Zweiten Weltkrieg

- ▸ **1–6** *Eine Auswahl von Beiträgen zum Thema "Weihnachten in Uniform":*
- ▸ **1** *"Kinderbescherung beim Reiterregiment – Ein Schulaufsatz zum Winterhilfswerk"*, in: Neue Illustrierte – Wochenbeilage der Zeitzer Neueste Nachrichten, Nr. 51, ohne Seitenzählung (1935)
- ▸ **2** *"Weihnachtstafel für kleine Gäste – Soldaten im Dienst des WHW"*, in: Der Aufbau – Alleiniges amtliches Organ des Amtes für Arbeit und Handwerk der NSDAP und der DAF, 3. Jahrgang, Heft 23, S. 3 (1935)
- ▸ **3** *"Soldaten auf Weihnachtsurlaub zu Hause"*, in: Deutscher Beamtenfreund, Nr. 25, S. 9 (1936)
- ▸ **4** *"Ein Fliegertruppenteil bewirtet die Kinder armer Volksgenossen zum Fest"*, in: Neue Illustrierte – Wochenbeilage der Zeitzer Neueste Nachrichten, Nr. 52, ohne Seitenzählung (1938)
- ▸ **5** *"Der Weihnachtsbaum des Wachtpostens"*, in: Steyler Missionare (Hrsg.): Wochenpost – Illustrierte Hefte, Wochenpost-Verlag, Steyl, 11. Jahrgang, Nr. 13, S. 397, vom 25. Dezember (1938)
- ▸ **6** *"Wenn man Weihnachten in der Kaserne erlebt"*, in: Deutscher Beamtenfreund, Nr. 26, S. 5 (1938)
- ▸ **7** Kaufhof (Hrsg.): Herzenswünsche erfüllen, Katalog, S. 8 (1935)
- ▸ **8** Hauptkulturamt in der Reichspropagandaleitung der NSDAP, Thea Haupt (Hrsg.): Vorweihnachten, Verlag Franz Eher Nachfolger, München (1942 / 1943)
- ▸ **9** Abresch, Werner: Fest-Beleuchtung – Der Deutschen liebste Feier, Boss-Verlag, Kleve, S. 65 (1990)
- ▸ **10** Illustrierter Beobachter, Zentralverlag der NSDAP, Franz Eher Nachfolger, Müchen, 11. Jahrgang, Folge 51, S. 2152, vom 17. Dezember (1936)
- ▸ **11** Illustrirte Zeitung, Nr. 4527, S. 757, vom 17. Dezember (1931)
- ▸ **12** *"Wehrhafte Bücher"* – Buchempfehlungen zu Weihnachten, in: Velhagen & Klasings Monatshefte, Anzeigenteil, S. 9, Dezember (1935)
- ▸ **13** Nationalsozialistischer Lehrerbund (Hrsg.): Deutsche Jugendburg, Nr. 3, S. 3, Dezember (1939)
- ▸ **14** Hauptkulturamt in der Reichspropagandaleitung der NSDAP, Hermann Liese (Hrsg.): Deutsche Kriegsweihnacht, Verlag Franz Eher Nachfolger, München
  - **A)** 3. Auflage (1943)
  - **B)** 4. Auflage (1944)
- ▸ **15** SS-Hauptamt (Hrsg.): Weihnacht 1943, F. Bruckmann KG, München, S. 10 (1943)
- ▸ **16** Weber, Fr. W.: Es wächst viel Brot in der Winternacht
  - **A)** vgl. Kapitel 4 ▸ 22, 25, 28, 32
  - **B)** Soldatenblätter für Feier und Freizeit, 4. Jahrgang, Heft 11/12 (1943)
- ▸ **17** Das Schwarze Korps – Zeitung der Schutzstaffeln der NSDAP, 9. Jahrgang, Nr. 51, S. 1–2, vom 23. Dezember (1943)
- ▸ **18** Ewiges Deutschland – Monatsschrift für den deutschen Volksgenossen, 4. Jahrgang, Heft 12, S. 323, Dezember (1939)
- ▸ **19** Lorenz, Christa: Berliner Weihnachtsmarkt, Berlin-Information, Berlin, S. 133 (1987)
- ▸ **20–27** *Eine Auswahl von Reportagen zum Thema "Soldatenweihnacht":*
- ▸ **20** *"Weihnachten unter den Waffen"*, in: Reichsluftfahrtministerium (Hrsg.): Der Adler, Heft 23, S. 12–14, vom 21. Dezember (1939)
- ▸ **21** *"Weihnacht an Bord"*, in: Oberkommando der Wehrmacht (Hrsg.): Die Wehrmacht, 3. Jahrgang, Heft 26, S. 3–4, vom 20. Dezember (1939)

- ▸ 22 *"Soldatenweihnacht von Narvik bis Biarritz"*, in: Illustrierter Beobachter, 15. Jahrgang, Heft 51, S. 1364–1365, vom 19. Dezember (1940)
- ▸ 23 *"Weihnachten bei den Fallschirmjägern und bei der Flak"*, in: Oberkommando der Wehrmacht (Hrsg.): Die Wehrmacht, 4. Jahrgang, Heft 26, S. 6–7, vom 18. Dezember (1940)
- ▸ 24 *"Soldatenweihnacht"*, in: Luftflotte West, S. 36–37, Weihnachten (1941)
- ▸ 25 *"Heiligabend auf hoher See"*, in: Kölnische Illustrierte Zeitung, 16. Jahrgang, Heft 51, S. 1179, vom 18. Dezember (1941)
- ▸ 26 *"Deutsche Weihnacht in den Pyrenäen"*, in: Neue Illustrierte Zeitung, 17. Jahrgang, Heft 51, S. 1115, vom 23. Dezember (1941)
- ▸ 27 *"Weihnachtsfeier im Kaukasus"*, in: NS-Frauenwarte, 11. Jahrgang, Heft 9, S. 120, Dezember (1942)
- ▸ 28 Reichsluftfahrtministerium (Hrsg.): Der Adler, Heft 23, S. 12–14, vom 21. Dezember (1939)
- ▸ 29 Illustrierter Beobachter, 15. Jahrgang, Heft 51, S. 1165, vom 19. Dezember (1940)
- ▸ 30–36 *Eine Auswahl weihnachtlicher Literatur für Soldaten:*
- ▸ 30 Oberkommando der Wehrmacht, Abt. Inland (Hrsg.): Soldatenblätter für Feier und Freizeit
  - A) Kriegsweihnachten (1940)
  - B) November / Dezember (1941)
  - C) Kriegsweihnachten (1942)
  - D) November / Dezember (1943)
  - E) November / Dezember (1944)
- ▸ 31 Wehrmachtpropagandagruppe beim Wehrmachtbefehlshaber Norwegen (Hrsg.): Nacht unter Sternen – Weihnachtsbuch für den deutschen Soldaten in Norwegen und Lappland, Oslo (1943)
- ▸ 32 Soldaten-Weihnacht, Verlag "Die Wehrmacht", Berlin (1939)
- ▸ 33 Weihnachten im Felde 1940 – Weihnachtsheft der Feldeinheit 03185, Düsseldorf (1940)
- ▸ 34 Karelien-Kurier Weihnachten 1941, Helsinki (1941)
- ▸ 35 Propaganda-Kompanie der Armee Busch (Hrsg.): Weihnacht im Osten 1942, Druck der "Feldzeitung von der Maas bis an die Memel", Riga (1942)
- ▸ 36 Kriegsweihnacht 1943 – Eine Weihnachtsgabe der Schleswig-Holsteinischen Infanterie-Division an ihre Soldaten, Deutsche Verlags- und Druckerei-Gesellschaft im Ostland, Riga (1943)
- ▸ 37 Wir danken Klaus Abel, Finnentrop, für die sehr aufschlußreichen Einblicke in die Feldpostbriefe seines Vaters Willi Abel.
- ▸ 38 Neue Illustrierte Zeitung, 17. Jahrgang, Heft 51, ohne Seitenzählung, vom 23. Dezember (1941)
- ▸ 39 NS-Frauenwarte, 11. Jahrgang, Heft 9, S. 120, Dezember (1942)
- ▸ 40 Oberleutnant Franz Hilmer und Obergefreiter Jakob Eigner: Der Weihnachtsmann im Walde – Ein Weihnachtsmärchen für die Kinder in der Heimat, Verlagsbuchhandlung A.S., Oslo, ohne Seitenzählung (1943)

7. Weihnachten an der Heimatfront

- ▸ 1 Hauptkulturamt in der Reichspropagandaleitung der NSDAP, Thea Haupt (Hrsg.): Vorweihnachten, Verlag Franz Eher Nachf., München (1942 / 1943)
- ▸ 2 vgl. Archiv für deutsche Postgeschichte, Heft 1, Bodo Gericke: Die deutsche Feldpost im Zweiten Weltkrieg, Gesellschaft für deutsche Postgeschichte e.V., Frankfurt am Main (1971)
- ▸ 3 *"Feldpostpakete, ein Liebesdienst der Heimat"*, in: Reichsbund der deutschen Verbrauchergenossenschaften (Hrsg.): Genossenschaftsfamilie, 33. Jahrgang, Nr. 10, S. 4 (1940)
- ▸ 4 *"Ein kleines Bäumchen nur, doch so viel Liebe aus der Heimat!"*, in: Illustrierter Beobachter, 18. Jahrgang, Nr. 51, ohne Seitenzählung, vom 23. Dezember (1943)
- ▸ 5 *"Ein Brief geht ins Feld"*, in: Nationalsozialistischer Lehrerbund (Hrsg.): Deutsche Jugendburg A – Bilderzeitschrift für die Jüngsten, Nr. 2, S. 10–11, November (1940)
- ▸ 6 *"Liebespäckchen für die Front"*, in: Nationalsozialistischer Lehrerbund (Hrsg.): Deutsche Jugendburg A – Bilderzeitschrift für die Jüngsten, Nr. 3, S. 11, Dezember (1940)
- ▸ 7 Schäfer, Wilhelm: Die Fahrt in den Heiligen Abend, Verlag Albert Langen / Georg Müller, München, Feldpostausgabe, 66.–85. Tausend (1943)
- ▸ 8 Nabl, Franz: Die Weihnachten des Dominik Brackel, Wiener Verlagsgesellschaft, Wien, Feldpostausgabe (1942)
- ▸ 9 Gedicht: Soldatendank, in: Oberkommando der Wehrmacht (Hrsg.): Soldatenblätter für Feier und Freizeit, Ausgabe Kriegsweihnachten, S. 400 (1940)
- ▸ 10 Liboriusblatt, 97. Jahrgang, Nr. 51/52, S. 27 (1995)
- ▸ 11 Hildegard Hunold aus Olpe stellte uns diese Backform ihrer Mutter Annemarie Bungert für die Ausstellung *"Weihnachten in dunklen Zeiten"* zur Verfügung. Herzlichen Dank!
- ▸ 12–16 *Eine Auswahl von Anzeigen für Feldpost-Geschenke:*

  Aka-Fluid siehe ▸ 25, S. 1370
- ▸ 12 *Weihnachtsbuch für unsere Soldaten / Schlichte Korn / Reclam-Hefte,* in: Die Wehrmacht, 3. Jahrgang, Nr. 26, S. 18, 24 und 26 (1939)
- ▸ 13 *Gehwol,* in: Erika – Die frohe Zeitung für Front und Heimat, 2. Jahrgang, Nr. 35/36, S. 574, Dezember (1941)
- ▸ 14 *Wybert Halspastillen,* in: Kölnische Illustrierte Zeitung, 16. Jahrgang, Nr. 51, S. 1188, vom 18. Dezember (1941)
- ▸ 15 *Dextro-Energen,* in: Reichsluftfahrtministerium (Hrsg.): Der Adler, Nr. 14, S. 331, vom 9. Juli (1940)
- ▸ 16 *Vauen-Pfeifen,* in: NS-Frauenwarte – Die einzige parteiamtliche Frauenzeitschrift, 11. Jahrgang, Nr. 9, S. 132, Dezember (1942)
- ▸ 17–22 *Eine Auswahl fiktiver Feldpostbriefe:*
- ▸ 17 *"Mein lieber Mann"*, in: Hauptkulturamt in der Reichspropagandaleitung der NSDAP, Karl Cerff (Hrsg.): Kunst im Kriege – Gespräche zwischen Heimat und Front, Folge 3, S. 18–19, Weihnachten (1943)
- ▸ 18 *"Lieber Onkel!"*, in: ▸ 1, Ausgabe 1943, S. 7a
- ▸ 19 *"Aus Feldpostbriefen an die Front"*, in: Hauptkulturamt in der Reichspropagandaleitung der NSDAP, Hermann Liese (Hrsg.): Deutsche Kriegsweihnacht, Verlag Franz Eher Nachfolger, München, 3. Auflage, S. 28 und 34–35 (1943)
- ▸ 20 *"Mein lieber Vati"*, in: Oberkommando der Wehrmacht (Hrsg.): Soldatenblätter für Feier und Freizeit, Ausgabe Kriegsweihnachten, ohne Seitenzählung (1940)

- **21** *"Lieber Vati"*, in: Nationalsozialistischer Lehrerbund (Hrsg.): Deutsche Jugendburg A – Bilderzeitschrift für die Jüngsten, Nr. 2, S. 11, November (1940)
- **22** *"Ein Feldpostbrief"*, in: Frauen-Kultur im deutschen Frauenwerk, Nr. 12, S. 3, Dezember (1939)
- **23** NSDAP-Ortsgruppe Olpe (Hrsg.): Der Panneklöpper Feldpostbrief, Folge 21, S. 334, Weihnachten (1942) Wir danken Josef Wermert, Leiter des Stadtarchivs Olpe, der uns bei der Organisation unserer Ausstellung 1998 in Olpe maßgeblich unterstützte.
- **24** *"Feldpost für Olga Wimmer"*, in: Nationalsozialistischer Lehrerbund (Hrsg.): Deutsche Jugendburg A – Bilderzeitschrift für die Jüngsten, Nr. 4/5, S. 2–3, Januar / Februar (1943)
- **25–30** *Eine Auswahl von Cartoons zum Thema Kriegsweihnachten:*
- **25** *"Wie machen wir es jetzt mit der Verdunkelung?"*, *"Ohne Abblendung"*, *"Gabentische verwechselt"*, *"Kleiderkarte"*, in: Das Illustrierte Blatt, 28. Jahrgang, Heft 51, S. 1370, 1375, 1377 und 1384, vom 21. Dezember (1940)
- **26** *"Weihnachtsmann-Stiefel"*, in: Illustrierter Beobachter, 17. Jahrgang, Heft 51, ohne Seitenzählung, vom 17. Dezember (1942)
- **27** *"Schnee gehamstert"*, in: Neue Illustrierte Zeitung, 18. Jahrgang, Heft 51, S. 682, vom 22. Dezember (1942)
- **28** *"Kohlenklau's Luftrechnung"*, *"Weihnachtsmann als Kohlenklau"*, in: Illustrierter Beobachter, 18. Jahrgang, Heft 51, ohne Seitenzählung, vom 23. Dezember (1943)
- **29** *"Lametta / Nachrichtentruppe"*, in: Die Wehrmacht, 3. Jahrgang, Heft 26, S. 32, vom 20. Dezember (1939)
- **30** *"Weihnachtsmann zum Volkssturm"*, in: Front und Heimat – Soldatenzeitung des Gaues Schwaben, Nr. 96, S. 28, Weihnachten (1944)
- **31** vgl. Bachmann, Manfred: Holzspielzeug aus dem Erzgebirge, VEB Verlag der Kunst, Dresden, S. 78 (1984)
- **32–35** *Eine Auswahl von Anzeigen für Produkte, die nur noch eingeschränkt erhältlich waren:*
- **32** Anzeige *"Dujardin Imperial"*, in: Das Illustrierte Blatt, 28. Jahrgang, Heft 51, S. 1387, vom 21. Dezember (1940)
- **33** Anzeige *"Stricker Räder"*, in: Die Wehrmacht, 5. Jahrgang, Heft 26, S. 12, vom 17. Dezember (1941)
- **34** Anzeige *"Wenn der Underberg seltener geworden ist"* (ohne Abb.), in: Illustrierter Beobachter, 15. Jahrgang, Heft 50, S. 1351 (1940)
- **35** Anzeige *"Bommerlunder – Nicht allen wird der Wunsch erfüllt werden können"* (ohne Abb.), in: Illustrierter Beobachter, 15. Jahrgang, Heft 51, S. 1388 (1940)
- **36** *"Geschenke aus Resten"*, in: Das Blatt der Hausfrau, ohne Seitenzählung, Dezemberheft (1943)
- **37** Menzel, Herybert: Vor Weihnachten, in: SS-Hauptamt (Hrsg.): Weihnacht 1943, F. Bruckmann KG, München, S. 14 (1943)
- **38** vgl. Schmidt, Atze und Kals, Hans: Muckefuck und falsches Marzipan – Die Kochkunst der mageren Jahre, Alano Verlag, Aachen, 1. Auflage (1985)
- **39** vgl. Horbelt, Rainer und Spindler, Sonja: Tante Linas Kriegskochbuch, Weltbild Verlag, Augsburg (1999)
- **40** Reichsausschuß für Volkswirtschaftliche Aufklärung (Hrsg.): Lecker backen und doch sparsam , Faltblatt, 8 S., ohne Seitenzählung, undatiert (1940er Jahre)
- **41** Reichsausschuß für Volkswirtschaftliche Aufklärung (Hrsg.): Gut backen im eignen Herd!, Verlag Otto Beyer, Leipzig, S. 4, undatiert (1940er Jahre)
- **42** Vereinigung deutscher Reformhäuser "neuform" (Hrsg.), Küchendienst Nr. 1 und Nr. 4: Gegenwartsrezepte unter Berücksichtigung der Kriegswirtschaftslage, je 32 S., Zitat siehe Nr. 1, S. 1, undatiert (1940er Jahre)
- **43** Dr. Oetker (Hrsg.): Zeitgemäße Rezepte, 20 S., Zitat siehe Titelblatt, undatiert (1940er Jahre)
- **44** Dr. Oetker (Hrsg.): So backen wir gut mit wenig Fett, 8 S., undatiert (1940er Jahre)
- **45** Reese-Gesellschaft (Hrsg.): Reese-Weihnachtsrezepte, Faltblatt, Hameln, ohne Seitenzählung (1947)
- **46** Das Zitat stellte uns Andreas Hansen aus Freiburg zur Verfügung.
- **47** Casdorf, Claus Hinrich (Hrsg.): Weihnachten 1945 – Ein Buch der Erinnerungen, Athenäum Verlag, Frankfurt / Main, S. 46 (1981 und 1989) sowie Deutscher Taschenbuch Verlag, München, S. 60 (1984)
- **48** Deutsches Frauenwerk, Gaustelle Westfalen-Süd (Hrsg.): Wir backen für Feldpostpäckchen und für den Weihnachtsteller, Faltblatt, ohne Seitenzählung (1942) Diese Literaturquelle verdanken wir Anneliese Imhof, Berleburg.
- **49** Anzeige *"Milei"*, in: Die Wehrmacht, 5. Jahrgang, Nr. 26, S. 12, vom 17. Dezember (1941)

8. Weihnachten zwischen Kapitulation und Wirtschaftswunder

- **1** vgl. Priamus, Heinz-Jürgen: Die Ruinenkinder, Droste Verlag, Düsseldorf (1985)
- **2** vgl. Die Chronik des Zweiten Weltkriegs, Chronik Verlag im Bertelsmann-Lexikon Verlag, Gütersloh / München (1994)
- **3** vgl. Berthold, Eva: Kriegsgefangene im Osten, Athenäum Verlag, Königstein / Taunus, Zitate siehe S. 7 und 136 (1981)
- **4** Schmid, Karl (d.i. Carlo): Die Forderung des Tages – Reden und Aufsätze, Verlag Ernst Klett, Stuttgart, S. 133–138 (1946)
- **5** vgl. Bouchette, Gretel (Hrsg.): Bruchstücke Friedensweihnacht 1945, Omnis Verlag, Berlin, Zitate siehe S. 21, 22, 24, 43, 58, 59, 66, 105 und 122 (1999)
- **6** Albertz, Heinrich: Celler Weihnachten, S. 15–19, Hamm-Brücher, Hildegard: Weihnachtsgeschichte 1945, S. 122–129, in: Casdorf, Claus Hinrich (Hrsg.): Weihnachten 1945 – Ein Buch der Erinnerungen, Deutscher Taschenbuch Verlag, München (1984)
- **7** Deutscher Hausfreund Illustrierte, 10. Jahrgang, Nr. 51, S. 1604–1605 (1957)
- **8** Meine liebe Fibel, Verlag Ferdinand Kamp, Bochum, S. 36–44 (1950)
- **9** Das erste Jahr – Aschendorffs Fibel, Aschendorffsche Verlagsbuchhandlung, Münster, S. 59–71 (1951)
- **10** Engemann, Karl Heinz: Krippenfiguren als Zugabe: "Die Margarine-Figürchen", in: Landesgemeinschaft der Krippenfreunde in Rheinland und Westfalen (Hrsg.): Die Weihnachtskrippe, 55. Jahrbuch, S. 26–35, Selbstverlag, Telgte (1988)
- **11** Hören und Sehen, Heft 51, S. 33, vom 19. Dezember (1954)

- ▸ 12 Ratgeber für Haus und Familie, 51. Jahrgang, Nr. 12, S. 873 und 903, Dezember (1957)
- ▸ 13 HEUTE, Nr. 152, S. 38, vom 19. Dezember (1951)
- ▸ 14 O Freude über Freude – Alte deutsche Weihnachtslieder mit handkolorierten Holzschnitten von Frans Haacken, Felguth-Verlag, Berlin, 1.–5. Tausend, ohne Seitenzählung (1947)
- ▸ 15 *"Der Weihnachtswunsch der Kriegsversehrten: Laßt uns nicht im Stich!"*, in: REVUE, Nr. 46, S. 9–11, vom 25. Dezember (1949)
- ▸ 16 *"So viele fehlen noch"*, in: Frankfurter Illustrierte, S. 51, Weihnachten (1952)
- ▸ 17 vgl. Haus der Geschichte der Bundesrepublik Deutschland (Hrsg.): Kriegsgefangene, Begleitbuch zur Ausstellung "Sowjetische Kriegsgefangene in Deutschland – Deutsche Kriegsgefangene in der Sowjetunion" vom 1. Juni bis 24. September 1995, Droste Verlag, Düsseldorf (1995)
- ▸ 18 YMCA (Hrsg.): Christmas Songbook, prepared for Displaced Persons of Germany, Hannover (1947)
- ▸ 19 Gollwitzer, Helmut: Und führen, wohin du nicht willst – Bericht einer Gefangenschaft, Fischer Bücherei, Frankfurt am Main, Zitate siehe Kapitel IV: Weihnachten, S. 255–258 (1954)
- ▸ 20 *"Es begab sich aber zu der Zeit ..."* – mit Fotografien von Herbert List, aufgenommen im Regierungslager "Valka" bei Nürnberg, in: HEUTE, Nr. 152, S. 5–7, vom 19. Dezember (1951)
- ▸ 21 Arbeits- und Sozialminister des Landes Nordrhein-Westfalen (Hrsg.): Weihnachtsgruß an die Vertriebenen und Flüchtlinge und an ihre Helfer, Wegweiser Verlag, Troisdorf
  - A) Kulturheft Nr. 24, Morgenstern der finstern Nacht, S. 3 (1955)
  - B) Kulturheft Nr. 31, Die Nacht ward groß, S. 6–7 (1957)
  - C) Kulturheft Nr. 31, Die Nacht ward groß, S. 3 (1957)
  - D) Kulturheft Nr. 27, Licht in der Nacht, S. 48 (1956)
- ▸ 22 Landesverband Schlesien, Fritz Wenzel (Hrsg.): Schlesische Weihnacht, Selbstverlag, Goslar (1947)
- ▸ 23 Deutsche Jugend des Ostens (Hrsg.), Unser Arbeitsbrief Folge 8/9: Helle Kerzen, Stille Herzen – Wort und Werk zur Weihnachts- und Winterzeit, Selbstverlag, Bonn (1952)
- ▸ 24 Bund der Vertriebenen (Hrsg.): Ein große Freud verkünd ich euch – Ein Arbeitsbrief zur Advents- und Weihnachtszeit, Selbstverlag, Bonn, Zitate siehe S. A10–A20, undatiert (1960er Jahre)
- ▸ 25 Linolschnitt von Ursula Ahrens-Becker, in: Das Kinderjahrbuch 1949, Verlag Deutsche Volksbücherei, Goslar, S. 19 (1949)

9. Weihnachten im geteilten Deutschland

- ▸ 1 Friede schafft der Mensch allein – Material für Veranstaltungen zur Weihnachtszeit in Schulen, Betrieben, Pionier- und FDJ-Gruppen, Verlag Junge Welt, Berlin (1958)
- ▸ 2 Zentralrat der Freien Deutschen Jugend, Abteilung Kultur (Hrsg.): Wir feiern Weihnachten – Material zur Vorbereitung und Durchführung von Feiern und Jugendfesten während der Weihnachtszeit und zum Silvesterfest, Verlag Junge Welt, Berlin (1955)
- ▸ 3 Brock, Rut und Rudolf (Hrsg.): Wunderweiße Nacht, VEB Friedrich Hofmeister, Leipzig, S. 5 (1958)
- ▸ 4 Gute, Herbert: Von Neujahr bis Sylvester. Die Fest-, Feier- und Gedenktage im Ablauf des Jahres, Rudolstadt, S. 241 (1959)
- ▸ 5 vgl. Lorenz, Christa: Frieden, Freude, Völkerfreundschaft. Weihnachten in der DDR, S. 253–276, in: Faber, Richard und Gajek, Esther: Politische Weihnacht in Antike und Moderne, Verlag Königshausen & Neumann, Würzburg (1997)
- ▸ 6 Die Scholle – Monatshefte für Schule und Lehrerhaus, Verlag Michael Prögel, Ansbach, 30. Jahrgang, Heft 12, S. 632, Dezember (1962)
- ▸ 7 Arbeits- und Sozialminister des Landes Nordrhein-Westfalen (Hrsg.): Weihnachtsgruß an die Vertriebenen und Flüchtlinge und an ihre Helfer, Wegweiser Verlag, Troisdorf
  - A) Kulturheft Nr. 24, Morgenstern der finstern Nacht, S. 98 (1955)
  - B) Kulturheft Nr. 27, Licht in der Nacht, S. 82–85 (1956)
  - C) Kulturheft Nr. 44, Nun singet und seid froh, S. 29–32 (1962)
- ▸ 8 Zeilen aus einem Gedicht von Edith Müller-Beeck: Die zwölf Lichter, S. 148, in: ▸ 1
- ▸ 9 Zeilen aus einem Gedicht von Elfriede Mund: Neues Jahr wird Einheit bringen, S. 45, in: ▸ 2
- ▸ 10 Kerndl, Rainer: Weihnachtsabend an der Grenze, S. 19-22, in: ▸ 2
- ▸ 11 HEUTE, Nr. 152, S. 16, Weihnachten (1951)
- ▸ 12 Hören und Sehen, Heft 51, S. 19, vom 19. Dezember (1954)
- ▸ 13 Freier Deutscher Gewerkschaftsbund (Hrsg.): Weihnacht – Fest des Friedens und der Freude, Berlin (1953), zitiert nach ▸ 5, S. 258
- ▸ 14 Ausschuß für Deutsche Einheit (Hrsg.): Die Weihnachtszeit ist da, Ag 200/56/DDR (12) 1193, ohne Seitenzählung, DDR (1956)
- ▸ 15 Erzgebirgsverein Frankfurt am Main e.V. (Hrsg.): Erzgebirgisches Weihnachtsbüchlein, 9. Folge, S. 7 (1969)
- ▸ 16 Autorengruppe Hamburg linksliterarisch (Hrsg.): Garstige Weihnachtslieder – Straßenausgabe, Quer-Verlag, Hamburg
  - A) 16 S. (1969)
  - B) 32 S. (1970)
- ▸ 17 Wandrey, Uwe (Hrsg.): Stille Nacht allerseits! – Ein garstiges Allerlei, Rowohlt Taschenbuch Verlag, Reinbek bei Hamburg, 21.–28. Tausend (1972)
- ▸ 18 A) Schülerladen Rote Freiheit, Berlin (1971), zitiert nach Kap.1 ▸ 2, S. 250
  - B) zitiert nach ▸ 16, S. 12
  - C) Werner Schneyder, zitiert nach ▸ 19, S. 5
- ▸ 19 Niessen, Irene (Hrsg.): Alle Jahre nieder – Das allerletzte Weihnachtsbuch, Europaverlag, Wien und München (1995)
- ▸ 20 Projekte und Modelle zum Dialog mit der jungen Generation, Band 2, Hermann Koch (Hrsg.): Weihnachten im Religionsunterricht, J.F. Steinkopf Verlag, Stuttgart, S. 25–26 (1972)
- ▸ 21 Weber-Kellermann, Ingeborg: Das Weihnachtsfest, Verlag C.J. Bucher, Luzern und Frankfurt am Main, S. 220 (1978)